시각기계의 문명사

테크노컬처 3

시각기계의 문명사

저 자 임정택 외
발 행 연세대학교 출판부
주 소 서울특별시 서대문구 성산로 262
전 화 02)2123-3380~2
팩 스 02)2123-8673
http://www.yonsei.ac.kr/press
e-mail ysup@yonsei.ac.kr
등 록 1955년 10월 13일 제 9-60호
인 쇄 태화북스(주)

2010년 7월 20일 1판 1쇄
ISBN 978-89-7141-922-9(93300)

정가 20,000원

이 책은 2007년 정부(교육과학기술부)의 재원으로 한국연구재단의 지원을 받아 출판되었음(KRF–2007–361–AM0074).

테크노컬처 3

시각기계의 문명사

임정택 외 지음

연세대학교 출판부

머리말

지식통합의 향연 "테크노컬처"시리즈

연세대학교 미디어아트연구소는 인문학적 상상력+첨단 테크놀로지+예술적 감각을 모토로 학문의 분리주의를 극복하고 초학제적 연구와 교육을 위해서 1998년 출범하였다. 그동안 미디어아트연구소는 영화, 문화콘텐츠, 미디어아트 등으로 인문학의 지평을 지속적으로 확장해오면서 21세기 급변하는 미디어환경에 적응할 수 있는 새로운 인문학을 개척하는데 앞장서왔다. 이러한 활동을 기반으로 본 연구소는 2007년 11월 한국학술진흥재단의 인문한국(Humanities Korea) 연구소로 선정되어 아젠다 "상상력과 테크놀로지－기계와 인간의 인문학"을 수행하고 있다.

우리는 인문한국사업을 시작하면서 "테크네 인문학"을 연구소의 새로운 비전으로 선포하였다. "테크네"는 고대 그리스 시대 지식, 예술, 기술이 통합된 개념이다. 테크네 인문학은 인간과 기계, 상상력과 테크놀로지, 과학과 예술의 조화를 통해서 지식의 대통합을 추구하는 실천적 인문학이다. 우리는 테크네 인문학이 학문 간의 링크를 통하여 지식의 새로운 허브로 형성되기를 바란다. 나아가 우리는 테크놀로지 중심으로 진행되고 있는 디지털문명시대에 바이오인문학, 나노인문학, 생태인문학, 우주인문학 등 새로운 인문학을 개척하여 학문간 네트워크를 구축해나가고자 한다. "테크노컬처" 시리즈는 이러한 지식통합을 위한 학문적 담론의 장이다. 이 시리즈가 인문학의 새로운 장을 열기를 기대한다.

2010년 2월 15일

연세대학교 미디어아트연구소장 임 정 택

차례

시각기계의 문명사

•••

● 시각기계와 가시화의 욕망 |임정택| 9

● 시각과 무지 |김은중| 25

● 망원경의 과학과 시각주의적 상상력 |유봉근| 70

● 시지각 보정술과 묘사적 회화 |김혜련| 99

● 과학적 증거로서의 사진 이미지
– 아가시의 노예 다게레오타입과 인종과학 |이정희| 132

● 시각미디어 '형식'의 커뮤니케이션 우위성과 문화적 함의 |김경희| 170

● '프레임의 재설정&관점의 형성.
– 원근법에서 유비쿼터스 미디어까지 |오은경| 191

● 시각 테크놀로지와 전쟁 |강철| 229

● 디지털 예술과 욕망하는 시각주체의 탄생 |박영욱| 265

● 과학기술을 통한 새로운 시각이미지에 관한 고찰
– 추상예술과 나노아트를 중심으로 |허정아| 292

● 상상의 과학 나노와 시각패러다임의 전환 |허정아| 321

시각기계와 가시화의 욕망

|임정택|

1814년에 발표된 에·테·아 호프만의 소설『모래귀신』에서는 주인공 나타나엘의 아버지가 이웃집 변호사 코펠리우스와 연금술 실험을 하는 장면이 나온다. 그들은 연금술 실험을 통해서 인조인간을 만들고 있었으며 그 작업의 마지막 공정은 인조인간의 눈을 만드는 것이었다. 어린 나타나엘이 연금술 실험장면을 몰래 훔쳐보다가 들켜 코펠리우스로부터 눈을 빼앗길 뻔한 악몽은 그의 눈 콤플렉스가 되어 대학생이 된 나타나엘의 시각적 위기를 가져오고 그것은 곧 그의 주체의 위기로 이어진다. 즉 나타나엘은 어느 날 안경장수로 나타난 코펠리우스의 도플갱어 코폴라에 의해서 끊임없이 어린 시절 가졌던 트라우마 눈 콤플렉스에 시달리게 되는 것이다. 나타나엘은 현실의 애인 클라라로부터 자신의 환상적인 시각을 이해

받지 못하자 코폴라로부터 구입한 망원경을 통해서 자동인형 올림피아와 사랑에 빠지게 된다. 처음에 자동인형의 눈은 나타나엘에게 경직되고 죽어있는 것으로 나타났다. 그러나 그가 망원경을 통해서 올림피아를 보았을 때 그녀의 눈에 촉촉한 달빛이 떠오르는 것 같았으며 비로소 시력이 점화되는 것 같았다.

나타나엘이 기계인형 올림피아에게 시력을 부여한 것은 현실세계에서 충족되지 못한 자신의 시각적 욕망을 생명이 없는 기계에 투사시킨 것이며 그것을 통해서 그는 잠정적으로 눈에 관한 트라우마를 극복할 수 있다고 생각한다. 그러나 자신이 사랑에 빠진 올림피아가 단지 태엽장치가 달린 자동인형에 불과했다는 사실이 밝혀진 순간 그는 존재의 총체적인 위기를 맞게되어 정신병원에 수감되는가 하면 결국에는 자살이라는 비극적 운명을 겪게 된다.

인간의 모든 감각기관 중에서도 눈은 인간 존재와 생명의 근원으로서 가장 중시되어 왔으며 눈이야 말로 인간의 문명사를 관통하는 가장 중요한 관점이라고 할 수 있다. 눈을 통해서 우리는 외계를 인지하고 인간과 자연과의 관계를 설정하였다. 그리고 눈을 통해서 우리는 객관세계를 소유하려는 욕망을 관철시켜왔으며 그것은 망원경, 현미경 등 각종 시각기계의 발달로 이어졌다. 시각기계는 인간 눈의 유한적인 기능을 확장시키는 것 외에 다른 것이 아니었으며 자연에 대한 인간 주체의 욕망의 발현이었던 것이다. 역사상 많은 문명의 패러다임 전환이 시각기계에 기인하고 있음은 결코 우연이 아니다.

고대 그리스문화에서는 시각적인 것 또는 눈에 보이는 것이 진리 또는 이데아와 관련된 것으로 생각했다. 즉 보는 것이 곧 아는 것이었으며 시각은 지식의 주된 원천이었다. 그래서 서구의 형이상학은 시각중심주의였으며 반면에 소리는 형이상학적 전통 속에서 부차적이고 종속적인 것으로 간주되어왔다. 본 것과 진리를 동일시함으로써 철학적 사유의 궁극적인 목표는 진리나 존재의 양상이 출현하도록 하는 것이었다. 빛과 눈의 가시성에 대한 지식의 축적은 광학기술의 발전을 가져왔고 시각기계의 발명으로 인간의 시각은 경이적으로 진화해왔다.

갈릴레오는 자신이 렌즈를 갈아서 만든 망원경으로 우주를 관찰했다. 그는 시각도구를 통해 본 우주의 모습에서 코페르니쿠스의 주장이 진실임을 알게 되었다. 갈릴레이는 자신이 본 것을 『별들의 소식 *Sidereus nuncius*』(1610)으로 출간했다. 그는 기존의 학설과는 달리 달은 완전한 구가 아니며 거대한 산과 분화구와 계곡으로 뒤덮여 있음을 그림을 그려 보여주었다. 갈릴레오의 경이로운 발견들은 확고한 진실로 받아들여지는 동시에 우주의 참모습에 대한 또 다른 의문을 불러 일으켰다.

그러나 도구를 통하여 천문학적 대상들을 개념화하고 망원경을 합법적인 도구로 인정받는 것은 결코 쉬운 일이 아니었다. 그것은 사회적 · 문화적 · 종교적 체계 안에서 논쟁과 갈등을 통과해야 했기 때문이다. 인문학적인 통찰과 과학적인 논증은 기계장치를 매개로 만나고 화해하게 된다. 도구를 통한 관찰과 그 결과물은 고대 철학의 전통을 따르는 지적 토론의 과정을 넘어 보편적인 진리의 지위를 획득하게 된다. 인간은 시각을 통하여 사물과 세계의 본질을 이해하기 시작했으며, 시각도구를 통한 관찰의 결과를 가지고 기존의 진리를 수정하거나 보완하기 시작했다. 이를 통하여 또 다른 의문이 생겨났으며 새로운 가설이 세워지고 경이로운 진리가 발견되기도 했던 것이다.

1704년에 뉴턴은 3권으로 구성된 『광학 *Opticks*』을 출간하는데 그의 저술은 고대부터 당대까지 획득된 광학 지식을 요약하는 것에서 출발하면서 빛의 굴절, 백색광의 비균질성, 핵의 본성, 색이 있는 물체, 무지개, 망원경 개량법에 관한 실험들을 제시하였다. 2권에서는 렌즈와 유리판을 겹쳐놓았을 때 생기는 색 패턴과 같은 얇은 막 현상을 논하면서, 물질이론과 물질의 원자적 구성을 고찰하며 현미경이 원자를 볼 수 있을 만큼 발전하기를 바란다는 희망을 밝히기도 하였다. 3권에서 뉴턴은 새롭게 발견된 회절 현상을 주제로 삼는다. 회절은 빛이 물체의 경계에서 굴절하여 그림자의 가장자리에 주름이 생기는 현상이다. 뉴턴은 자신이 최초로 실험을 하기 때문에 모든 사항이 밝혀지지 않았음을 고백한다. 그는 남아있는 과제들에 관한 31가지 질문을 제시하면서 그의 저술 『광학』을 끝맺는다. 뉴턴의 질문은 과학 분야에 보편적인 개념적 틀을 제공하며 시각적 연구의 전통을 세운데 의의가 있다. 뉴턴은 광학기계의 발전과 함께 그가 풀지 못한 문제들이 해결될 것을 기대하였다. 뉴턴이 해결하고자 했던 모든 문제들이 광학기계와 직결되는 것은 아니지만 그는 빛으로 상징되는 계몽 운동의 아버지로 불려지기에 손색이 없다.

비합리성에 맞서서 이성의 빛으로 세계를 밝힌 뉴턴의 자연과학적 업적은 후에 볼테르, 몽테스키외, 콩디야크, 디드로, 라 메트리 등의 계몽철학자들을 고무시켰다. 이들 계몽주의 학자들은 뉴턴 과학에서의 진보를 사회과학과 인문과학으로 확장하고자 노력했으며 이로써 서양의 르네상스와 계몽주의는 시각도구와 광학기계의 발명에 결정적으로 영향을 받았던 것이다. 그리하여 새로운 시각기계들은 사회적 층위를 재편하거나 새로운 이성의 빛으로 세상을 밝히고 있는 것이다.

시각기계는 자연을 해명하려는 과학적 욕망 뿐만 아니라 쾌락과 통치의 욕망과도 밀접한 관계를 맺으며 발전해왔다. 인간은 왜 동굴에 벽화를 그렸으며 왜 거대한 피라미드와 스핑크스를 만들었을까? 여기에는 여러 가지 이견이 있을 수 있으나 식욕을 채우기 위한 사냥의 욕망과 통치를 위한 권위의 가시화 욕망이 작용했다고 추정할 수 있다. 동물을 사냥해야 배불리 먹을 수 있으며 통치자는 거대한 힘을 소유하고 있음을 보여야 했던 것이다. 먹어야 즐거운 '쾌락의 원칙'과 통치를 위한 사회적 · 도덕적 질서에 대한 욕망이 가시화 기술의 발전을 촉진시킨 것이다. 사냥을 잘 할 수 있기 위해서는 사냥의 대상에 대한 지식과 정보를 가능하면 많은 부족의 구성원들이 공유해야 했을 것이다. 피라미드와 스핑크스의 건축은 국가의 기술을 훈련하기 위한 활동으로 설명할 수 있다. 거대한 건축물을 통해서 국가가 존재한다는 국민들의 생각이 강화되었으며 신뢰와 복종심도 커졌을 것이다. 이것은 오늘날 군수산업(軍需産業)을 육성하고 최신형 무기를 개발하거나 인공위성을 쏘아 올리는 것으로 이어지고 있다. 본능적인 쾌락과 통치에 대한 욕망이 시각기계의 발명과 시각화 행위의 출발점이 된 것이다.

시각에 대한 문제는 근대적 주체의 문제와도 밀접하게 연관되어 있다. 15세기 이태리에서 발명된 원급법이 바로 그것이다. 1425년 건축가 필립 부르넬스키가 <단 하나의 시점에서 본 세계상>을 그려내는 기하학적 기술을 발명했고, 레온 알베르티는 <회화론>에서 그 이론을 정식화했다. 종교적 성격을 띠었던 중세의 그림에서는 신이 가장 크게 그려졌고, 다음은 왕과 귀족들, 그리고 평민들은 가장 작게 그려졌다. 색채 역시 사실적 표현을 위해 선택된 것이 아니라 종교적 상징성을 표현하는 수단이었다. 반면 르네상스 화가들은 대상을 실제 보이는 모습 그대로 표현하기 시작했다. 종교적 상징을 불어넣으려 한 점은 변함이 없었지만, 상징은 사진에 가까운 그림의 정확성 속에 반영되어 있었다. 색채 역시 눈에 보이는 그대로를 더욱 정밀히 재현하는 매체로 사용되었지만, 무엇보다도 2차원의 평면에 3차원의 세계를 사실과 근접하게 담을 수 있었던 것은 원근법의 발견과 긴밀한 연관이 있다.

원근법 출현과 함께 시각 메커니즘이 점차 상세하게 알려졌고, 또 한편으로는 카메라 옵스큐라라는 핀홀 카메라가 만들어져 이 상자에 비치는 바깥 광경을 손으로 그리는 작업이 화가들 사이에 유행했다. 이러한 안구의 다양한 외화(外化)는 인간의 시각세계를 근대로 전환시키는 계기를 마련해 주었다. 외부의 세계를 정확히 묘사하는 원근법의 시각은 본래 세계 속에 있어야 할 인간의 시각을 외화시키는 역할을 담당했고, 따라서 인간은 보는 자로서의 자신을 위치지을 수 있었던 것이다.

스스로의 세계를 외적 대상으로 보는 견해는 차츰 세계를 소유한다는 의식으로 연결되면서 마침내 세계에 대한 인위적 재구성을 욕망하기에까지 이른다. 즉 원근법에 의하여 세계를 소형화시키고 액자 속에 넣으며 소유하고자 하는 욕망이 근대의 탄생으로 이어지게 된 것이다. 이 원근법적 인식이 점차 권력구조에 동화되어 지배와 소유의 도구가 되고 서구 패권주의의 선봉적 역할을 담당하게 되었다. 소유를 동반하는 시각의 욕망은 근대 신흥중산계급의 사회지배구조에도 파급되어 있었다.

시각 미술의 이러한 전환이 단지 예술적 취향만으로 시작된 것은 아니었다. 르네상스 화가들이 종종 예술가인 동시에 과학자로 평가되는 것은 바로 이들이 세계를 표현한 기법이 객관적인 자연관찰이라는 과학의 선결 조건과 일치했기 때문이다. 다빈치의 노트에 기록된 도해들은 과학의 정량적 기법의 토대로서 중요한 역할을 했다. 물에 대한 그의 관찰기록에서 흐름의 패턴, 바퀴 주변을 흐를 때의 요동, 소용돌이의 와류 등은 유체역학 실험실의 관찰기록에 필적한다. 이후 갈릴레이나 뉴턴의 수학적 정밀함이 여기에 보태어져 정밀한 세계인식의 토대를 이루게 된다. 시각과 시각기계는 인류 문명사의 여러 단계에서 변화를 주도한 지배적 요인으로 작동하고 있다. 이 책은 과연 인간의 원초적인 '봄'에의 욕망이 역사 속에서 어떤 과정을 통해 오늘에 이르렀는지, 시각기계의 발명과 그 사용이 어떤 문명사적 변화를 야기하고 있는지, 그로 인한 인간의 사유와 삶의 방식 그리고 문화에 어떤 변화가 수반되었는지를 탐색하고 있다.

김은중의 글 「시각과 무지」는 서구의 인식론을 눈의 인식론으로, 서구의 존재론을 눈의 존재론으로 파악하고 있다. 그러나 보는 작용으로서의 눈의 기능은 필연적으로 눈에 보이지 않는 것을 배제할 수 밖에 없기 때문에 우리의 인식은 부분에 대한 인식이며 따라서 보는 행위, 인식하는 행위는 불완전한 것임을 말하고 있다. 결국 우리의 눈은 시공간적으로 비록 제약된 상태로 본 것이라고 해도 그것을 전체인 양 절대화하기에 학문이라는 것도 불완전할 수 밖에 없음을 말하고 있다. 탈레스가 만물의 근원은 물이라고 한 것, 아낙시만드로스가 무한정자라고 한 것, 아낙시메네스가 공기라고 한 것들은 모두 그들이 본 세상에 대해 해석을 한 것이며 동 시대에 살면서 그들이 이렇게 다르게 말을 한 까닭은 자신이 본 것만을 절대화하고 학문의 프레임을 짰기 때문이었다고 이 글은 밝히고 있다. 김은중은 플라톤이 시각의 불완전성을 통찰하기는 하지만 그 역시 시각을 인식의 출발선상에 두고 있었음을 지적하며, 따라서 시각을 통해 진리를 인식할 수 있다는 것은 엄밀한 객관성을 확보하지 못하며, 무지를 해소하기 위해 시각을 동원하지만 철학자들은 시각으로 인해서 오히려 인간에게 무지를 선물하고 있다고 결론내리고 있다.

유봉근의 글 「망원경의 과학과 시각주의적 상상력」은 시각을 우선시하는 눈의 천문학과 망원경의 과학을 구별하면서, 갈릴레이 이후 망원경으로 천체를 관찰한 것이 근대 과학에 어떠한 상상력을 제공했는지를 추적하고 있다. 그는 망원경으로 관찰한 달이 확대되어 망막에 비치는 순간 우리는 우주의 또 다른 모습을 상상하게 되며 별들의 거리를 측정하고자 하는 욕망이 자극된다는 사실을 강조하면서 망원경을 통해 관찰한 자료들을 분석하는 과학주의적 천문학을 가능케 했음을 밝히고 있다. 즉 관측한 결과들을 그림과 도표로 시각화하고 그것을 바탕으로 가설을 세워 입증하는 과학적 지식의 정립이 갈릴레이의 독특한 '시각적 인식'임을 말하고 이점에서 갈릴레이의 망원경이 코페르니쿠스의 수치보다도 더 우월한 방식으로 진리를 볼 수 있는 시각도구임을 주장하고 있다.

이 글은 또한 오늘날 전파망원경으로 관찰된 우주의 이미지들이 미학화되어 제시되고 있으며 멀리있는 물체의 불분명한 형상들이 상상력을 자극하여 또 다른 추론을 하게하다는 것을 지적하면서, 아인슈타인이 우주상수의 오류를 인정하고 자신의 이론을 수정하기에 이르게 되는 과정도 결국 시각주의적 상상력의 동력학과 긴밀하게 연관된 것으로 볼 수 있다고 주장하고 있다.

김혜련의 글 「시지각 보정술과 묘사적 회화」는 자연적 능력에 의존하는 시지각 경험에서 고도로 세련된 기술에 의존하는 이미징 테크놀로지에 이르기까지 모두가 근본적으로 보정적이라는 전제에서 출발하고 있다. 즉 이 글은 시지각 보정술의 범위에 오랜 역사를 가진 드로잉 같은 묘사적 회화까지 포함된다는 것을 주장한다. 묘사적 회화를 일종의 시지각적 보정 메커니즘으로 제시하고 그러한 보정 기능을 설명하기 위해서 이 글은 회화의 표면 디자인(surface design)을 경유하여, 시각적 상상을 통한 들여다보기(seeing–in) 경험이 낳는 가상적 시각 대상을 창출하는 과정을 분석한다. 그 결과, 묘사적 회화는 우리의 자연적인 시각 능력을 보완하거나 강화하는 1차적 수준의 시각 보정술로서 시지각이 획득할 수 없는 종류의 시공간적인 총체적 세계 그림을 산출할 수 있음을 제시하고 있다. 그리하여 시지각 보정술은 현대의 첨단 시각 보정기계에 의해 비로소 등장한 것이 아니라 이미 시지각을 포함하는 우리의 신체적 지각 능력과 회화 전통에서 발달되어 왔음을 밝히고 있다.

이정희의 논문 「과학적 증거로서의 사진이미지:아가시의 노예 다게레오타입과 인종과학」은 19세기 중반 사진기의 출현 이후 사진 이미지가 과학적 증거로서 기능해온 방식을 루이 아가시의 노예 다게레오타입의 사례를 통해 분석함으로써 과학적 지식의 생성과 확산에서 사진의 역할에 대한 성찰을 시도하고 있다. 그를 위해 이 글은 인간의 주관적 개입이 배제된 객관적이고 사실적인 이미지로 간주되었던 사진을 통해서 과학이 객관성과 확실성의 담론을 강화시켰음을 보여주고 있다. 그것에 대한 구체적인 예로서 이 글은 19세기 중반 미국 과학자 루이 아가시가 유럽 백인과 아프리카 흑인 사이의 신체적 차이를 증명하기 위한 과학적 증거로 활용한 노예 다게레오타입을 분석하고 있다. 이 사진들은 각 인종이 분리된 종에서 기원했다고 주장한 아가시의 "분리창조설"의 증거로 제시되었으며, 궁극적으로 흑인종의 인종적 열등성을 증명하는데 이용되었다는 것이다. 이정희는 아가시의 노예 다게레오타입의 분석을 통해서 사진술이라는 새로운 시각장치가 과학에서 객관성과 사실주의의 새로운 이데올로기와의 등장과 어떻게 연계되어 있었으며, 인종과학의 쇠퇴기에 시각적 실재론이 또한 어떻게 위기를 맞게 되었는지를 밝히고 있다.

김경희는 그의 논문「시각 미디어 '형식'의 커뮤니케이션 우위성과 그 문화학적 함의」에서 영화, 텔레비전, 인터넷과 멀티미디어 등의 전자매체에서 끊임없이 생산해내는 재생이미지 또는 가상 이미지들이 우리를 둘러싼 문화적 환경의 양적 질적 의미를 변화시켰음을 직시하면서 이에 대한 논거로서 미디어의 내용과 형식의 영향력에 관한 논쟁이 중요함을 강조하고 있다. 이 글은 미디어의 '내용'과 '형식'을 중심으로 사회과학적 접근과 인문학적 문화학적 접근의 차이점과 공통점을 살펴봄으로써 미디어에 담긴 내용에 대한 근시안적 연구보다는 미디어의 형식에 초점을 맞춘 장기적 문화변동의 측면에 대한 연구의 필요성을 보여주고 있다. 또한 미디어의 형식이 어떻게 통시적으로 진화되어 왔는지를 역사적 흐름을 통해 분석함으로써 비언어적 커뮤니케이션의 수용적 우위성을 밝히고 있다. 나아가 시각미디어의 형식이 감각과 맺고 있는 관계에 대하여 인간학적, 문화학적 분석방법을 중심으로 살펴봄으로써 시각이미지의 체현화 과정을 보여주고 있다.

오은경은 「'프레임'의 재설정&관점의 형성. 원근법에서 유비쿼터스 미디어까지」에서 르네상스 이후 시각문화의 틀을 형성해 온 원근법을 토대로 구축된 '관점'이 어떻게 유지되었으며 또 해체되고 있는가를 살펴보고 있으며 원근법으로 확인된 시각과 관점의 긴밀한 관계가 미디어 테크놀로지의 새로운 조건에 어떻게 변화해가는가를 탐구하고 있다. 이 글은 원근법으로 대표되던 프레임의 해체는 다중관점의 형성과 그 형식으로서 멀티프레임을 중심으로 진행되었다는 점에 주목하는 한편, 원근법의 해체 과정에서 테크놀로지의 개입이 중요한 변수로 작용하였다는 점을 고려하고 있다. 또한 이 글에서는 매체기술사에 근거하여 멀티프레임의 계보학적 관찰을 시도한 결과 멀티프레임이 유비쿼터스 미디어를 선취했다는 결론을 이끌어낸다. 멀티프레임이 GUI 이전까지는 주로 예술적 실험형식으로 시도되었으나 증강현실을 기반으로 한 유비쿼터스 컴퓨팅 단계에서는 일반적인 미디어 형식의 위치를 얻었다는 점이 이를 반증하고 있음을 밝히고 있으며 이를 근거로 예술과 테크놀로지의 관계를 구체적으로 설명해 보고자 시도하고 있다. 오늘날 예술과 테크놀로지는 단순히 결합하는 것이 아니라 보다 복잡한 융합과정을 통해 새로운 미디어/ 형식을 창출하고 있기 때문이다.

강철은 「시각 테크놀로지와 전쟁」에서 인문학적 상상력을 통해 물리적, 역사적, 사회적 흐로노토프를 자유롭게 넘나들면서 시각 테크놀로지가 전쟁사에 미친 영향을 총체적으로 살펴보고 있다.

또한 전쟁사라는 통사적 흐름과 밀접하게 연관된 "눈"의 개념을 확장하여 시대별 대표 눈을 선정하여 그 눈을 통해 시각 테크놀로지와 전쟁 사이의 연관성을 연구한다. "메두사의 눈"을 통해서는 메두사 신화와 전쟁과의 연관성이 어떻게 형성되었는지에 대해 분석하고 있으며 "악한 눈"이라는 프리즘을 통해 고대 및 중세 무기들과 전쟁에 대해 살펴보고 있다. 또한 "알베르티의 눈"이라는 개념어로 데카르트적 투시법과 타르탈리아의 탄도수학에 대해 분석하고 있으며, 특히 르네상스 시대의 시각 테크놀로지가 논의되고 있다. 이 글은 이어서 지가 베르토프의 "키노-아이"에서 시각 테크놀로지가 영화와 전쟁 사이에서 어떤 역할을 했는가를 추적하며 "버즈 아이 뷰"를 통해서는 시각의 수직성과 전쟁 양상의 변화에 대해 논하고 있다. "날개 달린 눈"에서는 신의 눈에 도전하는 최첨단의 현대 전쟁 테크놀로지를 소개하면서 현대 미디어와 전쟁과의 관계를 총체적으로 조망한다.

박영욱의 글「디지털 예술과 욕망하는 시각주체의 탄생」은 근대 이후 욕망하는 시각주체의 탄생 과정을 역사적으로 추적한다. 근대 서구의 시각주체는 르네상스의 원근법적 주체와는 달리 관념적이고 추상화된 눈이 중심이 되고 있으며 20세기 모더니즘 회화에서는 다른 감각을 배제하고 탈신체화되어 오로지 눈을 위한 이미지가 되어야 하는 회화적 시각주체가 제시되고 있음을 밝히고 있다. 또한 포스트모더니즘에서는 모더니즘의 시각주체가 부정되고 에로티시즘적인 몸을 욕망하는 시각주체가 전면에 부상하고 있음을 논하고 있다. 필자는 르네상스의 원근법에 대한 거부를 담고 있는 3차원의 환영을 만드는 펠리체 바리니의 작품을 분석하면서 라캉과 메를로퐁티의 시각적 주체에 대한 논의를 심화시킨다. 이어서 디지털 매체를 활용한 미디어아트에서 욕망하는 새로운 시각주체의 형성 과정을 재구성한다. 크라우스의 입장에 기대어 자코메티의 '떠도는 공'에서 몸의 운동을 유발하는 '비트'를 추체험하는 반면, 샤 데이비스의 디지털아트 '오스모스(1995)'에서 수동적인 주체가 아닌 점감하는 몸의 주체가 형성됨을 읽어낸다. 마지막으로 발리츠키의 '정원'에서 관객은 코기토적인 시각주체와는 달리 '물방울 시각'이라는 참여적이며 정감적인 양태의 시각에 동화되고 있음을 보여주고 있으며 특히 디지털 이미지에서 시각적 주체는 몸의 개입을 요구하며 욕망하는 주체의 특질과 변화의 가능성을 보여주고 있음을 밝히고 있다.

허정아는「과학기술을 통한 새로운 시각이미지에 관한 고찰－추상예술과 나노아트를 중심으로」에서 컨버전스 컬처라는 21세기 문화적 맥락에서 과학과 예술의 융합현상에 주목하고, 이러한 융합현상이 역사적으로 어떤 맥락에서 형성되어왔는가를 논의하고 있다. 구체적으로 19세기 생물학의 발전과 시각기계의 발달로 유기체의 생물학적 구조가 밝혀지면서, 생물형태적 이미지는 아르누보나 유겐트슈틸 디자인과 같은 시각예술에 많은 영향을 끼쳤고, 이어 20세기 초 진행된 추상예술에도 직접적인 영향력을 미쳤다는 것이다. 이러한 맥락에서 이 논문은 생물형태적 이미지가 칸딘스키, 미로에 끼친 영향관계를 고찰하고, 달리의 경우 DNA 이중나선 구조가 단순한 과학이미지를 넘어 신비의 세계를 매개하고 있음을 밝히고 있다. 그리고 오늘날 첨단 나노기술이 밝히고 있는 극미세계의 이미지가 어떻게 시각성의 패러다임을 변화시키고 있는지를 규명한다. 결과적으로 생물형태적 이미지는 인간과 자연, 생물과 무생물, 거시적 세계와 미시적 세계, 추상과 구상의 경계를 없앰으로써 통합적이고 융합적인 조형이미지를 낳았으며, 시각성의 획기적인 패러다임 전환을 주도하고 있는 나노기술 역시 물질과 정신, 의식과 테크놀로지의 통합을 통해서 과학과 예술의 융합을 추구하고 있음을 밝히고 있다.

허정아의 또 다른 글 「상상의 과학 나노와 시각패러다임의 전환」은 오늘날 문명의 대전환에 중심적인 역할을 하고 있는 나노에 관한 인문학적 성찰로서 나노가 자연을 객관적으로 탐구하는 과학의 개념을 넘어 상상력과 창의성을 기반으로 하는 특징을 보여주고 있음을 논하고 있다. 특히 나노기술의 특징을 주사형터널링현미경 STM(Scanning Tunneling Microscope)이 원자를 다루는 방식을 통하여 고찰하고, 이것이 어떻게 시각적 패러다임의 전환을 가져오고 있는지를 밝힌다.

즉 감각의 과정을 통해 얻어지는 이미지로 원자세계를 볼 수 있게 해주는 STM이 '봄'으로부터 '센싱'으로의 패러다임의 전환을 보여주는 있다는 것이다. 이러한 감각적 센싱으로부터 이제까지 볼 수 없었던 원자의 지형도 topograhphy를 처음으로 볼 수 있게 되었고, 원자의 개별적 이미지를 보고, 이 원자들의 배열을 조작할 수 있음으로써 새로운 물질을 만들어낼 수 있는 가능성이 생겼다는 것이다. 이 논문은 결국 나노기술에서 보는 것과 아는 것을 동일시했던 서구의 전통적 시각중심주의가 만지고 느끼는 것이 곧 아는 것이라는 감각중심주의로 패러다임 대전환이 이루어지고 있으며 나노기술이 물질과 비물질, 실재와 상상의 이분법적 경계를 해체시킴으로써 하이브리드적 문화를 열고 있음을 논증하고 있다.

우리는 어느 때부터인가 각종 시각기계들이 생산해내고 있는 이미지의 홍수 속에 함몰되어 살아왔다. 그 때문에 우리는 진정으로 시각기계 및 이미지들이 인류 문명사에 던져준 함의들을 인식하지 못하거나 망각하고 있다. 이 책은 각 문명사의 단계마다 새롭게 등장한 각종 시각기계들이 진리인식, 과학적 지식과 방법론, 상상력과 욕망, 주체의 양상, 시각보정술, 인종이데올로기, 미디어테크놀로지, 디지털아트, 과학과 예술의 융합 등 문명사의 핵심적 문제들과 깊이 연루되어 있음을 제한적으로나마 살펴보았다. 디지털을 통한 문명의 대전환에서 시각중심주의는 청각, 촉각, 후각 등과 결합되면서 새로운 양상을 띠고 있으며 감각의 융합현상들이 활성화되고 있다. 이 책은 이미지 자체에 대한 분석과 연구를 벗어나 시각기계를 통해서 문명사를 다시 보려는 시도로서 그 의의를 찾고 있으며 시각중심주의를 넘어 또 다른 감각주의에 대한 새로운 연구과제를 던져주기를 기대해본다.

시각과 무지

|김은중|

1. 시각중심주의의 기원

인간이 바깥 세상에 대해 이해하는 방식에는 여러 가지가 있다. 맛을 보는 행위, 냄새를 맡는 행위, 촉감으로 느끼는 행위, 듣는 행위, 보는 행위 등이 그것이다. 이것을 두고 오감이라고 부른다. 생물학적으로 볼 때 감각기관 중에서 눈이 가장 중요하다. 살아가기 위해 먹이를 찾고, 자연 재해나 맹수를 피하기 위해서는 코나 혀, 귀나 손보다 눈이 훨씬 빠르고 정확하기 때문이다. 또한 눈은 친구와 적의 마음을 판별해야 할 때 유용한 마음의 창이기도 하다.

따라서 다섯 가지 감각 가운데 보는 행위는 가장 일상적인 인간의 신체 작용이다.[1] 그런데 이 언명은 한편으로는 인간의 신체에

1) 다섯 개의 감각 기관 가운데 인간이 바깥 세상에 대해 접촉하는 두 개의 대

의존하는 시각은 진리의 기준이 되기에 가변적이고 문제가 많다는 것을 함축한다. 사실 진리의 인식과 관련해서는 이 다섯 가지 감각 가운데 어느 감각도 완벽하지는 않다. 아니 인간이 가진 타자와의 소통 구조 어느 것도 완전하지는 않을 것이다.

시각 역시 다른 감각기관과 마찬가지로 그런 한계를 가지고 있지만, 서양은 희랍시대부터 시각중심주의를 견지했다. 서구의 인식론과 존재론은 시각중심주의에 단단한 뿌리를 두고 있다. 따라서 서구의 인식론은 눈의 인식론이며, 서구의 존재론은 눈의 존재론이다. 인간은 봄을 통해 사유한다. 따라서 눈은 사유의 출발 기관이다. 만약에 인간이 눈을 통해 볼 수 없다면 인간의 모든 사유는 없는 것이며 인간의 역사, 인간의 문화와 문명도 없다. 인간에게 보는 것이 없다면 인간은 여느 동물과 마찬가지 존재였을 것이다.

시각중심주의는 헬라스에서 시작되었다. 히브리 문화가 청각을 중요시 여겼던 것[2]과는 달리, 헬라스인들에게 시각은 명증성을

표적 기관은 눈과 귀이다. 일반적으로 문자 이전의 음성 시대에는 귀가 감각과 사회적 오리엔테이션을 담당했다. 따라서 이 시대에는 소리를 듣고 그것을 기억에 저장하는 것이 중요했다. 이 시대에는 듣는 것이 믿음이었다. 이후 문자가 출현한 뒤에는 눈이 감각과 사회적 오리엔테이션을 담당했다. 따라서 이 시대에는 눈으로 보는 것에 대해 믿기 시작했으며 그 결과 보는 행위를 진리의 기준으로 삼는 전통이 마련되었다.

2) 서양문명과는 달리 '소리'에서 창조를, 즉 존재의 기원을 찾는 문화들이 있다. 이집트인들에게 창조자는 신의 목소리로써 세계를 만든 토트(Thot)이며, 인도의 천지창조설에 의하면 우주는 음향적 실체로부터 만들어졌다. 인도의 창조설에 의하면 세계는 '최초의 소리'로부터 만들어졌고, 그 소리가

보증하는 감각 기관이었다. 원래 로고스는 말과 연결되는 개념인데, 이렇게 볼 때 로고스는 듣는 것에 기반을 둔다. 그러나 이는 헤브라이적 사고에서 그렇다. 시각성에 의존하는 그리스적 사유에서 로고스는 '보는 것'으로 환급되며, 지식과 본질 또한 '보는 것'과 밀접히 연결되어 있다. 그리스적 사유에서 '듣기'는 진리 인식과 무관하다고 취급되었다.

기독교의 전통에서도 청각적 모티브의 중요성은 구약의 세계와 신약의 세계, 유태교와 기독교, 헤브라이즘과 헬레니즘을 갈라놓는다.[3] 블루멘베르크(Blumenberg)은 신약과 구약의 차이를 통해 유태교적인 것과 그리스－기독교적인 것을 시각중심주의에서 구별한다.[4] 구약에서 사용되는 시각과 청각 은유의 등장 빈도는 4:2의 관계이지만, 신약에서는 6:2로 격차가 벌어진다.[5]

원초의 밑바닥에서 발생하자 소리가 빛이 되었고 이 빛의 부분이 점차 물질이 되었다한다. 서양적 사유는 "나는 생각한다, 고로 존재한다(cogito, ergo sum)"이지만, 인도에서는 "나는 듣는다, 고로 존재한다." 혹은 "나는 소리를 낸다 고로 존재한다."이다. 브라마 신이 숨을 쉬자 소리가 생겨났는데, 이 소리가 옴이다. 옴이라는 원시 만트라를 통해 신은 세상을 창조했다.(노명우, "음악의 정당화 담론과 아도르노의 음악사회학".14–15쪽 참조.)

3) 노명우. "음악의 정당화 담론과 아도르노의 음악사회학". 10–11쪽.

4) H. Blumenberg. 1988. *Work on Myth; Studies in Contemporary German Social Thought*. MIT Press. 73쪽.

5) R. Jütte. 2000. *Geschichte der Sinne; von der Antike bis zum Cyberspace*. C.H. Beck, 77쪽. 노명우. "음악의 정당화 담론과 아도르노의 음악사회학". 11쪽. 유태인들의 창조설에 따르면, 하느님은 '모습'이 아니라 '음성'을 통해 존재

헬라스 문명이 보는 것을 중시한 반면에 히브리 문명이 듣는 것을 중시한 것의 차이에는 태양에 대한 태도가 끼어든다. 수메르 문명을 비롯해 고대 중근동의 모든 문명들이 태양신을 숭배한 반면에 히브리인들은 태양신을 숭배하지 않았다. 기독교인들이 태양의 날인 일요일을 중시한 때는 로마 시대 이후로서 기독교도들은 비로소 이때부터 태양의 날에 예배를 드렸다. 히브리인들이 왜 태양에 대해 관심을 기울였는지는 분명하지 않다. 다만 이들이 태양신을 숭배하는 이집트로부터 탈출했음을 고려할 때 태양신이 아닌 다른 무엇을 숭배하려는 태도가 자리 잡았을 수 있다.

를 알렸다. "태초에, 하늘과 땅이 생기기 2천 년 전에 일곱 가지가 창조되었다. 토라(Torah)는 흰 불 바탕에 검은 불로 씌어져 하느님 무릎 위에 놓여 있었고, 성좌는 하늘에 세워졌으며…, 하느님 오른편에 낙원이, 왼편에는 지옥이 있었다. 그리고 '돌아오라, 오! 너, 사람의 아들들아'라는 소리가 커다랗게 울리고 있었다." "오 이스라엘이여 들어라, 우리 주 하느님은 한 분이시다." (J, Neusner, Scriptures of the Oral Torah.(서휘석 옮김). 1992.『토라의 길』. 민족사. 17쪽, 38쪽, 노명우. "음악의 정당화 담론과 아도르노의 음악사회학", 11쪽.) 그리스적 세계와 달리 헤브라이즘의 세계는 하느님의 시각적 재현을 금지한다. 모세가 하느님에게 모습을 보여 달라고 간청하자, 하나님은 대답하셨다. "그러나 나의 얼굴만은 보지 못한다. 나를 보고 나서 사는 사람이 없다"(출애굽기 33. 20) "이미지를 섬기는 자들은 모두 창피를 당하리라(시편 97.7)" "이미지를 빚는 자는 저주받으리라(신명기 27.15)" "너희들은 이미지를 불살라야 하리라(신명기 7. 25)" 유태인들에게 이미지는 악령을 부르는 악이었다. 하느님에 대한 이런 태도는 시각의 불완전함을 고려할 때 매우 합리적인 태도이다. 1세기에 헬레니즘에 세계에 동화된 유태 사람들은 우상을 만들려는 생각이 간음의 시초라고 말했다.

그리고 이렇게 볼 때에는 앞에서 말한, 히브리 문명의 들음으로부터 헬라스 문명의 봄으로의 옮김은 역사적 분석이 될 수 없게 된다. 다만 서구의 문명이 히브리와 헬라스로 이루어졌음을 참조해서 그렇게 말할 수 있을 뿐이다. 하지만 들음으로부터 봄으로의 이동은 그것이 세계에 대한 본질적 기원은 될 수 없겠으나, 왜냐하면 사실 세계에 대한 관점의 정립은 들음이나 봄이 아니라 상상이기 때문인데, 일상적 삶에서의 파악은 들음보다는 봄에 의존하게 되며, 초월적 삶에서의 파악은 봄보다는 들음에 의존하게 되므로 들음보다는 봄이 더욱 대중적인 접근이라고 판단된다.

서양 사유에서 시각중심주의의 흔적은 여러 단어에서 나타난다. reflection, speculation, vision 등은 어원상 '보다'라는 단어와 연관되어 있다. 인간만이 가진 지성적 활동인 연구나 이론을 의미하는 theory 역시 시각적 은유를 사용한다. theory는 라틴어 theoria에서 나왔고 theoria는 '주의 깊게 바라본다.'는 의미의 희랍어 theorein에서 나왔다.

demonstrate는 민중을 뜻하는 희랍어 demos와 "보여주다"라는 뜻을 가진 라틴어 monstrare에서 유래했다. inspect, prospect, introspect, aspect의 어원은 '바라보다' '관찰하다'라는 뜻을 가진 라틴어 specere이다. '관찰하다'라는 뜻을 가진 독일어 betrachten은 '조작하다'라는 라틴어 traotare에서 유래했다. 그리스어에서 eidon은 '나는 본다'를 의미하는데 eidon의 과거형인 oida를 사용하면 나는 안다는 의미가 된다. 단어의 이런 용례가 뜻하는 바는 보는 것이 곧 아는 것임이다. 그런가 하면 skepteon은 쳐다본다는 뜻을 가지고 있는데, 이것의 명사형인 skepsis는 시각적 인식, 관찰, 경계, 주시를 뜻하며, 여기서 유래한 skepticism은 회의론을 뜻한다. 봄이 이렇게 회의론으로 전개된 까닭은 눈으로 본 것이 절대적인 것이 아님을 의미한다.

철학자에게 인식론은 눈의 지각을 통한 바깥 정보의 수용 가능성으로 변형된다. 그렇게 얻은 인식론 위에서 존재론의 그림을 그린다. "어떤 것이 현실인가?"로부터 "어떤 것이 실재인가?"를 구하며, "어떻게 현실 속에서 진리를 추려내고 알 수 있는가?"로부터 "진리 자체인 존재가 어떻게 생겼는가?"를 묻는다. 만질 필요도 냄새를 맡을 필요도 없다. 어찌 보면 만지거나 냄새를 맡는 일은 육체적 노동을 필요로 한다. 반면에 보는 행위는 육체적 노동을 필요로 하지 않는다. 그저 보기만 하면 되기 때문이다. 따라서 바라봄은 대상을 인식하는 가장 게으른 방법이기도 하며 학자들이나 할 수 있는 방식이다.

그리고 이런 관점에서 그리스-기독교적 전통의 연장선 위에 있는 서양 계몽주의는 시각의 진보이자, 청각의 퇴행이다.[6] 계몽적

---

6) 구약적 세계의 종언은 그리스적 시각 중심 세계의 시작을 의미했다. 눈의 의미는 그리스-기독교적인 헬레니즘의 세계에서 혁명적으로 변화했다. 헬레니즘의 세계에서 볼 수 있음은 선이며, 볼 수 없음은 악이거나 형벌이다. "그리스 사람의 눈은 낙관적이지만, 유태 사람의 눈은 상서로운 신체 기관이 아니며, 불행을 담고 있고, 어떤 길조도 보지 않는다.(눈은 무덤 속에 있었고, 카인을 보고 있었다.) 일신교의 사막 속에서는 맹인이 임금일 수가 있지만,

사유방식에 의하면 인간의 오감 중에서 시각만이 인식에 기여할 수 있기 때문이다. 계몽적 사유방식은 지각과 인식 사이의 절대적 이분법을 창출한다. 그리고 시각을 제외한 다른 감각은 인식에 기여하지 못하는 지각에 불과한 것으로 간주한다.[7)]

시각은 보는 것의 출발이기도 하지만 한편으로는 가장 위험한 앎이기도 하다. 왜냐하면 우리가 어떤 대상을 볼 때 우리는 그 대상의 역사성, 그 대상의 전체를 보는 것이 아니라 그 순간의 대상을 본다. 바로 이런 고민 때문에 플라톤은 우리가 대상을 볼 때 그 대상의 이데아를 보는 것이라고 말하는 것이다. 이런 고민의 연원에는 시각작용의 불완전성에 대한 고민이 담겨 있다.

눈이 먼 그리스의 왕은 그의 왕관을 잃는다." (노명우. "음악의 정당화 담론과 아도르노의 음악사회학". 13쪽 참조.)

7) 계몽주의부터 여성의 목소리가 커지는 것은 우연이 아니다. 왜냐하면 오감 중 시각만을 이성적인 기관으로 생각하는 사유방식이 지배하는 문화 내에서 '소리'는 이성 중심적(남성 중심적) 문화를 불안하게 하는 요인이기 때문이다. 이성(남성) 중심적 문화에서 불안을 야기하는 소리는 여성의 몫이다. 소리로 유혹하고, 뱃사공들을 죽음으로 몰아넣는 사이렌(Siren)이 여성인 것은 우연이 아니다. 이성 중심적 사회에서 소리는 성녀와 요부로 양분되는 여성의 이미지와 유사하다.(노명우. "음악의 정당화 담론과 아도르노의 음악사회학". 13쪽 참조.)

2. 시각과 존재의 인식

1) 프레임 짜기로서의 시각

우리가 안다고 말할 때 그것은 늘 알지 못하는 부분이 있음을 전제로 한다. 그리고 안다는 것은 알지 못하는 부분을 배제한 채 안다고 말하는 것이다. 사실 인간의 인식은 부분을 파악하고 그것을 전체로 확장하는 작업이다. 나머지 미처 보지 못한 부분이 본 부분과 다르다고 해도 우리는 그 부분을 보지 못했기 때문에 그것은 배제할 수밖에 없다. 배제되는 부분은 모순으로 처리되기도 하고 잉여로 처리되기도 한다. 마찬가지로 눈의 기능은 보는 작용이다. 보는 것은 인식하는 것이다. 그러나 그것은 부분에 대한 인식이다. 따라서 인식은 전체의 부분에 대한 파악이다. 따라서 보는 행위, 나아가 인식하는 행위는 지극히 불완전하다. 이런 불완전성은 학문 전체로 파급된다.

학문은 지금 내가 보고 있는 것, 또는 내 눈에 보이는 것을 토대로 하여 프레임을 짜는 작업이다. 눈이 있고 그 눈이 바라보는 대상이 있으면, 곧 인식의 주체인 내가 있고 인식의 대상인 상대가 있으면 학문은 성립한다. 이때 우리의 눈은 자기가 시공간적으로 비록 제약된 상태로 본 것이라고 해도 그것을 전체인 양 절대화한다. 그것은 인식의 폭력일 수도 있는데, 여하튼 학문은 그런 토대 위에서 성립했다. 탈레스가 만물의 근원은 물이라고 한 것, 아낙시만드로스가 무한정자라고 한 것, 아낙시메네스가 공기라고 한 것들은 모두 그들이 본 세상에 대해 해석을 한 것이다. 동 시대에 살면서 그들이 이렇게 다르게 말을 한 까닭은 자신이 본 것만을 절대화하고 프레임을 짰기 때문이었다. 이들을 위시해 모든 철학자들은 봄을 인식의 출발로 삼았으며 철학적 이론화의 근거로 삼았다. 결국 개념화 작업은 자신이 본 것을 절대화하는 작업이다.

이런 인식으로부터 존재론이 성립한다고 할 때 존재론은 전체를 부분으로 나누어서 그 부분을 보고 논리적 동일성이 없을 수도 있는 보지 않은 다른 부분과 연관 지어 마치 그것이 전체인 양 가정하는 작업이다. 그리고 이 가정하는 작업을 두고 플라톤은 가설 세우기라는 개념을 통해 연역논리화 한다.

기실 이렇게 볼 때 귀납논리가 연력논리보다 더 타당한 것처럼 보이지만 귀납논리 역시 내가 본 것들만을 종합하여 하나의 원리를 만들어낸다고 할 때 연역논리와 귀납논리를 불문하고 완전한 인식의 구조는 아닌 것이다. 이에 덧붙여 연역논리와 귀납논리의 합인 변증법도 마찬가지이며, 오히려 역설이 타당한 접근 방식일 수도 있다. 그렇다고 해서 그렇다면 더 나은 아니 절대적인 인식의 구조가 있느냐고 묻는다면 적어도 인간의 지위에서는 "그렇다"라고 대답하기가 어렵다. 다만 중요한 것은 방법론이고 정당화일 뿐인데 그런 이유로 철학자들의 주장이 빛을 발한다. 여하튼 봄을 근거로 한 철학적 사유는 탈레스로부터 시작된다. 추측컨대 탈레스가 봄을 근거로 했기 때문에 최초의 철학자로 기록되었을 수도 있다.

2) 탈레스와 관조

탈레스는 테오리아적 탐구의 대상과 방법론의 관점에서 볼 때 봄을 철학의 영역으로 끌어들인 최초의 그리스 철학자이다. 그는 일생동안 정치자문가, 공학자, 견문여행가, 자연탐구가, 기상학자, 수학자 등 여러 역할을 수행했다. 탈레스는 작은곰별자리를 발견했으며, 태양의 위치와 밤낮의 길이 변화를 확인했다. 최초로 일식을 예언했으며 영혼의 불멸을 주장했다. 최초로 태양과 달의 크기를 계산했으며 매월 말일에 30일이라는 이름을 부여했다. 또한 일 년의 절기를 구분하고 일 년이 365일임을 발견했다.[8] 그가 이렇게 할 수 있었던 까닭은 하늘을 관찰하는 능력이 있었기 때문이다. 그는 이런 관찰의 결과를 토대로 하여 '아르케'라는 것에 대해 언급했는데, 그가 서양철학의 시원자가 된 이유는 이 언급 때문이었다. 탈레스의 아르케는 "존재하는 모든 것이 그것으로부터 존재하는 것이며, 모든 것이 그로부터 생겨나는 시원이며, 소멸하여 그것으로 되돌아가는 최종 목적이다."[9] 아르케는 "원소이자 존재의 제일 원리라고 불리는 것으로, 본질은 불면하지만 속성은 변화한다."[10]

탈레스의 학문적 업적은 크게 두 분야이다. 하나는 자연 탐

---

8) Diogenes Laertius. 1925. *Lives of Eminent Philosophers, Loeb Classical library,* 23–27.

9) Aristoteles. *Metaphysics.* 983b8.

10) *Metaphysics.* 983b10.

구 영역이며 다른 하나는 수학 영역이다. 탈레스는 최초로 기하학의 다섯 가지 과제들을 증명했다. (1) 원의 지름은 원을 정확하게 2등분한다. (2) 이등변 삼각형의 밑변을 끼고 마주보는 두 각은 같다. (3) 두 직선의 교차점을 사이에 두고 서로 마주보는 각들은 크기가 같다. (4) 같은 길이의 변, 그리고 이 변을 낀 같은 크기의 두 각을 공유하는 두 삼각형은 크기가 같다. (5) 반원의 지름을 밑변으로 가지면서 반원에 내접하는 삼각형은 직각삼각형이다.

여기에서 주목되는 점은 탈레스의 자연 탐구 영역과 수학 영역이 모두 관조의 결과라는 사실이다. 우선 그는 귀납적 방식에 따라 만물의 근원이 물임을 말한다. 그는 "모든 사물들의 양분이 습기로 되어 있으며, 따뜻함 자체도 이것으로부터 생기며, 이것에 의해서 사물들이 존속되는 것을 알게 되었기 때문이다."[11] 이런 설명은 탈레스가 자신이 눈으로 관찰한 사실들을 종합하여 하나의 원리를 도출했음을 보여준다. 그는 보이는 것들을 보이는 것으로 환원했다. 그는 관찰을 통해 물이 겪게 되는 다양한 변화의 과정을 설명하고 있다. 또한 기하학의 다섯 가지 과제들에 대한 설명 역시 개개의 기하학적 사례들을 관찰하고 그 관찰들로부터 하나의 일반적인 정리를 한 것이다.

11) *Metaphysics*. 983b.

3) 아낙시만드로스의 보이는 것과 보이지 않는 것

탈레스의 계승자인 아낙시만드로스는 보이는 것을 보이지 않는 것으로 환원한 최초의 인물이다. 이런 해석은 그가 언급하는 무한정자와 관련된 것인데, 무한정자를 논하기에 앞서 그가 당시의 시대적 요구였던 천문, 수학, 지리 등 도시가 필요로 하는 인문적 탐구에 능했음을 볼 때 아낙시만드로스 역시 봄을 세계 파악의 기본적인 토대로 삼았음을 알게 된다. 그는 그리스 지도와 천체의 지도를 최초로 만들었으며,[12] 해의 진행 방향을 주의 깊게 관찰해 시간을 측정할 목적으로 해시계를 고안했다. 그리고 그가 제시한 중요한 주장 하나는 천체의 모델을 만든 뒤 지구를 그 중심에 위치하도록 해서 인류역사상 최초로 지구중심적인 우주관을 생각했다는 것이다.

그는 무한정자(apeiron)를 아르케라고 규정하는데, "이 세계가 생성될 때 무한정자로부터 건조한 것을 포함한 따뜻한 것과, 습한 것을 포함한 차가운 것의 산출적인 힘이 나오며, 이로부터 나무를 둘러싸고 있는 껍질과도 같이 불의 원이 지구를 둘러싸고 있는 공기 주위에 형성된다. 그리고 이것이 조각나서 여러 개의 구체들로 갇히게 되어 태양과 달 그리고 별들이 만들어지게 되었다"[13]고 한

12) Diels, Kranz. *Die Fragmente der vorsokratiker*, 12A 6.

13) D. K. 12A 10.

다. 우주에 대한 이런 설명이 어떤 과정을 거쳐 나왔는지를 추측하기는 어려우나, 여기에서 확증되는 것은 그가 눈에 보이는 사실들을 토대로 하여 눈에 보이지 않는 사실을 시원으로 규정하고 있다는 것이다. 곧 가시적인 것을 토대로 하여 가지적인 것을 말하고 있다. 가시적인 것은 눈에 보이는 것이나 가지적인 것은 눈에 보이지 않는다. 가시적인 것은 구체적이나 가지적인 것은 추상적이다. 그러나 사실 그의 무한정자는 가지적이지는 않다.

여기에서 지적될 수 있는 것이 세계의 기본 구조를 온, 냉, 건, 습의 네 요소로 한정할 수 있는가 하는 점이다. 그것은 어디까지나 아낙시만드로스가 관찰한 것을 네 가지 요소로 환원한 것이다. 물론 이 주장에 동의하는 것의 여부는 개인들에게 달려있다. 그런데 그가 주장한 것들 가운데 무한정자에 대한 진리 여부는 검증하는 것이 불가능하므로 차치하고, "습한 지구가 증발해 바람의 원인이 되었고 태양과 달의 회전 원인이 되었다"는 것, "지구는 그 모양이 원통의 기둥과 같이 생겼으며 깊이는 폭의 세배"라는 것", "지구의 상층부는 평평하다는 것" 등은 사실이 아닌 것으로 밝혀진 주장들이다. 물론 이런 주장들이 그가 가시적인 것으로부터 가지적인 것으로의 상승이라는 철학적 방법론을 정립한 것을 훼손하지는 않는다. 그것은 세계에 대한 해석의 한 방법이다. 다만 관찰이라는 것이 그리고 한 개인이 본 것을 보편화 또는 절대화하는 작업이 얼마나 무망한 것인지를 지적하려는 것이다.

4) 아낙시메네스의 질과 양의 관계

아낙시메네스는 공기를 아르케라고 생각했다. 온, 냉, 건, 습이 무한정자로 환원되는 것, 무한정자가 온, 냉, 건, 습으로 현실화되는 것은 질적인 변화를 의미하는데, 그는 질적인 변화가 불가능하다는 사실을 관찰하고는 무한정자와 온, 냉, 건, 습의 네 요소 사이에서 어떤 필연적인 관계도 발견할 수 없었을 것이다. 그는 어떻게 해서 하나로부터 비롯되는 모든 사물들이 동일한 것으로 다시 용해되는가를 묻고는 대답하고자 했다. 따라서 그는 네 가지 원소 가운데 가장 가벼운 공기를 아르케로 규정했다.

그는 이렇게 말한다. "우리들의 영혼처럼 우리들을 결합하고 지배하는 것은 공기이므로 바람과 공기가 온 세계를 감싸고 있다." 사실 탈레스가 물을 아르케로 언급하는 것이나 아낙시메네스가 공기를 아르케로 언급하는 것은 같은 것이다. 다른 것이라면 그가 물이 공기가 농축되어 변화한 것으로 보았다는 것이다. 그는 신적인 공기를 만물의 아르케로 보고 공기의 농축과 희박에 의해 모든 사물들의 질적인 변화가 일어난다고 생각한다. 공기의 양적인 팽창이 개별적인 사물들의 질적인 차이를 가져온다는 것이다. 이렇게 해서 그는 질과 양의 관계를 정립한 최초의 철학자가 되었다.

탈레스, 아낙시만드로스, 아낙시메네스에게서 공통적으로 발견되는 것은 이들이 개별적 사례들을 관찰하고 그것으로부터 하나의 원리를 귀납적으로 도출했다는 것이다. 다만 같은 방법을 사용했으나 이들은 물과 무한정자, 그리고 공기라는 상이한 물질들을 아르케라고 믿었다. 동 시대에 살면서 같은 자연현상을 보고 다른 결론에 도달한 것이다. 물론 철학 그 자체는 설명 방식의 정당화에 전력투구를 하기 때문에 각각의 철학자들이 무엇을 어떻게 보았는지, 또 각각의 철학자들이 왜 서로 다른 얘기와 주장을 하는지에 대해서는 원초적으로 관심을 갖고 있지 않다. 왜냐하면 철학은 제대로 보았느냐가 문제가 아니라 제대로 정당화했느냐가 문제이기 때문이다.

5) 파르메니데스에서의 감각지각의 존재

시각과 관련해 헬라스의 모든 철학자들을 언급하는 것은 무망한 일이다. 그러나 파르메니데스를 그냥 지나칠 수는 없다. 그가 헬라스적 형이상학의 근본 물음인 “무엇이 참다운 존재의 본성인가?”를 두고 씨름했기 때문인데, 참다운 존재의 본성을 그가 어떻게 알아 가는지는 흥미로운 소재이다. 특히 그의 이론이 흥미로운 까닭은 그가 봄으로부터 존재에로 올라가는 논리적 형태의 골격을 만들었기 때문이다.

그가 전하고자 하는 내용은 참다운 진리 인식이 가사적 인간들에 의해 손쉽게 얻어질 수 있는 성질의 것이 아니라는 점이다. 그는 말하기를 “여신은 나를 친절히 맞아들이고......내게 말씀하셨다. ‘오, 젊은이여, 젊은이는 그대를 태우고 온 말들과 불사의 마부들에

호위되어 나의 거처로 왔구나. 반갑도다......진실로 이 길은 인간이 오기 힘든 길이며, 그대가 온 길은 올바르고 정의로운 길이로다."[14] 라고 한다.

파르메니데스가 말하는 가사적 인간들이 손쉽게 얻을 수 있는 것은 시각을 이용해 얻는 인식이다. 시각을 통해 얻은 지식은 생각을 지배한다. "생각할 수 있는 것과 존재하는 것은 같다."[15] 이 말은 결국 보는 것은 생각을 형성하고 생각은 존재와 같은 것이므로 보는 것은 존재하는 것을 본다는 뜻이 된다. 그렇다면 가사적 인간들이 손쉽게 얻을 수 있는, 시각을 이용해 얻은 지식도 생각을 지배하고 존재와 같은 것인가? 그렇지 않다. 파르메니데스가 가사적 인간을 언급할 때 그는 가사적 인간이 진리 인식의 능력을 갖추지 못했음을 주장하려는 것이다. 시각이 생각을 지배하고 생각이 존재와 동일하다고 논리적으로 연결 짓는 것은 아마도 "가사적 인간들의 근거 없는 신념"일 것이다. 곧 파르메니데스는 시각이 생각을 지배하거나 형성한다고는 믿지 않았을 것이다. 그에게 시각과 생각은 별개이다.

파르메니데스에게 본다는 것은 무슨 의미인가? 그것은 순수한 이성에는 반대되는 것이지만 감각지각의 대상을 부정할 수 없고 그것은 결국 감각지각이 현실적으로 존재한다는 의미이다. 억견

---

14) D.K., 28B1.

15) D.K., 28.3.

에 대한 물음이 없이 존재에 대한 물음이 해결될 수 있는가? 억견에 대해 묻는다면 우리는 억견을 어떻게 지각하고 묻는 것일까? 억견에 대해 묻는다면 "억견은 존재와 비존재의 세계를 왔다 갔다 하는 것"[16]이므로 존재는 아니겠지만 여하튼 존재하는 것이 아닌가? 그것은 결과적으로 억견의 길에, 곧 억견의 대상에 대해 어떤 실재성을 준다고 볼 수 있는 것이 아닌가?

이런 물음에 파르메니데스는 어떻게 대답하는가? 인간의 몸은 빛과 밤의 혼합에서 만들어진다. 인간의 정신은 상이한 네 개의 성질들이 혼합된 결과로서 나타난다. 인식은 정확히 인간의 육체가 생각하는 것이다. 몸은 몸 속의 빛과 어두움이라는 두 요소의 결합에 비례하여 인지한다. 말하자면 인식은 우리의 유기체 기관인 사지가 형성되고 혼합될 때 일어나는 현상이다.

유기체 기관의 본성, 곧 우리 몸의 본성은 우리가 지각하는 사물들의 본성과 동일하다. 우리 몸의 본성은 생각하는 것이며 지각하는 사물들의 본성은 존재하는 것이다. 따라서 그가 단편 3에서 주장하듯 생각하는 것과 존재하는 것이 같다. 또한 다음과 같은 논리가 성립한다. 모든 자연 세계의 사물들이 빛과 밤의 결합이라면 인간의 몸도 빛과 밤의 결합이다. 이 결합은 늘 다른 비율로 이루어지며 때로는 빛이 때로는 밤이 우위에 선다. 빛이 우세하면 사고가 힘을 가지며 밤이 우세하면 사고가 힘을 잃는다. 파르메니데스에게

16) D.K., 28.6.

기억은 빛의 우위를 의미하며 망각은 밤의 우위를 의미한다. 빛과 밤, 두 요소의 비율이 이 세계 안에서는 잘 조정이 되어서 대립자들이 균형 상태에 놓여 있다.

그러나 인식 작용에서는 빛과 밤이 엄격히 구분된다. 파르메니데스가 여신의 입을 통해 말하고 있듯이, 젊은이의 여행은 밤의 나라에서 낮의 나라로 향하는 여행이며, 진리의 왕국을 향하는 여행이다. 그가 표현하는 대로 존재를 향하는 길은 불의 세계로 향하는 여행이며 그것은 광명의 세계로 향하는 것이다. 그렇다면 인간은 밤의 세계에서 빛의 세계로 향하는 여행을 하고 있다. 그것은 감각 지각의 세계에서 출발해 마침내 존재 또는 사유의 세계로 향하는 여행이다. 따라서 밤의 세계인 감각 지각의 세계, 곧 봄의 세계는 인식의 출발지점이다. 만약 인간이 밤의 세계에서 출발하지 않는다면 봄의 작용은 없는 것이고 따라서 지각과 인식은 없게 되고 결과적으로 존재에 대한 인식도 불가능해진다.

탈레스, 아낙시만드로스, 아낙시메네스 그리고 파르메니데스에서 보듯이 어떤 존재 인식도 봄을 비껴갈 수 없다. 이런 대원칙은 여기에서 언급된 네 명의 철학자들 이외에도 모든 철학자들에게 적용된다. 그러나 적어도 소크라테스 이전의 철학자들은 시각의 불완전함에 대해서는 고민하지 않았던 것으로 보인다. 오히려 프로타고라스나 고르기아스는 인식의 상대성을 주장함으로써 결과적으로는 시각의 불완전함을 정당화한다. 감각지각의 불확실성에 대한 고민은 플라톤에 이르러 구체화된다.

3. 플라톤에서 시각의 의미

1) 이데아의 인식

인간의 인식은 감각지각에서 출발한다. 그리고 감각지각의 불확실성에 대한 반성에 따라 감각지각과는 다른 영원한 것에 대한 인식을 추구한다. 이것은 플라톤의 철학에서도 마찬가지이다. 그 역시 영원성을 추구하기 때문이다. 그는 초기에서 중기에 이르는 기간까지는 일관되게 이데아에 대한 인식에 천착한다. 그러나 후기에 이르러 그는 감각지각의 실체를 인정하기 시작한다.

플라톤에게 철학을 전한 소크라테스는 처음부터 자연과학을 외면했다. 소크라테스가 천착했던 문제는 보편개념의 인식과 보편개념에 의한 사유였는데, 그는 개념에 대해 현상의 변화에서 고정되고, 모든 인간들에 의해 동일한 방식으로 형성될 수 있는 유일한 것이라고 말했다. 그러므로 개념만이 홀로 보편타당성을 소유할 수 있으며 참다운 인식의 대상일 수 있다. 여기에는 다음과 같은 점이 전제되어 있다. 즉 개념을 발전시킬 수 있는 이성은 모든 인간들에게 공통된 인식 능력이며 따라서 진리의 유일한 근원으로 여겨질 수 있다.

플라톤 역시 자연과학에는 그다지 관심을 기울이지 않았다. 플라톤은 구체적인 것들의 영역인 자연세계는 감각을 통해 우리에게 믿을 수 없는 모호한 관념(doxa)만을 전한다고 보았다. 이에 반해

진정한 인식과 사유로서 이해될 수 있는 유일한 세계는 초감각적이고 정신적 본성의 세계라고 생각했다.

따라서 플라톤의 모든 노력과 사유는 인류에게 인간 사회에 유일한 기반을 제공하는 이데아들의 초감각적인 정신적 세계를 이해시키는 데 바쳐졌다. 우리를 둘러싸고 있는 자연은 이데아 세계의 불완전한 모사이다. 이 모사된 세계는 완전한 의미의 어떤 실재도 소유하고 있지 않으므로 사유에 의해 이해될 수 없다는 것이 플라톤의 생각이다.

그런데 만일 인식 주관에 의해 개별 현상으로부터 추상된 개념(보편개념)이 보편적인 지식을 표현한다면, 플라톤이 추론하기에는 모든 지식에는 객관이 요구되기 때문에 이 주관적 개념에 일치하는 객관적 실재가 존재하지 않으면 안 된다. 그러나 이렇게 해서 찾아진 실재는 보편개념과 마찬가지로 확고하고 불변해야 하므로, 이 실재는 다시금 변화하는 덧없는 개별 사물이 아니고 개별사물과는 상관없이 개별사물을 떠나서 완전히 독립적인 존재를 소유하지 않으면 안 된다. 보편개념에 일치하는 이러한 객관을 플라톤은 이데아라고 불렀다.

idea, eidos, genos, morphe, auto ho estin은 플라톤의 이데아를 설명하는데 쓰이는 말들이다. 이중 idea와 eidos의 어원을 보면 흥미로운 점을 찾을 수가 있다. 앞에서도 말했듯이 idea는 idein이라는 말에서 왔는데 이것은 '봄'이라는 말이고 eidos는 eido라는 말에서 왔는데 이것은 '나는 본다'는 말이다. 즉 이데아는 시각중심주의의 사고에서 나온 것이다.

idea와 eidos의 이런 기원은 인간의 인식과 관련해서 시각이 아주 중요한 요소임을 잘 보여준다. 그러나 이런 기원이 이데아를 육안으로 볼 수 있다는 뜻은 아니다. 육안으로 이데아를 인식하는 것은 불가능하다. 육안으로 보는 관찰에는 기만이 개입할 수 있기 때문이다. 오직 심안으로만 볼 수 있다. 이데아는 철저히 관념적이고 이념적이다. 플라톤은 우리로 하여금 육안에 의해서 보는 버릇을 버리도록 하는 대신에 사유, 즉 지적 직관(noesis)에 의해서 그 고유의 대상들을 보도록 요구한다.

그는 이 지적 직관의 행위를 역시 본다는 말뜻을 지닌 katidein, idein, kathoran, theasasthai 등의 낱말들로 나타내는데, 이 경우에 이것들이 의미하는 것은 직관으로서의 '봄' 또는 '바라봄' 이다. 그리고 이데아는 가시계의 영역에서 사물을 사물이게끔 한다. 즉 진정한 원인이라는 것이다. 사람들이 어떤 것을 보고 아름답다고 표현할 때 그것은 아름다움의 이데아를 보고 아름답다고 말하는 것이다.

그러나 우리의 인식은 어디까지나 눈으로부터 출발한다. 내가 어떤 개인적 사물을 보고 그것이 무엇이라고 인식할 수 있는 까닭은 내가 우선 개별적인 사물을 보았기 때문이다. 내가 개별적인 사물을 볼 때 그 행위는 개별적 사물의 이데아를 보는 것이 아니다. 나의 눈은 단지 개별적 사물을 볼 뿐이다. 그런데 그 봄이 이데아를 상기하게끔 한다. 그렇다면 개별적 사물과 이데아가 무엇인가에 의해 연결되어 있어야 한다. 플라톤은 이것을 참여와 분리라는 개념을 들어 설명한다. 그러나 참여와 분리는 어떻게 해서 개념적인 이데아가 물질적인 개별 사물에 들어 있는지에 대해 설명하지 못한다. 더욱이 현상계의 실재성을 인정하지 않는다면 우리는 허깨비를 보면서 이데아를 상기하는 것이 된다. 따라서 현상계에서 봄이 어떤 의미를 가지는지를 해명해야 한다. 이 작업은 플라톤의 노년에 이르러 시작된다.

2) 두 세계와 세계영혼

그가 노년에 이르러 남긴 유일한 과학적 저작인『티마이오스』에서 현상계에 관심을 보이기 시작하는 것이다. 티마이오스는 피타고라스학파의 일원이다. 플라톤이 자신의 과학적 저작에 티마이오스라는 이름을 붙인 까닭은 피타고라스주의를 통해서 자신의 이념적 체제에도 적합하면서 동시에 정신계와 물질계 사이를 연결하는 지식을 획득하고자 했기 때문이다. 그렇다면 플라톤은 왜 정신계와 물질계 사이를 연결해야 했을까? 이에 답하기 위해서는 만년의 플라톤이 물질계에 대해 어떤 태도를 가졌는지를 살필 필요가 있다.

플라톤의 티마이오스와 그의 다른 철학과의 관계를 이끌어내기 위해서 파르메니데스의 교훈적인 시의 두 부분과 비교하는 방법은 매우 적합하다. 왜냐하면 플라톤의 인식론에서는 어떤 경험적 ‘지식’을 위한 자리가 남아 있지 않기 때문이다. 만약 있다면 그것은 그 자체와 모순된다. 이것이야말로 플라톤이 과학적인 실험을, 즉 그것이 지식에 도달하는 적합한 방법으로서든 혹은 인간이 자연의 신적인 질서에로 파고 들어가는 전제로서든, 어느 의미의 실험도 거절하는 증거로 볼 수 있다.

그는 『티마이오스』에서, 우리는 진정한 지식을 다루는 것이 아니라 그럴 듯한 지식, 즉 '개연적인 판단'을 다룬다고 말한다. 그리고 이것은 엄밀한 논리적 연역에 의해서 얻어지는 것이 아니라 '믿을 수 없는 추론'에 의해 얻어지므로, "기분풀이를 위한 사려 깊은 놀이" 이외에 아무 것도 아닌 것이라고 확실하게 말하고 있다.

따라서 그가 이원론적 세계 개념 혹은 두 세계 이론에서 조금도 물러나지 않았다는 사실을 염두에 두는 것이 플라톤의 자연학을 정확히 이해하는데 필수적이다. 이데아들의 초월적인 세계와 감각적인 것들의 현상적 세계와의 사이의 깊은 골에 다리를 놓으려는 플라톤주의자들의 노력에는 처음부터 마지막까지 커다란 고통을 감수해야 하는 어려움이 따랐다. 다만 그럼에도 불구하고 플라톤이 『티마이오스』에서 전개하는 세계영혼의 혼합 원리를 주목할 필요가 있는데, 그 틈에서 사물들에 대한 소극적 인정이 등장하기 때문이다.

플라톤이 제안하는 혼합의 첫 번째 원리는 시종일관 각각의 이데아는 하나이며, 그것에 참여하는 사물들은 그 수가 무한하다는 것이다. 개개의 이데아는 영원하고 불변적이나, 사물들이 존재로 되는 것은 일시적이며 영원한 변화의 상태에 있다. 이데아는 순수하게 그리고 전적으로 있는 것 바로 그것이나, 사물들은 그렇지 못하다.

이데아는 완전한 존재이나, 사물들은 존재와 비존재 사이에서 배회하며, 그들의 대상인 의견은 앎과 무지의 사이에 있다. 그가 믿은 감각적 존재의 불완전성은 그것들의 일부만이 이데아적 요소들로 구성되고, 다른 부분들은 다른 원리에서 유래되는 것으로 설명된다. 참되고 완전하게 있는 존재인 이데아는 모든 것의 원천이다.

두 번째 원리의 본성은 감각적인 현상을 이념적인 것에서 구별하는 점에서 발견된다. 그것은 어떤 유한한 것이며 항상 변하는 것으로서, 비존재이며 알 수 없는 것으로서만 파악된다. 이 둘째 원리가 물질인데, 이것에 대해 플라톤은 아리스토텔레스 이후 보편화된 물질이라는 표현을 사용하지 않는다. 그는 그것을 기술자들이 일할 때 사용하는 재료적인 것으로 비유한다.

이것이 이데아와 감각적인 개체의 곁에 있는 제3의 것이다. 이것은 개체의 기원을 설명하기 위해서 요청된다. 이것은 형체가 없고, 볼 수 없는 것이며, 모든 것을 받아들이는 존재이며, 되는 것들의 어머니이자 수용자이며 생성하는 것들의 보모이며, 주물러서 형체를 바꿀 수 있는 덩어리이다. 이 덩어리로서의 물질은 자연 전체 밑에 있으며, 이 속으로 들어오는 모든 것들에 의해 움직여지고 모습이 형성된다. 그것은 결국에는 '어떤 종류의 공간'으로, 그 속에서 생성이 일어나는 것으로 기술된다.

그러나 이것은 플라톤이 절대 공간을 물질로 이해했다는 것을 의미하는 것은 아니다. 물질은 오히려 공간을 가득 채운 연장적인 실체이다. 그래서 그것은 전혀 형체가 없으며 성질도 없다. 그는 그것을 어떤 종류의 존재(ousia)로 보지 않았으나, 그것의 현존을 부인하지도 않았다. 또한 그것을 무라고, 즉 빈 공간 같은 것으로도 묘사하지 않았다. 단지 영원불변하는 존재인 이데아에 비해서 영원히 변하는 것으로 대응시키고 있다.

세계창조 이전에 물질은 불규칙적인 유동의 상태에 있었다. 자연적 필연성에 의해서 물질의 보이지 않는 미세한 입자들은 같은 유끼리 모여, 각각 분리된 영역에 4원소(흙, 물, 불, 공기)를 형성한다. 플라톤의 설명에 따르면, 세계의 원래 상태는 데모크리토스의 창조론과 일치한다. 그렇지만 우리는 다음과 같은 사실을 알아야 한다. 즉 아브데라인에게는 물질적인 원자가 모든 실재적 존재를 이루지만, 플라톤에게는 세계 창조에서 물질이 단지 보조적인 원인으로 생각되었다는 것이다. 이데아들은 참된 세계이다. 더구나 데모크리토스에게 자연법칙은 단지 운동하는 힘인데 반하여, 플라톤은 이것을 창조적인 신적 정신을 실현하는 도구로 보았다.

그런 플라톤에게 가시적인 세계와 이데아계 사이의 관계에 대한 관념의 설명을 시도하는 것은 필수적이었다. 그것은 마치 파르메니데스가 감각계와 모순되는 진리를 다른 모든 것이 기반을 두고 있는 현상계에 대한 설명으로부터 시작하고 있는 것과 마찬가지이다.

플라톤은 항상 존재하는, 결코 되어가는 과정에 있지 않은 것, 곧 이성 인식의 대상과 결코 존재하지 않는, 늘 되어가는 과정에 있는 것, 즉 감관 지각의 대상을 구분한다.[17] 그것은 이데아와 모상이다.

이제 플라톤은 존재자의 총체를 가시적 종류와 가지적 종류로 나눈다. 가시적 종류는 그림이나 자연물이며 가지적 종류는 수학의 대상들과 이데아들이다. 이것은 이미 플라톤이 『폴리테이아』에서도 피력한 '선분의 비유'에 등장하는 존재하는 것들의 층위이다. 곧 맨 위에 이데아가 있고 그 다음에 수학적 대상들이 있으며, 자연물 그리고 가장 밑에 그림과 같은 것들이 있다.

이때 인식과 관련해서 주목해야 하는 것은 감각적인 것들과 이데아들 사이에 있는 수학적 대상들이다. 그리고 수학적 대상들과 관련해 플라톤이 설명하는 세계영혼을 조명할 필요가 있다. 세계영혼은 이데아들과 감각적인 것들 사이의 중간을 차지하고 있다. 따라서 세계영혼은 수학적 사물들의 종류에 속한다.

세계영혼은 다른 것을 통해 감각적인 것을, 동일한 것을 통해 예지적인 것을 인식한다. 그래서 동일한 것과 이데아, 다른 것과 감각적 사물들 사이에는 일종의 근친 관계가 성립하며, 세계영혼 안에는 다른 것과 동일한 것이 함께 들어있다. 세계영혼의 축소는 인간의 영혼이다. 따라서 인간의 영혼에는 다른 것과 동일한 것이 함께 들어있는 셈이 되어 영혼은 감각적인 것과 예지적인 것을 모두 인식할 수 있게 된다.

---

17) *Timaios*. 27.

3) 시각의 역할

그렇다면 영혼은 어떻게 감각적인 것을 인식하는가? 플라톤은 『티마이오스』에서 이렇게 말한다. "만약에 이 우주가 과연 아름답고 이를 만든 이 또한 훌륭하다면, 그가 영원한 것을 바라보고 그랬을 것이라는 건 분명하다." 그는 신들이 인간의 기관을 만들 때 "빛을 전달하는 눈을 먼저 만들어서는, 다음과 같은 이유로 고정시켜 놓았다"고 한다. 곧 시각의 작용 원리들은 보조적 원인들인데, 신은 가능한 한 최선의 것을 실현하는 데 봉사하는 것들로 이것들을 사용한다. 그러나 이것들은 대부분의 사람들에 의해 보조적 원인들로 되는 것들이 아니라 만물의 원인이 되는 것들로 간주되고 있다.[18] 우리가 보는 것은 보조적 원인이지만 우리는 그것이 실제 만물의 원인이라고 생각한다는 것이다. 이 문제에 대해서는 좀 더 논의가 필요한데, 이 논의는 나중으로 미루자. 그는 이어서 이렇게 말한다.

> "그러나 이것들은 어떤 경우에도 이성이나 지성을 지닐 수가 없다. 왜냐하면 존재하는 것들 중에서 지성을 지니기에 합당한 유일한 것을 우리는 혼이라 말해야만 하기 때문이다. 이것은 눈에 보이지 않는 것인 반면에, 불, 물, 흙, 공기는 모두가 가시적인 물질로 생겨난 것이다. 지성과 앎을 사랑하는 사람은 반드시 슬기로운

18) *Timaios*. 46c–d.

종류의 원인들을 일차적인 것들로 추구하되, 다른 것들에 의해서 운동하게 되는 것들이면서도, 필연적으로 다른 것들을 운동하게끔 하는 것들에 속하게 되는 원인들은 이차적인 것들로 추구한다."[19]

신이 우리에게 눈을 주게 된 것이 바로 이 혜택 때문이다. 이 혜택과 관련된 눈의 최대의 기능에 대해 플라톤은 이렇게 말한다.

"시각이야말로 우리에게 최대 혜택의 원인이 되고 있는데, 이는 우리가 별이나 태양이나 또는 하늘을 보지 못했다면 지금 우주에 관해서 하고 있는 이야기들 가운데 아무 것도 언급되지 않았을 것이기 때문이다."[20]

이 말은 우리의 인식의 출발이 시각임을 분명히 한다.[21] 그리

---

19) *Timaios*. 46.d–e.

20) *Timaios*. 46e–47a.

21) 플라톤이 설명하는, 시각이 본 지성적인 것들은 엠페도클레스가 본 것보다 한 걸음 더 나아간다. 엠페도클레스가 우주를 구성하는 원소들로 제시한 불, 물, 공기, 흙은 더 이상 분해될 수 없는 궁극적 요소가 아니다. 플라톤은 네 원소의 생성을 정다면체들을 구성해서 설명하는데, 각각의 정다면체는 그것의 면을 이루는 삼각형들과 이런 삼각형들을 궁극적으로 구성하는 요소 삼각형들로 분해된다. 이런 요소 삼각형들이 문자들에 비유된다. 말하자면 서양의 사유는 알파벳과 자연수에 들어 있다. 알파벳이 합쳐져서 음절을 이루고 음절이 단어를 이루듯이 원소와 사물의 관계도 같은 시각으로 해석할 수 있다는 것이다. 요소 삼각형들은 문자에, 이것들로 이루어진 입체의 표면을 이루는 삼각형들은 음절에, 정다면체들은 단어에 비유된다. 따라서 엠페도클레스가 궁극적 원소로 상정한 네 원소는 이런 비유적 관점에 따르면 음절의 형태로도 그럴듯한 것처럼 비유될 수 없다.

고 이로 인해서 우리는 철학의 부류를 얻게 되었는데, 이보다도 더 좋은 것이, 죽기 마련인 종족에게 신들에게서 주어지는 선물로서 내려지지도 않았고, 앞으로도 내려지지 않을 것이다. 이것은 눈의 가장 좋은 점이다.[22] 곧 시각은 천체의 인식, 나아가 철학적 사유의 출발점이다.

플라톤은 시각을 설명하기 위해 세 가지 종류의 불 또는 빛을 상정한다. 하나는 눈에서 나오는 불(빛)이고, 다른 하나는 공기에 퍼져 있는 낮의 불(빛)이며 나머지 것은 보이는 대상에서 나오는 불(빛)이다. 처음의 둘은 서로 동질적인 것으로 하나의 같은 성질을 갖는 물질을 형성한다. 이것이 대상에서 나오는 불과 만나게 되면, 그것들의 운동을 먼저 눈에 전달한 다음 온 몸을 통해 혼에까지 전달함으로써 지각이 성립한다. 신은 시각을 고안해서 우리에게 주었는데, 이는 하늘에 있는 지성의 회전들을 보고서 이것들을 우리 쪽의 사고의 회전들을 위해 우리가 이용할 수 있도록 하기 위해서이다.[23]

4) 로고스와 시각

그러나 플라톤도 인정하듯이 시각은 불안스러운 것이다. 그는 말하기를 “비록 우리의 시각이 불안스런 것들이고 지성적인 것들은

---

22) *Timaios*. 47b.

23) *Timaios*. 47b.

흔들림 없는 것들이지만, 시각과 지성적인 것들과는 동류의 것들이다."[24]라고 한다. 그렇다면 이런 언명은 무엇을 의미하는가? 우리의 시각이 지성적인 것들을 본다는 것, 그것은 흔들림 있는 것이 흔들림 없는 것을 본다는 뜻이다. 앞에서 언급되었듯이 "우리가 보는 것은 보조적 원인이지만 우리는 그것이 실제 만물의 원인이라고 생각한다는 것"의 의미를 반추할 필요가 있다.

플라톤은 '언제나 존재하는 것이되 생성을 갖지 않는 것'과 '언제나 생성되는 것이되 결코 존재하지 않는 것'을 구분한다. 전자는 합리적 설명(로고스)과 함께 하는 지성에 의한 앎에 의해 포착되며, 후자는 비이성적인 감각과 함께 하는 의견의 대상이 된다. 앞에서 설명했듯이 세계영혼이나 우리의 영혼은 존재와 생성 양자를 인식할 수 있다. 그렇다면 시각은 존재를 인식할 수 있는가?

이렇게 구분할 수 있다. 시각은 일면성이고 지성 또는 로고스는 총체성이다. 로고스는 시각이 전달할 수 없는 특정한 비판적 인식과 실재감을 전달한다. 로고스와 시각은 결정적으로 다르다. 로고스는 비판적 성찰을 가져오지만 시각은 비판적 사고를 손상시키며 인간이 감정에 압도되도록 만든다. 인간이 감정에 압도되도록 만드는 까닭은 시각의 일면성 때문이다. 로고스에 의한 담론이 순차적이고 조직적 사고를 요구하며 추상화와 성찰을 가져오는 반면에 시각은 즉각적이고 강력한 존재이므로 비판적 사고를 요구하거

---

24) *Timaios.* 47b–c.

나 고양하는 수단을 가지고 있지 못하다. 인식을 위해 필요한 것은 대상에 대한 비판적 인식과 실재감이다. 따라서 인간의 시각은 로고스를 보거나 전달하지 못한다.

우리가 무지하다거나 무식하다고 할 때 그 상태가 대상에 대한 지식의 결여이긴 하지만 지각의 결여라고 이야기할 수는 없다. 왜냐하면 무지한 것은 지식이 없는 것이지 지각이 없는 것은 아니기 때문이다. 마찬가지로 무식하다고 할 때에도 인식이 없는 것이지 인지가 없는 것은 아니다.

하지만 무지하거나 무식한 것에 지식이나 인식이 결여된 것은 분명하다. 무지나 무식은 비이성적인 감각과 함께 하는 의견의 영역이기 때문이다. 이에 반해 지식과 인식은 지성과 함께 하는 앎의 영역이다. 그렇다면 시각은 왜 무지의 원인인가?

생성은 ① 어떤 사물이 변화의 과정에 있음을 뜻하거나 ② 어떤 것이 어떤 시점에 생겨나는 것을 뜻한다. 시각이 생성의 영역에 관계한다는 것은 우리의 시각이 어떤 사물의 한 변화의 순간을 보는 것이며, 생성된 개별적 사물을 보는 것이다. 생성된 개별적 사물을 보는 것은 존재자의 본질을 보지 못하는 것이다. 이보다 더욱 중요한 것은 변화의 한 순간을 본다는 의미이다. 시각의 자료들, 곧 이미지가 일면성이라 함은 이것을 의미하는데 그것은 변화의 한 순간일 뿐 아니라 내 시각이 포착하는 하나의 단면이다. 우리는 하나의 사물에 대해 다양한 해석을 내린다. 그것은 그 사물의 한 순간에 한 시점에서 본 것을 토대로 그렇게 하기 때문이다. 하나의 이데아에 여러 개의 술어 또는 사물이 개입할 수 있다고 할 때 여러 개가 되는 이유 가운데 하나는 시각의 개입이다. 플라톤이 시인들을 평가하지 않는 것도 이런 맥락이다. 하지만 그렇다고 해서 플라톤이 시각 기능을 무시하는 것은 아니다. 개념적인 것과 물질적인 것 모두를 세계영혼이 볼 수 있다고 말하는 것이 근거이다.

4) 시각적 한계의 극복 – 변증법과 수학

시각은 인식의 출발점이지만 인식의 종착점은 아니다. 우리의 인식은 시각에서 출발해 영혼에서 마감된다. 그렇다면 시각에서 출발한 인식이 영혼에서 마감되도록 하는 것은 무엇인가?

플라톤이 시각에 의한 인식의 한계를 극복하고 이데아의 인식을 위해 사용한 방법은 크게 두 가지로서, 하나는 변증법이며 다른 하나는 기하학이다. 이 가운데 변증법은 원래 이름이 의미하는 바와 같이 대화하는 기술, 즉 질문과 답에 의해 학문적 인식을 발전시키는 기술이다.[25] 그리고 궁극적으로는 존재하는 것을 개념적으로 파악하는 기술이다.[26]

따라서 플라톤에게 변증법은 학문 이론이면서 동시에 사물의 진정한 실재를 아는 수단이다. 소크라테스는 선을 추구했지만 선이

25) *Politeia*. 534e.

26) *Phaidros*. 265d.

무엇인지 인식하는 문제는 해결하지 못했다. 플라톤 역시 처음에는 개별적인 덕들에 대한 윤리적 문제를 다루었는데, 이런 연구가 그로 하여금 단일한 선을 인식하는데 이르게 했다. 그에게 중요한 것은 선이 있다는 것을 증명하는 것이었으며 또한 선을 어떻게 인식할 수 있는가의 문제였다. 만약 선이 인식의 대상이라면, 그리고 인식이 가능하다면, 주관적 의견의 영역을 넘어서 있음에 틀림없어, 그것은 어떤, 규정된, 참된, 불변적인 것이 된다. 똑같이 그것은 선에 대해서 참이고, 인식의 대상이 될 수 있는 어떤 것이다.

이런 덕분에 생성과 소멸의 헤라클레이토스적 세계는 그 영원한 변화 때문에 결코 인식의 대상이 될 수 없다. "그것 없이는 결코 인식이 있을 수 없다."[27]는 영원성과 지속성의 요구, 그러한 요구에 답하는 파르메니데스의 존재와 같은 세계, 즉 현상계 외의 다른 세계가 있음에 틀림없다. 전자는 감각지각의 세계이고 후자는 사유의 세계이다. 사유는 사물에 있는 개별적인 것에 대해서가 아니라, 존재의 한 '유'에 속하며 모든 것에 공통인 것, 즉 보편적인 것에 주의를 집중한다. 이런 공통적인 성질을 아리스토텔레스 이래로 개념이라고 부르는데, 그 이전에 플라톤에 의해 이데아(idea, eidos)라고 명명되었다. "우리는 모든 개별적인 사물에 공통적인 이름을 줄 때 하나의 이데아가 있다고 생각한다."[28]는 것이 플라톤의 생각이다.[29]

---

27) *Parmenides*. 135b.

28) *Politeia*. 596a.

29) 아리스토텔레스에 따르면(Metaphycics, 1권, 6.) 플라톤은 소크라테스를 알

그가 사물들의 형태에 부가시킨 의미, 곧 하나의 사물에 하나의 이데아가 있다는 것을 가장 분명하게 보여주고 있는 것은 수학에서이다. 예를 들어 정사각형은 단 하나로 고정되어 있으나, 많은 개별적인 도형의 실례가 있다. 이런 모든 도형들은 정사각형(의 이데아)가 그들에 현존하는 한, 또는 그 정사각형들이 정사각형(의 이데아)에 참여하는 한에서만 정사각형이다. 그 도형들이 가지고 있는 여러 성질들, 예를 들어 색깔이 어떻다든지 정사각형 선분의 굵기가 어떻다든지 하는 등등은 정사각형의 이데아에게는 중요하지 않다. 선분의 굵기나 색깔은 특정한 정사각형이 가지고 있는 경험적 도형이다.

물론 기하학의 경험적 도형들은 감각계에 속한다. 따라서 경험적 도형과 그것을 개념화한 이름을 동시에 갖고 있는 수학은 감각계와 실재계 사이의 중간적 위치를 점한다. 따라서 플라톤에게는 감각계－수학－실재계의 존재 구조가 짜인다. 이로써 플라톤에게는 사물의 비감각적인 본성이 유일한 참된 실재이며, 이것은 감각

기 전에 이미 헤라클레이토스의 철학을 알았다. 소크라테스가 죽은 뒤 플라톤은 아르키타스와 파르메니데스주의자인 헤르모게네스에게 배웠다. 감각적인 것은 늘 변화에 맡겨져 있다는 견해는 헤라클레이토스주의자인 크라틸로스에게서 유래했다. 플라톤은 이 견해를 항상 고수했다. 하지만 한번 올바르게 형성되면 불변할 것이 확실한 개념들을 소크라테스를 통해 알게 된 플라톤은 그런 개념들을 감각적인 것에 연관시킬 필요가 없다는 사실에 대해 믿음을 가졌다. 곧 개념적 인식의 대상이 되는 다른 존재들이 있어야 한다는 것이다.

적인 현상으로부터 구별된다. 이데아들은 안티테네스가 생각한 것처럼 단순한 사유물이 아니라 그에게는 있는 것, 즉 실재로서 생각되었다. 현존하는 사물로서 가능한 모든 것에 이데아가 있다. 단순히 사물의 이데아뿐만 아니라 또한 성질들, 그리고 관계와 활동들의 이데아도 있다. 자연적 사물들의 이데아뿐만 아니라 예술품들의 이데아, 그리고 가치 있는 것들의 이데아뿐만 아니라 나쁘고 쓸모없는 것들의 이데아도 있다.

이런 이데아들은 그 자체로 실재하고, 영원불변하며, 단지 사유에 의해서만 파악될 수 있는 세계를 형성한다. 순수하고 독립적 실재인 이데아들은 '하늘 저쪽'에 거처한다. 우리의 몸이 개별적 사물을 보면서 그 사물의 이데아를 인식할 수 있는 까닭은 우리의 눈 때문이 아니라 선재의 영혼이 거기서 이데아들을 보았던 것이다. 곧 모든 학습과 인식은 영혼이 감각적인 것들을 지각할 때 이데아를 상기함에 의해서 이루어진다. 지상적이며 감각적이고 지각적인 사물들은 이데아들의 밝은 세계의 단순한 그림자 상이다. 이런 견해는 『폴리테이아』의 7권 앞부분에 있는 '동굴의 비유'에서 분명하게 표현되었다.

플라톤 철학에서 이데아들은 삼중적인 의미를 갖는다. 즉 존재론적, 목적론적, 논리적 의미 등이 있다. 존재론적으로 이데아들은 참된 존재, 사물 그 자체를 나타낸다. 각 사물은 자신 속에 이데아의 현존을 통해서 있는 것, 혹은 이데아에 참여를 통해서 있는 것이다. 따라서 일자(一者)로서 이데아는 다자(多者)에 대립되어 있다. 다는 가변적이지만 일자는 항상 동일하다.

두 번째로 이데아들은 목적론적 혹은 전형적 의미를 갖는다. 인간 행동을 포함한 모든 생성은 한 존재에 그 목적과 목표를 갖는다. 사유가 사물의 불변적이고 근본적인 전형을 인식하는 한에서 이런 목적들은 모든 생성에서 실현될 수 있다. 이데아들은 예술가들의 거리에 있는 영감의 상 같은 것으로, 예술가들은 그것에 물질적 형태를 주려고 한다. 이 정도로 이데아들은 이 세계의 사물들을 현재 있는 상태로 만드는 원인이며 움직이는 힘의 의미를 갖는다.

세 번째로 논리적 의미에서 이데아들은 우리로 하여금 개별적인 것들에 질서를 부여할 수 있도록 해준다. 즉 유사성을 인식하게 해주고, 비유사성을 구별해주며, 그리하여 다자 속에서 일자를 파악하게 한다. 이러한 세 가지 면들이 플라톤에게 똑같은 중요성을 갖는 것은 아니다. 후기 작품에서는 논리적 측면이 점차로 강화되고 있으며, 다른 두 측면 중 특히 존재론적 측면은 포기된다.

결국 이데아론의 확장은 현상(doxa)과 실재의 문제를 새롭게 조명한다. 그러한 그가 윤리적인 문제를 다를 때 선천적으로 알려졌었던 것이 이데아론의 특이한 영역이었지만, 지금은 감각적 사물의 이데아에 대한 관계의 문제, 감각 지각의 인식과의 관계가 문제시되었다. 다음 대화편들은 『파이돈』에서 알려진 난점들을 극복하려 했다. 『테아이테토스』에서는 이데아론이 무시되고, 상기나 『폴리테이아』(507b, 508e, 509b)에서의 모든 존재와 인식의 근거로 알려진 선의 이데아가 전혀 지적되지 않고 있는데, 여기서 경험적 대상에 대한 고려가 플라톤으로 하여금 접근방법에 변화를 가져오게 했다. 이러한 새로운 방법에 의해서 플라톤은 사물들의 전체성을 파악하려 했으며, 『소피스테스』에서 처음으로 이 방법을 적용하여 새로운 대화과 형식인 분할 혹은 개념 분할을 했다. 분리와 결합의 이러한 변증법적 방법은 결국에 하나의 이데아에 여러 개의 술어들의 결합으로 귀착되었다. 이는 단지 동어반복의 판단만이 가능하다고 주장한 안티테네스와 대립된다. 이리하여. 이데아론은 점점 더 논리적이고 인식론적 특성을 갖는다. 플라톤은 당장 그것을 감각지각의 문제에 적용한다. 이런 문제는 윤리적 대상을 다를 때에 결코 고려하지 않았던 문제이며, 어떤 대상도 사유 외에 어떤 다른 것에 의해서는 결코 학문적으로 파악되지 않는다고 당시는 주장했었다. 변증법적 방법에 따른 개념들의 위/아래 배열에서, 피라밋의 최고점은 모든 다른 유들을 포괄하는 개념인 존재이다. 물론 플라톤은 존재를 단순한 개념으로 생각하지는 않았다. 이것이 새로운 형태의 이데아론이라는 형이상학적 내용을 결정한다. 그는 실재의 인식을 가능하게 하는 둘 사이의 새로운 관계를 설정함으로써 초감각적인 이데아계와 감각적인 이 세계 사이의 간극을 다리 놓는 데 성공했다.

그 지식이 수학인데, 수학은 지상적인 것에서 영원한 것이 무엇인지를 가르친다. 곧 우리가 칠판에 그려진 수학적 도형 삼각형을 보면서 우리는 삼각형 일반을 본다. 이런 봄은 동시에 물질적인 것으로부터 초감각적인 것을 아는 것이다.

동시에 플라톤은 신비로운 천체가 수와 척도에 따라 질서 지워지며 우리의 사유하는 정신에 의해 이해될 수 있다고 생각한다. 천체는 수의 질서에 따라 스스로 움직이며 영적이고 또한 가시적인 신으로 보인다. 물론 수학은 "플라톤의 신비주의에서 하나의 효소"였고, 별과 신들은 엄밀히 말해서 하늘의 세계에 속한다.

플라톤의 생각에 따르면 신적인 질서는 인간의 모델이다. 우리는 우리가 사는 세상의 질서를 세우기 위해 우주에 관심을 기울여야 한다. 그 신적인 질서를 지배하는 것은 수의 질서이다. 따라서 수의 질서는 인간은 물론이거니와 신들도 지배하는 절대적인 원리가 된다.

4. 아리스토텔레스의 테오리아

아리스토텔레스는 새로운 차원의 지혜를 소개하는데, 그것은 삶의 현실적 욕구와 필요를 충족시켜야 한다는 압박으로부터 해방된 생활수준, 또는 그런 요구가 극복된 문화적 상황을 전제한다. 왜냐하면 이것은 어떤 현실적 유용성을 추구하는 지식이나 학문이 전혀 아니기 때문이다. 그런 지식을 그는 테오리아라고 부르는데, 이것은 theoretike episteme, 즉 관조적 지식으로서 아리스토텔레스는 관조적 탐구가 가능한 조건을 여가를 허용하는 문화적 삶의 수준에서 찾는다.[30] 이때 theoretike는 관조하다는 동사 theorein

---

30) *Metaphysics*. 932a1.

의 형용사이다. theorein은 주의 깊게 바라보다는 의미이다. 그리고 theoria는 제일 원인과 원리들을 주의 깊게 탐구하는 것이다. 따라서 제일 원인과 원리들은 관조적으로 탐구된다.

아리스토텔레스에 따르면 테오리아적 탐구는 여러 영역에서 수행된다. 산수와 기하의 제일 원리들이 테오리아적 대상이며[31) 이집트의 승려 계층에 의해 수학이 처음 시작되었는데, 승려 계층은 관조적 탐구를 통해 수학을 전개했다.[32)]

그는 말하기를 테오리아가 무엇을 만들어내거나 생산하는 지식이 아니라는 것은 최초로 철학을 한 사람들을 보아서도 분명히 드러난다. 지금도 그렇듯이, 사람들이 최초로 철학과 지혜를 추구하게 된 이유는 다름 아니라 경이감을 체험했기 때문이다.[33)] 처음에는 일상적 경험에서 아포리아에 빠지면서 경이감을 느끼곤 했으며, 이와 같이 점점 더 큰 주제들에 대한 의구심과 탐구에로 몰입했다. 예를 들면 월식 현상과 태양과 다른 천체들에 관해 그리고 만물의 생성에 대한 문제들이다. 아포리아적 의구심과 경이감에 빠진 사람들은 자신의 무지함을 깨닫는다.[34)] 따라서 무지로부터 벗어나려는 이유로 그들이 철학을 했다면[35)] 그들은 앎 자체를 위해 지식을 추구

31) *Metaphysics*. 982a28.

32) *Metaphysics*. 981b23.

33) *Metaphysics*. 982b11.

34) *Metaphysics*. 982b17.

35) *Metaphysics*. 982b19.

했을 뿐 어떤 다른 유용성 때문은 아니라는 것이 분명하다.

철학은 아포리아, 경이에 대한 체험, 무지의 자각, 지혜, 사랑 등과 함께 시작된다. 이것은 일상의 체험이다. 동시에 이런 일상의 체험은 아포리아적 의구심과 경이감의 체험의 대상이면서 동시에 테오리아적 탐구의 대표적 주제인 이오니아 자연철학의 주제들과 연관된다.

하늘의 태양과 달, 천체들에 대한 천문학적인 탐구, 만물의 생성에 대한 이론들,[36] 아울러 다른 수학적 주제들(삼각형의 변과 대각선의 관계와 같은 다른 수학적 주제들)은 모두 테오레인의 대상이다. 테오리아의 본질과 가능성은 인간학과 인식론의 관점에서 체계적으로 설명하고 정당화하는 것이 아리스토텔레스의 이론이다.

아리스토텔레스는 관조적이며 철학적인 학문 세 가지가 있는데, 그것들은 수학과 물리학과 신학이라고 했다.[37] 이 분야들은 분과학문들이며 이것을 우리는 과학이라고 부르는데, 이에 따라 과학은 관조적이며 철학적인 탐구로서의 과학인 것이다. 그에게 과학은 관조이며 철학이다. 이런 경향은 그의 시학에서도 드러난다.[38]

---

36) *Metaphysics*. 982b15.

37) *Metaphysics*. 1026a18. hoste treis an eien philosophiai theoretikai, mathematike, physike, theologike.

38) 이미지는 대상을 재현(Representation)을 통해 구조화하고 고정하려는 욕구로부터 출발한다. 이미지는 재현욕망에서 자유롭지 못하기에, 이미지에는 재현의 흔적이 때로는 노골적으로, 때로는 은밀히 숨어있다. 이미지가 자립화되어, 아무런 물질성 인덱스 관계를 지니지 못하는 추상적 기호가 되

아리스토텔레스는 자연적이거나 물질적 존재를 다룰 때에도, 그리고 물리적 아르케를 다룰 때에도 동일한 실체 개념[39]과 시원 개념[40]을 적용한다. 아리스토텔레스도 그러하거니와 고대와 중세의 서양철학자들은 물리학과 제일철학을 결코 동일시하지는 않았다. 그는 형이상학 1권의 논의의 동기나 목적이 물리학의 경우와 같은 것이 아님을 말한다. 그는 여러 차례 Physics의 주제와 대상을 언급하면서도 기존의 자연철학자들에 대한 형이상학에서의 고찰은 물리학의 경우와는 다른 새로운 탐구 영역이 될 것임을 암시한다.[41] 아리스토텔레스가 테오리아적 탐구의 대상으로 생각하는 영역들은 일단 지금까지의 고찰에만 의거해서 본다면 세 가지이다. 물리학과 천문학 등 자연철학의 영역, 수학, 제일철학 또는 신학이라고 불리는 것이다.

5. 시각에서의 잉여

시각이 인식을 결정하는 기관은 아니지만 인식이 출발하는 기관이라는 판단은 근본적으로 시각의 한계를 인정하는 것이다. 우주

어도, 이미지는 무엇에 대한 이미지라는 '재현'의 흔적을 모조리 버리지는 못한다.

39) *Physics*. 192b32, 194b16.

40) *Metaphysics*. 983a24.

41) *Metaphysics*. 983a33, 985a11, 986b30, 988a21, 993a11.

의 비밀을 알기 위해 고배율의 천체 망원경을 개발한다고 해도 우주의 비밀에 이를 수는 없고 단지 데이터를 통해 유추할 뿐이다. 오히려 망원경의 사양이 높아질수록 새로운 우주의 비밀이 등장한다. 그러나 시각의 한계를 인정했기 때문에 그것을 극복하기 위해 사람들은 더욱 진화한 시각기계를 개발하려고 노력한다. 그런 노력이 망원경과 현미경을 만들었으며 근간에 들어서는 입체영상도 만들어내는 것으로 볼 수 있다.

한편으로 플라톤에게 시각은 모방을 가져다주는 기관이다. 플라톤은 『폴리테이아』에서 예술을 세 부류로 나누는데, 사물을 활용하는 예술, 사물을 제작하는 예술, 사물을 모방하는 예술이 그것이다.[42] 『소피스트』에서는 자연 속에 존재하는 것을 이용하는 예술(ktetike)과 자연에 결여되어 있는 것을 제작하는 예술(poietike)을 구분했다. 크테티케에는 사냥이나 낚시도 포함되며, 포이에티케는 인간에게 직접 봉사하는 것, 인간에게 간접적으로 봉사하는 것(연장 제작), 모방하는 것으로 세분된다. 이런 작업은 모두 시각으로부터 출발하며 인식에 도달하지 않아도 되는 기술들이다. 그리고 이데아에 연관된 것이 아니라 사물에 연관된 기술들이다. 이런 분류에서 가장 중요한 것은 사물을 재생하는 예술과 사물을 제작하는 예술이다. 그것은 제작적 예술과 모방적 예술이다.

이 지점에서 미메시스가 출현한다. 원래 미메시스는 '자연을

42) *Politeia*. 601d.

따른다'는 의미로 사용되었으나 플라톤에 이르러 '사물의 외관을 그대로 따라한다'는 의미로 사용되기 시작했다. 플라톤은 미메시스를 뮤즈 여신들이 섬기는 예술을 재현하는 것, 음악, 춤 등에 적용했으며 성격과 감정의 재현, 사물 외관의 재현에도 적용했다. 물론 플라톤은 충실한 모사는 원본의 복사에 불과하므로 불필요하다고 말하는가 하면 충실하지 않은 모방은 거짓이라고 하는 등 모방이 예술에서 바람직한지를 놓고 고민했다. 그러나 시각의 한계로부터 시각성이 출현하고 그로 인해 예술이 등장함을 외면할 수는 없다.

단지 그가 고민했던 것은 예술이 감정에 작용하며 인간이 이성에 의해 인도되어야 하는 순간에도 감정을 불을 지르므로 사람들을 타락시킨다는 것이었다. 따라서 그는 시각의 작용으로써 태어나는 예술의 실체를 인정했다. 그리고 이런 경향은 아리스토텔레스에 이르러서는 더욱 적극적으로 진화했다.

아리스토텔레스는 ① 예술을 역동적으로 해석했으며, ② 예술에서 지적인 요인, 곧 필연적인 지식과 추론 과정을 강조했고, ③ 예술을 심리-물리적 과정으로 생각했으며, ④ 예술과 자연이 대립하긴 하지만 두 영역 모두 합목적성을 가지고 있다고 보았다. 그는 예술을 하나의 능력으로 규정하면서 학문과 같이 보았다. 그는 학문이 존재와 관련이 있다면 예술은 생성과 관련이 있다고 판단했다. 그리고 이런 태도는 중세 시대에 기하학과 천문학을 예술의 영역으로 분류했을 정도로 예술과 학문 사이의 구분을 흐리게 했다. 아리스토텔레스의 이런 태도는 시각에 대해 플라톤보다 더욱 적극적인 태도를 보인 것에서 기인한다.

고대 그리스인들에게 시각은 분명히 감각적인 것이다. 따라서 시각이 진리를 안겨줄 수 없음은 당연하다. 그리고 오늘날에도 이 정의는 바뀌지 않는다. 하지만 바꾸어 생각하면 인간이 진리를 얻는다는 것은 단순히 하나의 소망일 수 있다. 그것은 인간이 결코 진리를 획득할 수 없다는 방증이다. 그렇다면 현실적으로 볼 때 인간이 진리를 위해 가져야 하는 가장 현실적인 기관은 시각일 수밖에 없게 된다. 오히려 검증되지 않은 관념의 유희보다 검증된 시각이 더욱 합리적일 수 있을 것이다.

|참고문헌|

노명우. 2004. "음악의 정당화 담론과 아도르노의 음악사회학". 한국서양음악학회. 『서양음악학』 제7호.

노명우. 2007. "시각과 모더니티". 『문화와 사회』. 통권 3권 2007년 가을호.

Aristotle. *Metaphysics.*

Aristotle. *Physics.*

Aristotle. *Poetics.*

H. Blumenberg. 1988. *Work on Myth; Studies in Contemporary German Social Thought.* MIT Press.

R. Debray. 1994. *Viet et Mort de l'image.* 정진국 옮김. 『이미지의 삶과 죽음』. 시각과 언어.

Diels, Kranz. *Die Fragmente der vorsokratiker.*

Diogenes Laertius, 1925, *Lives of Eminent Philosophers,* Loeb Classical library.

M. Jay. 1994, Downcast Eyes: *The Denigration of Vision in Twentieth–Century French Thought,* University of California Press.

R. Jütte. 2000, *Geschichte der Sinne; von der Antike bis zum Cyberspace,* C.H. Beck.

J, Neusner. *Scriptures of the Oral Torah,* (서휘석 옮김). 1992. 『토라의 길』. 민족사.

F. Nietzsche, 1999. *Einfuhrung in das Studium der Platonischen Dialoge.* (김기선 옮김). 『플라톤의 대화 연구 입문』. 책세상.

Platon. *Politeia.*

Platon. *Timaios.*

Platon. *Sophist.*

Platon. *Phaidon.*

망원경의 과학과 시각주의적 상상력

|유봉근|

1. 우주에 대한 확실한 지식 추구

우주에 대한 더 나은 지식을 확보하기 위해 치열하게 싸운 갈릴레이(Galileo Galilei, 1564–1642)의 생애는 그 자체로 과학사와 문명사에서 중요한 사건이 되었다. 로마의 메디치 저택 가까이에 위치한 비석의 비문에는 "검사성성은 갈릴레오를, 태양은 항상 정지해 있고 지구가 움직인다고 주장한 이유로 재판했으며, 그를 이곳에 가둔다"고 적혀있다. 잘 알려져 있듯이 태양 중심의 우주론은 갈릴레이에서 기원하지 않는다. 그것은 코페르니쿠스(Nikolaus Kopernikus, 1473–1543)의 『천구의 회전에 관하여』(1543)에서 주장된 입장이었다.[1] 갈릴레이의 업적은 코페르니쿠스 주장의 정당성

1) 코페르니쿠스보다 앞서서 우주의 중심에 대한 입증되지 않은 다양한 견해

을 입증해 보인 것에서 찾아야 할 것이다. 망원경을 통한 관찰과 시각주의적인 사유는 지구가 세계의 중심에 안정되어 있기 보다는 자신의 축을 중심으로 자전하면서 동시에 태양 주위를 돈다는 주장에 정당성을 부여하게 한다. 갈릴레이의 연구 결과는 『별들의 메시지 *Sidereus nuncius*』[2)](1610)에 표출된다. 이 논문과 함께 코페르니쿠스가 불을 지른 우주 연구에 새로운 과학적 토대가 세워지게 된다. 코페르니쿠스의 『천구의 회전에 관하여』가 우주론에 혁명을 가져온 책이라면, 갈릴레이의 『별들의 메시지』는 과학적 연구의 기술과 방법을 체계적으로 재편하고 선도한 저술로 평가할 수 있을 것이다.

인간은 끊임없이 확실한 지식을 얻을 수 있는 수단과 방법을 확보하고자 노력해왔다. 지식으로 사물과 현상에 대한 이해의 깊이를 더할 수 있다고 믿기 때문이다. 자연과 우주의 현상에 대한 올바른 이해와 분명한 사실을 바탕으로 인간은 삶의 환경을 지속적으로 개선할 수 있었다. 인간의 삶을 안전하고 풍요롭게 하는 지식과 정

가 여러 학자들에 의해 제기되었다. 특히 과학 활동이 활발했던 알렉산드리아에서 에피쿠로스는 지구와 마찬가지로 달은 신이 아니라고 주장하며 우주의 미신 퇴치 운동에 앞장섰다. 태양 중심 우주 이론은 알렉산드리아 천문학계의 뛰어난 학자 아리스타르쿠스가 처음으로 제창한 것으로 전해진다. 스트라톤에게 물리학과 철학을 공부한 아리스타르쿠스는 당대의 일류 천문학자이자 수학자로 알려져 있다.

2) 『시데레우스 눈치우스』는 우리말로 '별들의 메신저', '별들의 전언', '별들의 메시지' 등으로 번역되어 소개되었으며, 여기서는 '별들의 메시지'로 번역한다.

보들은 감각기관을 통해 경험하거나, 이성적으로 계산하여 산출해내거나, 합리적인 사유를 통해 약속하거나 합의 또는 구성해왔다. 소크라테스 이래 서양 철학에서는 눈이 올바른 지식을 얻는 감각기관으로 여겨져 왔다. 눈의 기능은 인식을 설명하는 모델이 되었으며, 다른 감각들보다 우월한 것으로 여겨졌다. 중세에는 신의 말씀에 귀를 기울이는 청각적 전통이 강조되었던 반면 르네상스 시대에는 시각의 특권화가 수반되었다. 중세 지식인들이 수학을 중시했다면 르네상스 지식인들은 수학 가운데 측량과 위상, 도식화와 계산에 깊이 관련되는 기하학에 대한 높은 관심을 보였다. 르네상스는 특히 시각적 재현양식으로 원근법이 부각된 시대였다. 기하학적 비례에 따라 평면적인 것을 입체감 있게 하고 입체적인 것을 평면적인 것으로 보이게 하는 원근법은 르네상스의 과학적 사유가 낳은 독특한 산물로 입증된다. 원근법의 도입은 공간을 기하학적 선에 따라 균등하게 배열하고 소실점을 중심으로 시각 재현의 공간을 재조직한다. 우주에 대한 평면적 이해는 천체에 대한 공간적 개념으로 전환되면서 이후 우주론의 발전에 기여하게 된다.

새로운 지식의 탄생에서는 지식을 발견하거나 창조한다는 개념 외에도, 정당한 지식임을 입증하는 과정의 중요성에 유념해야 할 것이다. 성경이 절대적 진리의 권위를 가졌던 중세를 지나 르네상스 초기에는 지식의 정확성을 설명하는 기술에 힘입어 정당한 지식이 탄생하는 경우가 많았다.[3] 지식의 영역에 들지 못했던 가설

3) 조르다노 브루노(Giordano Bruno, 1548–1600)는 절대적 진리를 인정하지 않

은 눈으로 확인할 수 있기 때문에, 망원경으로 찾아냈기 때문에 또는 기하학적으로 설명할 수 있기 때문에 뒤늦게 진리로 확인을 받게 되기도 했다. 우주에 대한 새로운 생각과 이론은 어떻게 생성되는가에 주목한다면 우리는 천체를 관찰하는 도구의 발전과 의미를 새롭게 고찰해야 할 것이다. 컴퓨터의 등장과 함께 지식을 생산하고 기록하고 전하는 방식이 변화한 것을 이해한다면, 매체의 기능이 우주에 대한 생각을 어떻게 바꾸는지, 또는 인간의 위치를 어떻게 재배치하게 되는지 유추할 수 있다. 도구의 발명은 수동적으로 대상을 보던 눈의 위상에 변화를 가한다. 망원경과 같은 도구는 대상과 현상에 대한 적극적이며 정밀한 관찰로 이끌며, 현대의 컴퓨터와 같은 기술은 우주에 대한 전략적이며 분석적인 탐구를 요청한다. 즉 현대 우주론은 관찰을 위한 시각기계의 발전과 긴밀한 관련을 맺고 있음을 본다. 인간의 상상력은 테크놀로지를 발전시켰으며, 새로운 시각기계와 기술의 발명은 또다른 세계상으로 안내한다. 이 글에서는 시각을 우선시하는 눈의 천문학과 망원경의 과학을 구별하고, 갈릴레이의 망원경이 이후의 과학에 어떠한 상상력을 제공했는지에 주목하고자 한다.

았으며, 지식은 계속하여 발전하는 것으로 보았다. "인간이 유일한 존재라고 결론지을 수 없으며, 그 이유는 이성이 있을지도 모르는 어떤 생명체가 지구가 아닌 곳에서 존재할 수 있기 때문이다. 절대적인 진리란 없으며, 지식의 발전에는 끝이 없다"는 신념을 굽히지 않았다. 니컬러스 J. 캐롤리드스/ 마거릿 볼드/ 돈 B. 소바(손희승 옮김). 2006.『100권의 금서』. 예담. 365쪽 참조.

2. 눈의 천문학

청각이나 촉각으로 경험한 것보다 눈으로 본 것을 쉽게 표현할 수 있게 되는 경우가 많다. 빛의 입자인 광자가 동공을 통해 망막에 투사되고, 외부 사물의 이미지는 망막을 자극하는 신호로 바뀐다. 빛은 파장이 짧은 전자기파로 일종의 에너지 전달 현상과 같으며, 음파에 비해 파장이 짧아 공기 중에서는 거의 직선으로 움직인다. 인간의 눈은 전자기파 중 일부에 반응하여 시각적인 감각을 갖게 된다. 최초의 천문학은 눈으로 봄에 의해 시작되었다. 눈으로의 관찰만으로 우주에 대한 확실한 지식을 확보할 수 없었기에, 고대의 천문학은 신비한 것과 불가사의한 것들로 가득찬 천체를 형이상학적으로 또는 주술적으로 해명해야 했다. 가장 쉽게 오류에 빠지기 쉬운 감각기관이기도 한 눈은 천문학 연구에서 최초의 도구였다. 적어도 렌즈와 보조 안경이 등장하기 전까지 천문학은 육안으로 하늘을 관찰한 결과에 의존해야만 했다. 망원경이 나오기 이전의 천문학과 망원경을 사용한 갈릴레이의 천문학이 변별되는 지점을 경계로 하여 미흡하지만 '눈의 천문학'과 '망원경의 과학'이라는 용어로 구분지을 수 있을 것이다. 레오나르도 다 빈치는 인간의 눈을 천문학의 교사라고 불렀다. 눈은 "우주 지리학을 만들며, 인간의 모든 예술에 대해 충고를 던지고 그것을 바로잡는다. 눈은 사람들을 세계의 여러 곳으로 이끌며, 수학의 왕자다. 눈은 건축, 원근화법과 성화(聖畵)를 창조했으며 항해술을 발전시켰다"[4]고 보았다.

2.1 아리스토텔레스(B.C. 384 – 322)

육안으로 천체를 관찰하여 우주에 대한 가설을 추론해야 했던 천문학은 오랜 역사를 갖고 있다. 인간의 눈이 하늘을 관찰할 수 있는 유일한 도구였던 시대에 별이 얼마나 먼 곳에 있는 존재인지 누구도 정확하게 알지 못했다. 육안으로 관찰해야 했던 아리스토텔레스에게 별은 너무 멀리 있었으며, 계절에 따라 별자리가 변한다는 사실조차 깨닫지 못했다. 아리스토텔레스는 자신이 눈으로 본대로 우주의 중심에 지구가 있다고 생각했다. 아리스토텔레스주의자들은 그들의 눈을 들어 하늘을 새롭게 관찰하는 대신에 스승의 지구 중심설을 아무런 의심 없이 진리로 받아들였다. 지구 중심설은 중세가 끝날 때까지 기독교 교리 다음으로 찬양되었다. 아리스토텔레스는 천문학과 역학 등에서는 돌이킬 수 없는 오류를 남겼지만, 자연철학과 생물학, 수사학과 시학 그리고 물리학과 논리학 등에서 획기적인 업적을 남겼다.

아리스토텔레스의 우주에서 물질은 흙, 물, 공기, 불이 다양하게 섞여 구성된다. 지구를 중심으로 그 위에 물, 공기, 불이 있고, 그

4) 레오나르도 다 빈치: 『레오나르도 다 빈치의 노트북』. in: 임철규. 2004, 눈의 역사 눈의 미학. 한길사. 138쪽에서 재인용.

위에 달, 수성, 금성, 태양, 화성, 토성, 목성이 있었다. 행성들은 거대한 천구(天球)에 붙어 있으며 이 천구의 중심인 지구를 중심으로 하여 일정한 방향으로 원운동을 했다. 아리스토텔레스의 지구중심 우주론에 의하면 천체는 완벽하고 변치 않으며 전적으로 매끈한 공 모양이어야 했다. 따라서 육안으로 볼 수 있었던 달의 그늘진 부분에 대해서는 분명하게 설명하지 않고 달 표면 일부가 다른 부분과 달리 빛을 흡수한 뒤 방출한다고 가정했다. 아리스토텔레스는 중력을 모든 물체가 우주의 중심에서 자신의 자연적인 위치로 돌아가려는 욕구라고 정의했다. 아리스토텔레스의 학문 체계는 대상과 현상에 대한 육안으로의 관찰과 추론의 결과물로 볼 수 있다.

2.2 프톨레마이오스(85 - 165)

밤하늘을 맨눈으로 관찰하면 비교적 움직이지 않는 항성들과 상대적으로 위치가 계속 변하는 행성들이 있다. 기원전 4세기경 고대 그리스의 에우독소스(Eudoxos von Knidos)는 이런 행성들의 운동을 설명할 수 있는 하나의 체계를 고안해냈다. 즉 각 행성은 어떤 구에 붙어 있으며, 그 구의 축은 다른 구의 안쪽에 연결되어 있고, 이 다른 구의 축은 또 제3의 구에 연결되어 있으며, 이런 구조는 되풀이된다는 것이다. 그러나 에우독소스의 체계는 행성들의 밝기와 외형상 크기가 변하는 것을 설명하기 어려우며, 개기일식과 부분일식을 구별하여 설명할 수 없다는 약점

을 갖는다.[5)]

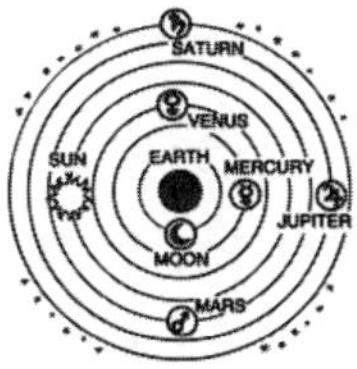

프톨레마이오스의 우주체계

2세기경의 위대한 지리학자, 수학자, 천문학자, 점성가였던 프톨레마이오스(Claudius Ptolemaeus)는 이들 행성의 운동에 대해 좀 더 구체적인 설명을 할 수 있는 체계를 세운다. 프톨레마이오스의 관심은 지식을 수학적으로 설계하고, 천상계의 움직임을 또한 수학적으로 설명하려는 것이었다. 그렇게 만들어진 수학적 모형은 천문학적 사건을 예상하는 데 사용될 수 있었다. 프톨레마이오스의 천상계는 완전함의 이상을 표현하고자 했기에 완전한 구형이었으며, 순환운동을 하려는 성질이 있다고 보았다. 프톨레마이오스는 그의 스승이었던 니케아의 히파르코스(Hipparchos, BC 190–125)로부터 주전원(周轉圓)[6)]과 지구 중심설의 핵심 사상을 빌려왔다. 프톨레마이오스는 광범위한 내용을 담은 지리학과 천문학 종합서인『알마게스트 Almagest』에서 우주에 대한 풍부한 묘사를 하고 있다.[7)] 지구는 바

5) 윌리엄 쉬어/ 마리아노 아르티가스(고중숙 옮김). 2006.『갈릴레오의 진실』. 동아시아. 41쪽 참조.

6) 프톨레마이오스의 우주 체계에 따르면 행성들은 운반원(運搬圓, deferent)이라는 큰 원의 원주 위에 중심을 두고 주전원(周轉圓, epicycle)으로 표기되는 작은 원운동을 한다.

7)『알마게스트』란 '최고의 책'이란 뜻으로 프톨레마이오스의 저서에 경의를 표하기 위해 이슬람의 천문학자가 붙인 것이다. 프톨레마이오스가 그리스 천문학을 집대성한 것으로 모두 13권이다. 1,2권은 총론으로 천동설을 지지

위로 구성되었고, 무게가 있는 물과 공기가 대기를 채우고 있으며, 스스로 빛을 발할 수 없는 존재이며, 항상 변하는 존재로 보았다. 달과 행성 그리고 별들을 포함하는 천상계는 모두 다른 물질로 만들어졌으며 변화하지 않는 고정적인 존재로 설명한다. 프톨레마이오스 우주 체계의 중심엔 지구가 위치해 있고 달, 수성, 금성, 태양, 화성, 목성, 토성이 차례로 배열된다. 프톨레마이오스의 설명도 우주를 눈에 보이는 대로 관찰한 결과로부터 나온 가설의 범주을 벗어나지 못한다.

2.3 코페르니쿠스(1473 – 1543)

폴란드 태생의 니콜라우스 코페르니쿠스는 어떤 새로운 도구와 관찰을 기반으로 하여 자신의 천문학 체계를 세우지 않았다. 그의 『천구의 회전에 관하여』는 태양중심론을 증명하지도 않았으며 다만 가설로 제시했을 뿐이다. 몇 개의 공리 형태로 태양 중심론을 제시하고 그로부터 행성 운동에 관한 명제들을 도출했다. 즉, 우주는 구형이며 지구도 구형인 것을 설명하고, 땅과 물이 어떻게 하나의 구체를 형성하는지 서술하고, 천체의 운동을 규칙적이고 영원한 원운동 또는 원운동의 혼합으로 규정했다. 고대인들은 왜 지구가

하는 이유를 설명하고 있다. 3권부터 끝까지는 천동설에 바탕을 두고 기하학적 모형을 써서 해와 달의 위치, 일식, 월식, 다섯 행성의 위치와 각종 천문 현상을 수학적으로 다룬다.

우주의 중심에 정지해 있다고 생각했는가를 들어 그들의 불충분한 이유에 대해 반론을 제기한다. 코페르니쿠스의 우주론은 새로운 혁명을 목표로 하는 대신에 아리스토텔레스-프톨레마이오스 우주론의 불합리한 부분을 수정하고 보완하는 성격이 강했다.

> "태양은 모든 궤도의 중심에 정지해 있다. 이 아름다운 전당의 등불을 모든 것을 동시에 비출 수 있는 그 중심 말고 어느 곳에 놓을 수 있겠는가? 어떤 이들은 태양을 등불, 어떤 이들은 우주의 마음, 또 어떤 이들은 우주의 지도자라 불렀는데, 이는 결코 부적절하지 않다. 헤르메스 트리스메기스투스는 태양을 '보이는 신'이라 칭했고, 소포클레스의 『엘렉트라』에서는 태양을 '모든 것을 보는 자'라 불렀다. 그렇게 태양은 왕좌에 앉아 자신의 주위를 도는 자녀들인 행성들을 다스릴 것이며, 아리스토텔레스가 『동물지』에서 말한 대로, 달과 가장 가까운 사이를 유지할 것이다. 거기에다 지구는 언제나 태양의 양분을 공급받을 것이다."[8)]

코페르니쿠스의 천문학과 설명은 지적으로 세련되고 미학적으로 탁월한 서술이라는 장점을 갖는다. 그는 자신의 작품을 대중을 위해 쓰지 않았으며 주로 다른 천문학자들로부터 인정 받고자 노력했다. 그는 자신의 저술 뒷면에 "기하학을 모르는 자는 들어오지 마라"는 플라톤의 경구를 집어 넣었다. 이 책은 코페르니

---

8) 코페르니쿠스: 『천구의 회전에 관하여』. in: 홍성욱 편. 2006. 『과학고전선집』. 코페르니쿠스에서 뉴턴까지. 서울대학교출판부. 40쪽

쿠스가 사망한 1543년에 처음으로 출간된 이후 1566년과 1617년에 재출간되었지만 판매 부수가 적었고 당대의 천문학을 바꿔놓을 혁명과는 거리가 멀었다. 코페르니쿠스는 자신의 태양 중심론이 물리적 세계에 대한 참된 진술이라고 생각했지만, 루터교 성직자 안드레아스 오시안더(Andreas Ossiander)는 천문학자들이 정확한 계산을 할 수 있도록 돕는 "수학적 도구"라고 표현했다.

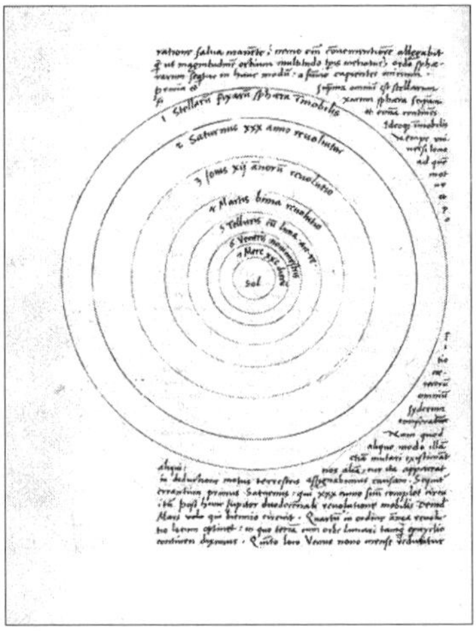
코페르니쿠스의 우주체계도

망원경이 발명되기 이전에 천문학자의 일이란 천체를 주로 육안으로 관찰하고 천체의 변화를 기록하고 변화에 대한 지속적 기록을 수집하여 천체운동의 원인에 대한 가설과 원인을 해석하는 것이 주요 임무였다. 코페르니쿠스에게 천문학은 신이 인간 이성에게 허락한 범위 안에서 진리를 찾는 것이며 "신성한 천체의 원운동과 별의 경로, 크기, 거리, 출몰, 그리고 하늘에서 나타나는 또 다른 현상의 원인을 밝혀서 우주 전체의 형태를 설명하는" 학문이다.[9] 우주를 관찰하는 천문학이 학문으로 규정되기 위해서는 오랫동안 지속적인 관측의 결과가 후세에 전해질 수 있어야 한다. 그렇

9) 위의 책, 14쪽.

지 않을 경우 "행성의 진행과 항성의 회전이 계산에 의해 정확히 결정되어 완벽한 지식으로 정리될 수 없다"[10]고 코페르니쿠스는 확신한다. 코페르니쿠스는 망원경으로 관찰하지 않고 우주에 대한 자신만의 체계를 세웠다. 그는 우주의 중심에 태양을 고정시켜놓고, 수성(Merkur), 금성(Venus), 화성(Mars), 목성(Jupiter) 그리고 토성(Saturn)을 배치했다.

2.4 케플러(1571 - 1630)

케플러(Johannes Kepler)는 독일 남부의 슈바벤에서 태어났으며, 덴마크 출신의 훌륭한 천문학자 티코 브라헤(Tycho Brahe, 1546–1601)의 제자였다.[11] 케플러는 그의 스승 티코로부터 막대한 양의 천문학 기록을 물려받은 점성술과 천문학 분야에 관심을 가졌던 과학자였다. 케플러의 업적은 스승으로부터 물려받은 자료들을 섬세하게 분석하고 재분류하여 새롭게 해석한 10년간의 연구에서 비롯된 것이다. 케플러는 지식을 습득함에 있어서 처음에 감각에 의

10) 위의 책, 같은 곳.

11) 티코 브라헤는 1580년대와 1590년대에 행성들과 태양, 달의 움직임을 도표로 만드는 일과 하늘의 지도를 작성하는 일에 집중하여 고정밀 관측 결과를 자료로 남겼다. 케플러가 행성 운동에 관한 법칙을 만드는 데 활용한 원자료는 바로 티코의 관측 결과였다. 케플러는 티코의 자료 가운데 특히 화성 관측 결과를 이용한 것으로 전해진다. 프레드 왓슨(장헌영 옮김). 2007. 『망원경으로 떠나는 4백년의 여행』. 사람과책. 12–30쪽 참조.

존할 수 밖에 없음을 말하면서 천문학에서 감각의 기능을 강조한다.

> "지식을 습득하는 모든 과정은 맨 처음에 감각을 통해 깨닫기 시작하지만 나중에는 정신 작용을 통해 예리한 감각으로도 잡아 낼 수 없는 더 높은 수준에 도달하는 것이다. 천문학도 이와 똑같다." 12)

케플러는 갈릴레이와 동시대인이었으며 갈릴레이보다 앞서 중대한 천문학 이론에 대한 결론을 내린 인물이다. 케플러는『우주의 조화』라는 저술을 통하여 행성 운동의 세 가지 법칙을 밝힌다. 첫째로 행성은 태양을 중심으로 타원형으로 돌고 태양은 타원형의 한 초점에 놓여 있다. 둘째로 태양과 행성을 잇는 직선이 있다고 할 때, 태양 둘레를 도는 행성의 속도는 위치에 따라 변하지만 일정한 시간 안에 이 가상의 직선이 휩쓸고 지나가는 면적은 어디에서나 동일하다. 셋째로 각 행성이 태양의 둘레를 한 바퀴 도는 데 걸리는 시간의 제곱은 행성과 태양의 거리의 세제곱에 비례한다는 것이다. 케플러가 내린 중대한 결론은 행성의 궤도가 원이 아니라 타원 궤도이며, 태양은 타원의 중심에 있는 것이 아니라 그 초점에 있다는 것이었다. 케플러는 또한 밀물과 썰물의 원인으로 달의 영향을 정확하게 추측했다. 또한 행성이 태양에 접근할 때 더 빠르게 움직인

12) N. Jardine: *The Birth of History and Philosophy of Science: Kepler's "A Defence of Tycho Against Ursus" with Essays on Its Provenance and Significance* (New York: Cambridge University Press. 1984. 144쪽. 토비 E. 하프(김병순 옮김). 2008. 사회.『법체계로 본 근대과학사강의』. 모티브북. 547쪽에서 재인용.

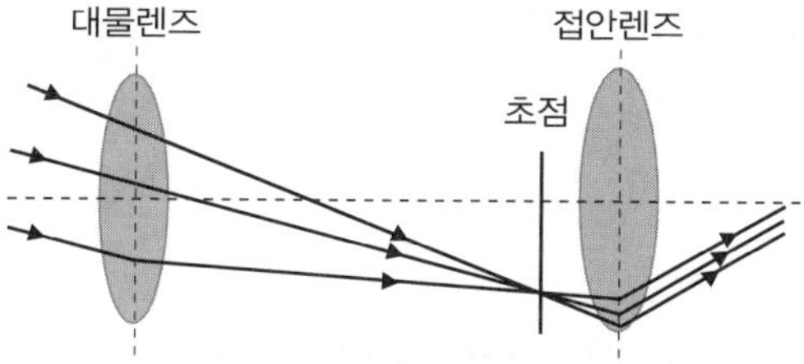

케플러 망원경의 체계도

다는 티코의 기록을 보고 만유인력 법칙에 도움이 된 이론을 발전시켰다. 케플러는 우주를 순수한 시계장치로 바꾸고자 했다. 그는 다음과 같은 편지를 썼다.

> "나의 목적은, 천상의 기계가 일종의 신성한 살아 있는 존재가 아니라 시계장치의 하나라는 것을 보여주는 것이다. 지금까지 다양한 운동들이 단순하고 최면적이며 물질적인 힘에 의해 이루어진 것처럼, 시계의 운동도 간단한 무게로부터 시작된 것이다."[13)]

케플러는 과학적 사실에 대한 냉정한 질문보다는 천상계 물질에서의 신비스러운 수적, 기하학적 관계의 증거를 열정적으로 찾는 방식의 연구를 진행시켰다. 그리하여 케플러가 이룩한 기념비적 발견을 관찰자가 아닌, 유신론적이고 기독교적인 관점에서 발견하게

13)웨이드 로랜드(정세권 옮김). 2003.『갈릴레오의 치명적인 오류』. 과학만큼 돈과 명예를 사랑한 지식인. 미디어윌 M&B. 83쪽에서 재인용.

되었다. 케플러의 우주론에서 시각도구는 큰 역할을 수행하지 못했지만 빛의 굴절과 시각적 재현을 연구하면서 이론상의 망원경을 고안했다.

3. 렌즈의 광학과 망원경의 과학

망원경은 렌즈 기술과 상상력이 결합한 결과물로 인간의 감각기관 가운데 눈의 능력을 확장하는 시각도구다. 갈릴레이는 1608년에 한스 리페르세이(Hans Lippershey, 1560–1619) 라는 네덜란드인이 망원경을 발명했다는 소식을 들었다.[14] 리페르세이는 렌즈 두 개를 적당한 통에 끼워 넣어 조립한 망원경을 들고 헤이그로 가서 자신의 발명품에 대한 특허를 출원하고, 그것을 정부에 납품하기 위한 보조금을 받고자 했다. 리페르세이가 특허권을 받고 재정적인 지원을 받는데 실패하지만 그가 망원경을 만들었다는 소식은 네덜란드 국경을 넘어 이탈리아 파도바대학의 수학과 교수인 갈릴레이에 알려진다. 갈릴레이는 소문으로 망원경 제품에 대한 소식을 듣고 그 제작 원리를 이해할 수 있었다. 1609년에 베네치아의 유리를 갈아 렌즈를 만들어 갈릴레이식의 천체 망원경을 독립적으로 조립할 수 있었다. 갈릴레이의 상상력과 렌즈 기술이 결합하여 시각기

14) 리페르세이는 원래는 독일 출신으로 남부 네덜란드에 있는 젤란트 주의 수도인 미델뷔르흐에서 안경 제작자 사업을 했다.

계로 진화한 망원경은 이후 "군사적, 과학적, 철학적"[15] 혁명의 잠재력을 분출하게 된다. 갈릴레이는 자신이 만든 망원경을 하늘로 향하도록 설치한다. 1609년 12월에 천문학이 현대적 과학의 체제를 갖추기 위한 시동이 걸린다. 육안으로 볼 수 없었던 500개가 넘는 별들이 갑자기 갈릴레이의 망원경 안으로 들어온다. 망원경이 뛰어난 상상력 기계로 기능하는 지점에서 눈의 천문학과 구별되는 경계를 이룬다.

> "우선 달을 관찰했다. 그 거리가 마치 지구 지름의 2배쯤에 있는 것처럼 매우 가까워 보였다. 그후 붙박이 별과 떠돌이 별들을 자주 관측하게 된 나는 믿을 수 없을 만큼 기뻤다. 수없이 많은 별을 보고 나서, 별들 사이의 거리를 측정할 수 있는 방법에 대해 생각하기 시작했고, 결국 그 방법을 알아낼 수 있었다." [16]

확실하게 볼 수 없었던 대상이 망원경으로 확대되어 망막으로 들어온 순간 또 다른 상상력이 작동하기 시작한다. 망원경과 같은 시각도구의 물질성은 우주의 새로운 모습을 보여주었으며, 별들의 거리를 측정하고 싶은 욕망을 자극한다. 1610년 1월7일부터 목성을 관찰하기 시작하여 약 2개월 후에 네 개의 소행성이 목성 주위

---

15) 프레드 왓슨(장헌영 옮김). 2007.『망원경으로 떠나는 4백년의 여행』. 사람과책. 53쪽.

16) 갈릴레오 갈릴레이(앨버트 반 헬덴 역해/장헌영 옮김). 2004.『시데레우스 눈치우스』. 갈릴레이의 천문노트. 도서출판 승산. 66쪽.

를 돌고 있음을 확인한다. 지구가 중심이 아니라 목성을 중심으로 도는 다른 소행성들이 존재하고 있다는 사실이 입증되는 순간 갈릴레이는 코페르니쿠스의 우주 체계를 수용할 수밖에 없는 상황에 이르게 된다.

> "주의해서 아주 정확하게 관찰한 결과 가장 큰 원을 그리며 도는 행성의 주기는 15일 정도인 것으로 보인다. 따라서 우리는 행성이 태양 둘레를 돌고 있다는 코페르니쿠스의 체계를 조심스럽게 수용하면서도, 지구와 달이 태양을 일 년에 한 번씩 돌면서 동시에 달이 지구 둘레는 돌기도 한다는 것이 너무 당혹스러워서, 이러한 우주의 구성을 불가능한 것으로 결론짓고 마는 사람들의 당혹감을 일거에 없애버릴 수 있는 뛰어나고 훌륭한 논거를 갖게 되었다."[17]

갈릴레이가 1610년 3월에 출간한 소책자 『별들의 메시지』는 지구중심의 우주관에 강력한 이의를 제기한다. 망원경을 통해 본 것을 사실이라고 믿는 행위는 도구 의존적 관찰이라는 비판을 받을 수 있지만, 눈으로 보고 실질적인 체험을 강조하는 과학적 방법론은 세계에 관한 지식을 세우는 새로운 모델이 된다. 망원

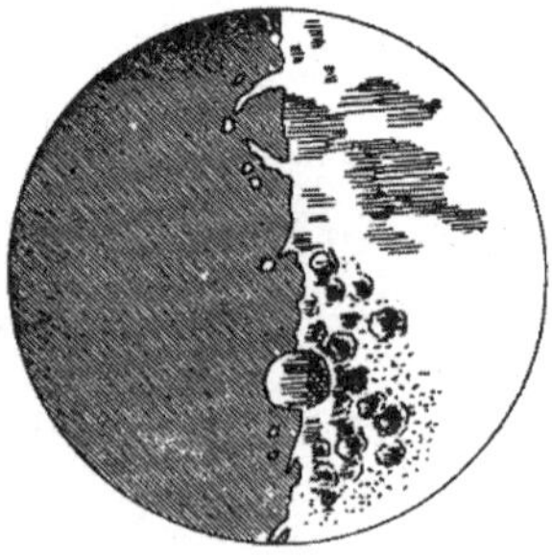

갈릴레이가 흑백으로 그린 달 모습

17) 위의 책, 129쪽.

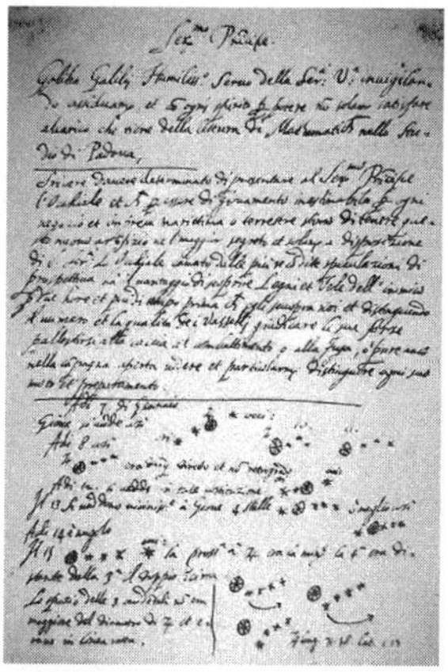

갈릴레이의 천문학 노트의 일부

경을 통해 지속적으로 관찰한 자료들을 놓고 분석하는 방식은 새로운 천문학을 가능케 한다. 천체를 관측한 결과를 전하는 논문집 『별들의 메시지』는 유럽 대륙에서 처음으로 갈릴레이의 이름을 널리 알린다. 망원경으로 관찰한 결과 발견하게 된 달과 천체에 대한 새로운 지식과 그런 결론을 얻게 된 연구의 과정을 소개하고 있기 때문에 이 책은 "지성의 산물이 아니라 실험도구의 산물"[18]로 평가되기도 한다. 갈릴레이의 저술에서 전하는 연구 방법과 내용은 오늘날 과학적 실험과 저술에 뚜렷한 영향을 준 것으로 평가된다. 달 표면이 완전히 매끈하다면 밝은 부분과 어두운 부분의 경계선 역시 매끈한 곡선이어야 한다. 그런데 망원경으로 관찰한 결과 실제로는 전혀 그렇지 않았다. 경계선이 꼬불꼬불하고 울퉁불퉁했던 것이다. 밝게 보이는 지역 안에는 다소 어두운 부분과 반점이 포함되어 있었는데, 태양 빛의 방향이 바뀜에 따라 이 반점은 더 넓어지거나 좁아졌다. 어둡게 보이는 지역 안에는 밝은 부분이 거의 없었다. 그리하여 갈릴레이는 지구 표면처럼 달 표면도 산과 계곡과 평야로 이루어져 있다는 결론을 내린다.

18) 위의 책, 7쪽.

목성을 관찰하던 갈릴레이는 바로 주변에서 작지만 아주 밝게 빛나는 작은 별들을 발견했다. 처음에는 이들이 목성을 중심으로 궤도를 따라 도는 위성이라고 생각하지 않았다. 그러나 다음날 밤 다시 목성을 관찰하던 갈릴레이는 전날 저녁과는 달리 두 개는 동쪽, 다른 하나는 서쪽에 있는 것을 발견했다. 그러나 이것들이 움직인다는 생각은 하지 못했으며, 대신 천문학 자료에 따르면 서쪽으로 움직인다고 알려진 목성이 실제로는 동쪽으로 움직이는 것이 아닌가 하고 추측했을 뿐이다.

갈릴레이가 수행한 연구 과정과 절차는 다음과 같이 요약할 수 있다. 즉 망원경을 통하여 지속적으로 관찰하고, 망원경으로 확인한 것을 그림으로 그리거나 관측한 결과를 기록하여 도표화하고, 그림과 도표들을 기반으로 추론하는 방법이다. 브레데캄프는 망원경을 사용한 우주의 관찰, 관찰 결과의 시각화 그리고 가설의 입증에 이르는 과학적 지식의 새로운 정의를 가능케 한 것을 갈릴레이 방식의 독특한 '시각적 인식'으로 규정짓는다. 실제로 갈릴레이의 천문학 노트는 목성의 중심으로 소행성들이 관찰하는 날짜에 따라 오른쪽 혹은 왼쪽으로 변하는 소행성들의 모습이 세심하게 기록되어 있다. 지속적인 관찰 결과를 놓고 도표를 만들고 추론하여 목성을 중심으로 원운동을 하는 소행성이라는 결론에 이르게 된다. 소행성들이 움직이는 좌표를 재현하여 관찰한 것을 가시화한 것이 새로운 우주론을 입증하는

증거 자료가 된다.[19)]

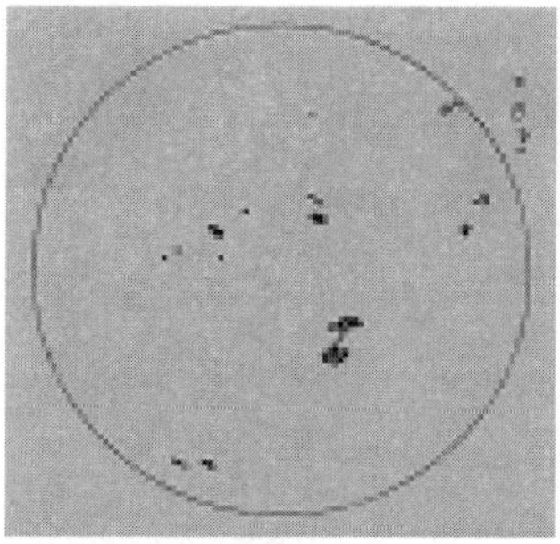

갈릴레이가 태양을 관측하여 그린 흑점들

갈릴레이는 망원경으로 별들뿐만이 아니라 태양도 관찰했으며, 타오르는 태양을 육안으로 오래동안 관찰했다가 시력에 치명적인 손상을 입었다. 눈을 보호하며 태양을 관찰하기 위해 처음에는 대물렌즈 앞에 청색 또는 녹색 유리를 붙이거나 렌즈를 숯으로 검게 칠하기도 했지만, 그의 제자였던 카스텔레가 망원경 뒤에 막을 놓고 거기에 태양의 상이 맺히도록 고안한 방법을 받아들였다. 갈릴레이는 어두운 흠집같은 점들이 태양의 표면을 따라 움직이는 것을 보았다. 태양의 반점은 행성의 무리가 아니라 태양의 표면에 있는 점이라는 사실을 알게 된다.[20)] 아리스토텔레스와 그의 추종자들은 하늘의 물체들은 영원불변하다는 견해를 갖고 있

19) Vgl. Horst Bredekamp, 2007. *Galilei der Künstler. Der Mond. Die Sonne. Die Hand.* Berlin. S. 337–342.

20) 크리스토퍼 샤이너(Christopher Scheiner)라는 예수회 수사가 갈릴레이와 비슷한 시기에 이미 태양의 반점을 보았다. 정확하게 말하자면 샤이너 또한 최초의 발견자는 아니었다. 태양흑점은 고대 로마의 시인인 버질리우스 마로가 언급했고, 서로마 제국의 샤를마뉴 대제 시대에 이르면 태양흑점에 대한 인식이 생겨나기 시작했다. 이런 내용을 처음 출판한 사람은 비텐베르크의 요한 파브리쿠스(Johann Fabricus)였다. 심지어 샤이너 자신도 자신이 관찰한 흑점이 태양의 표면을 공전하는행성의무리라고 주장하기도 했다.

었기 때문에 갈릴레이의 발견은 중요한 의미를 지닌다. 갈릴레이는 태양이 변하지 않고 불멸의 물질로 구성되어 있지 않다는 사실을 명확하게 보여준 것이다.

갈릴레이가 망원경을 통해 달을 관찰한 이후 인간의 달에 관한 지식은 주장하는 증거와 입증의 과학화 과정에 새로운 전기를 맞이하게 된다. 망원경 이전의 달에 관한 소문들은 망원경 이후 달의 지식으로 대체된다. 천체를 망원경으로 관측한 1610년은 지구가 우주의 중심이라는 수천년에 걸친 믿음이 무너진 해였다. 새로운 시각도구는 새로운 지식과 신념을 입증하고 학문을 발전시키는 기반이 될 수 있다. 단순하게 눈을 뜨고 보는 것을 넘어서 시각도구를 활용하여 관찰하고 측정하고 그 결과를 기록하여 도표화한 자료를 얻는다면 이것은 단순하게 '보는 것'과 차별화되어야 할 것이다. 갈릴레이의 관찰은 렌즈 조립공의 수준을 넘어 오늘날 과학적 '보기'를 모델로 기능한다. 망원경을 통해 관찰함으로써 진리와 증명의 문제를 제기할 수 있다고 믿기 때문이다. 갈릴레이의 목표는 진리를 보게 하는 것이다. 이해하기 위해서는 먼저 눈과 망원경으로 보게 해야 한다. 갈릴레이는 자신이 조립한 망원경이 코페르니쿠스의 수치보다도 더 우월한 방식으로 진리를 볼 수 있는 시각도구임을 확신한다.

갈릴레이의 과학적 연구와 사유에 영향을 받은 뉴턴(1642–1727)은 눈에 보이지 않는 힘인 만유인력(萬有引力)을 발견했으며, 동시에 육안으로 관찰할 수 있는 가능성을 확장시키는 반사 망원경

허블이 목성에서 발견한 소행성과의 충돌 흔적

을 발명했다. 20세기 중반의 광학 망원경은 구경이 커지고, 사진술의 발달로 더욱 정밀한 관측과 희미한 별자리들의 관측이 용이하게 되었다. 이어서 가시광선뿐만이 아니라 우주에서 들어오는 마이크로파, 적외선, 자외선, X선 등을 수신할 수 있는 전파 망원경이 발명된다. 별빛 또는 우주에서 지상으로 입사하는 전파가 지구 대기와 전리층에 의해 산란 또는 흡수되어 정밀한 관측이 어려워지기 때문에 대기권 밖에서 천체를 관측하는 것이 필요하게 된다. 허블 망원경은 1990년 4월 대기권을 벗어나 지구 위의 궤도를 돌며 우주를 관측하는 임무를 수행하고 있다. 허블 망원경은 그동안 몇 번의 성공적인 수리 과정을 거쳐 최근에는 목성이 소행성과 충돌하여 생겨난 웅덩이의 모습을 사진으로 촬영하기도 했다.

4. 컴퓨터와 시각의 미학화

오늘날 천문학자들은 육안으로 직접 하늘을 관찰하거나 망원경의 접안렌즈에 눈을 대고 관찰하기보다는 시각화된 컴퓨터의 출력장치에 몰두한다. 대형 망원경들은 최첨단 기술의 입체 구조물로 구성되며 입사된 빛을 모아 초점을 맞추기 위해 렌즈 대신 얇은 접시 모양의 완벽한 곡면 거울을 사용한다. 망원경은 정보처리 기능을 가진 전자 장치로 별빛을 흘려보낸다. 컴퓨터는 별빛을 엄밀하게 분석하고 평가해 그 결과를 숫자로 변환된 자료로 기억장치에 저장한다. 컴퓨터의 기억장치는 디지털화된 자료를 인간의 두뇌보다 더 정확하게 기록하여 기억할 수 있으며, 출력장치를 통하여 필요에 따라 시각화된 정보와 자료를 빠른 속도로 제공한다. 그런 자료를 정리하고 분석하여 도출된 결론은 우리로 하여금 우주를 더욱 분명하게 관찰할 수 있게 하며, 그것을 바탕으로 천문학의 새로운 이론을 실험하고, 고도의 이론을 입증하거나 검증할 수 있게 한다. 망원경은 눈의 가시거리를 연장하여 우주의 더 많은 것을 볼 수 있도록 도왔다면, 오늘날의 컴퓨터는 전자파로 탐지 가능한 우주의 모든 대상들을 관찰하여 측정하고 기록하며, 자료들을 보관, 전달, 정보화한다. 전자식 망원경은 오늘날 컴퓨터의 도움에 힘입어 은하계의 그림들을 제공한다. 인간의 눈으로 감각할 수 없는 파동들을 포착하여 컴퓨터는 시각적 자료들로 변환시켜 정보화한다. 관측한 결과들을 효과적으로 계량화하고 정보화하는 과정은 기계적 메커니즘으로 자동화된다. 시각기계의 성능과 능력이 강화하고 가시거리를 확장하는 작업을 위해 컴퓨터에 의존하는 것은 현대 과학의 영역에서 이미 일반화 되었다. 더구나 컴퓨터의 기능을 기반으로 하여 새로운 시각기계가 개발되고 제작되거나 설계된다. 전파망원경으로 얻은 상들은 미학적으로 재구성되어 제시된다. 그 결과 멀리에 있는 물체임에는 틀림이 없지만 불분명한 형상들의 모습을 보고 추론하고 더 많은 상상력을 동원하여 해석하게 되는 상황을 맞이하게 된다.

우주로부터 가시광선만이 지구에 도달하는 것이 아니라 파장이 불규칙한 전파 외에도 수많은 '신호'가 우주로부터 온다. 우주로부터 오는 전파는 지구상에서 발생하는 인위적인 전파신호와는 비교가 되지 않을 정도로 미약하다. 수신기는 안테나를 통해 모아진 이런 미약한 전파를 증폭하고 분석하는 역할을 한다. 이런 전파나 신호를 받아 측정, 기록하고 정보화하여 우주에 대한 유용한 지식으로 만들 수 있다.[21] 전파망원경은 우리 눈에 보이지 않는 전파영역인 파장의 전자기파를 모아 우주의 사건들을 알 수 있게 해준다. 전파영역의 파장을 갖는 전자기파들은 끊임없이 우주로부터 오고 있다. 별이 핵융합반응을 일으키거나 초신성이 폭발하고 별들이 충돌하는 우주의 모든 사건들이 일어날 때 가시광선, X선, 전파 등 다양한 파장의 전자기파가 발생한다. 그러므로 우주로부터 오는 모든 전자기파는 우주의 각지에서 발생한 다

21) 전파가 처음으로 발견된 것은 헤르츠(Heinrich Rudolf Hertz, 1857–1894)가 방전실험을 했던 1888년이다. 미국 벨 전화연구소에서 일하던 전파공학자 잰스키는 1932년에 처음으로 우주로부터 오는 전파를 수신했다. 잰스키의 발견에 많은 관심을 갖고 있던 전파공학자 레이버는 1937년 최초의 전파망원경이라고 불리는 9.4m 짜리 포물면 반사 안테나를 만들었다. 그는 이 망원경으로 하늘을 관측했고, 1944년에 최초로 전파분포도를 발표하여 전파천문학을 태동시킨다. 이명현, "전파망원경". 『과학동아』. 2000. 8월호. 118–123쪽 참조.

양한 사건의 기록을 담고 있다. 만일 우리 눈에 보이는 파장대인 가시광선만을 관측한다면 일부분만 보고 전체 모습을 재구성하려는 것과 같을 것이다. 그리하여 파장이 가시광선보다 짧은 자외선이나 X선, 감마선 등을 관측해서 분석할 수 있는 자외선망원경이나 감마선망원경이 필요하게 된다.[22)]

안드로메다 갤럭시

천문학은 아직 밝혀지지 않은 우주에 대한 신비하고도 불가사의한 질문들에 대해 새로운 사실을 발견하려는 욕망에서 발전하게 된다. 과학과 기술은 갈릴레이가 망원경으로 하늘을 관찰한 1609년 이래 약 400년의 역사를 가진, 비교적 최신의 발명품이다. 갈릴레이 이전에 '눈의 천문학'은 갈릴레이 이후의 '망원경의 과학'으로 전환되었으며, 이후 망원경의 과학은 20세기의 디지털 혁명이 없었다면 그 발전을 멈췄을 것이다. 오늘날 고성능 컴퓨터는 여러 개의 반사경으로 이루어진 거대망원경과 결합하였다. 거대 망원경이 제공하는 우주의 모습들은 상상하기 어려운 거리에 위치한 은하계, 불가

22) 이 글에서 망원경에 대한 서술 가운데 많은 부분은 『과학동아』. 2000. 8월호의 1. 광학망원경(114–117쪽), 2. 전파망원경(120–123쪽), 3. 우주망원경(126–129쪽), 4. 미래의 망원경(131–135쪽)에 의존하고 있다. 특히 전파망원경에 대하여서는 이명현의 글, 같은 책 118–123쪽을 참조.

능한 시간을 넘어 포착된 천체의 모습들을 아름답고 찬란한 영상으로 재구성하여 보여준다. 수많은 픽셀들의 조합으로 가시화된 천체와 은하계의 영상들을 어떻게 판독할 것인가. 우주의 새로운 진리에 도달하기 위해서는 오히려 미학적인 해석이 유효하거나, 설득력 있는 가설과 추론을 위해 더욱 풍부한 상상력이 요청되고 있는 것으로 보인다.

5. 시각주의적 상상력

갈릴레이는 우주의 현상들을 탐색하고 관측한 것을 자신의 독자적인 양식으로 시각화하고 구체화했다. 눈으로 관찰하고 이성적인 머리로 추론하면서 손으로 그려내는 방식을 실천에 옮겼다. 시각적 감각인 눈과 머리 외에 갈릴레이의 경우에는 손의 기능이 추가된다. 종이 위에 그림을 보며 거리를 두고 생각하는 시각적 인식뿐만이 아니라, 본질적으로 다양한 매체들을 동원하는 점에서 갈릴레이 사유의 독창성을 찾아볼 수 있다. 갈릴레이는 시각도구와 그의 훈련된 눈과 손의 섬세함을 결합하여 성공할 수 있었다는 점을 것을 브레데캄프의 연구는 강조하고 있다. 갈릴레이는 그림에 상당한 조예를 보인 것으로 전해진다. 그림의 초안을 잡거나 채색을 하는 데에서 드러난 재능은 유명한 화가들도 숭배할 정도였다. 17세기 초 로마에서 유명한 화가로 알려진 루보비코 치골리(Ludovico Cigoli, 1559–1613)는 갈릴레이로부터 원근법을 배웠으며, 자신이 예술가로서 누리는 평판은 모두 갈릴레이의 충고와 격려 덕분이라고 고백했다. 이를 근거로 미헬 오피츠는 갈릴레이가 망원경이라는 시각도구의 사용자일 뿐만아니라 "시각적 사상가 ein visueller Denker"[23]로 규정한다. 도구적 시각주의는 유럽에서 과학적 지식의 발전에 기여했으며, 이후 허블(Edwin Powell Hubble, 1899–1953)과 아인슈타인(Albert Einstein, 1879–1955)의 경우에서 시각주의적 사유의 다른 예를 발견하게 된다. 아인슈타인은 일반 상대성이론을 발표한 이후 우주에 대해 연구하면서, 우주 공간이 중력 때문에 줄어드는 것을 막는 에너지를 지녔다고 생각했다. 그는 중력에 대항하여 우주를 안정된 상태로 유지하게 하는 척력(미는 힘)을 '우주상수'로 상정했다. 허블이 우주가 팽창하고 있다는 사실을 밝힌 1929년 이후에 우주상수는 의미를 상실하게 된다.[24] 아인슈타인은 1931년에 허블이 연구하고 있던 윌슨산 천문대를 방문하여 망원경을 통해 관측한 자료들을 검토하고 확인한 후에야 우주가 팽창하고 있음을 인정하고 자신이 도입했던 우주상수의 폐기를 발표하기에 이른다.[25] 갈릴레이가 망원경을 통

---

23) Michel Opitz: Radiofeuilleton. Kritik. 2008. in: http://www.dradio.de/dkultur/sendungen/kritik/721087/

24) 허블은 다른 은하로부터 지구로 오는 빛의 적색 편이를 조사했다. 적색 편이는 한 은하가 지구로부터 멀어질수록 더 붉은 빛을 띠는 현상이다. 허블은 이 현상을 조사해서 은하가 지구로부터 멀어지는 속도가 지구와 은하 사이의 거리에 비례한다는 것을 밝혀냈다. 이 조사 결과를 기반으로 우주는 팽창하고 있다는 인식에 이른 것이다.

25) 곽영직. 2009.『세상을 바꾼 열가지 과학혁명』. 한길사. 212–213쪽 참조.

해 확인하고 시각화된 자료를 태양 중심의 우주론을 인식하는 근거로 삼았다면, 아인슈타인이 우주상수의 오류를 인정하고 자신의 이론을 수정하기에 이르게 되는 과정도 시각주의적 상상력과 긴밀하게 연관된 효과의 결과물로 볼 수 있을 것이다.

|참고문헌|

강범석. 1999.「시각의 로고스를 넘어서」– 플라톤과 데카르트의 시각주의를 중심으로. in: 한국철학사상연구회. 시대와 철학 특집. 89–118.

최현석. 2009.『인간의 모든 감각』. 서해문집.

곽영직. 2009.『세상을 바꾼 열가지 과학혁명』. 한길사.

홍성욱 편. 2006.『과학고전선집』. 코페르니쿠스에서 뉴턴까지. 서울대학교출판부.

갈릴레오 갈릴레이(앨버트 반 헬덴 역해/장헌영 옮김). 2004.『시데레우스 눈치우스(별 세계의 보고)』. 갈릴레이의 천문노트. 서울 도서출판 승산.

이명현. 전파망원경.『과학동아』2000년 8월. 118–123쪽.

안나 서(조윤숙 옮김). 2007.『레오나르도 다 빈치 노트북』. 이룸.

조나단 크래리(임동근, 오성훈 외 옮김). 2001.『관찰자의 기술』. 문화과학사.

마틴 제이 외(정성철, 백문임 옮김). 2004.『모더니티와 시각의 헤게모니』. 시각과언어.

윌리암 쉬어,마리아노 아르티가스(고중숙 옮김). 2006.『갈릴레오의 진실』. 동아시아.

프레드 왓슨(장헌영 옮김). 2007.『망원경으로 떠나는 4백년의 여행』. 사람과책.

제임스 E. 매클렐란 3세, 헤럴드 도른(전대호 옮김). 2006.『과학과 기술로 본 세계사 강의』. 모티브.

웨이드 로랜드(정세권 옮김). 2003.『갈릴레오의 치명적인 오류』. 과학만큼 돈과 명예를 사랑한 지식인. 미디어윌 M&B.

Horst Bredekamp. 2007. *Galilei der Künslter. Der Mond. Die Sonne. Die Hand.* Berlin.

Bernard Robben. 2005. *Der Computer als Medium*. Wetzler.

Michel Opitz: *Radiofeuilleton*. Kritik. 2008. in: http://www.dradio.de/dkultur/sendungen/kritik/721087/

시지각 보정술과 묘사적 회화

|김혜련|

1. 들어가는 말

20세기 중반에 과학과 인문학 전반에 걸쳐 이른바 '언어적 전회'가 이루어진 후, 시각을 통해 외부 세계를 알 수 있다는 생각은 심각한 정도로 의심에 부쳐졌다. 뇌신경과학이 진보함에 따라, 보는 일은 눈이라는 단일한 감각 기관만이 담당하는 직무가 아니라는 것이 밝혀졌다. 안구 뒷부분의 망막에 맺히는 이미지는 실제로 두뇌 안에서 이루어지는 복잡한 정보처리과정을 통해 비로소 '지식'의 지위를 획득하게 된다는 것은 거의 상식이 되었다.[1] 그러나

1) 세미르 제키는『이너 비전』에서 '눈으로 본다'는 믿음을 신화적인 것으로 지적한다. 그 믿음은 일반인의 지적 무지에 기인하는 것이라기보다 오히려 과학자들, 특히 해부학과 신경학자들의 설득력 있는 이론에 의해 확고하게 자리 잡아 왔다. 즉 "시각 세계에 들어온 상은 먼저 망막 위에 각인되고, 그것

필자가 아는 한, 과학, 철학, 기호학, 그리고 심리학 등에서 지식 문제를 다루는 어떤 이론도 지식 생산 메커니즘으로서 시각을 대신(replacement)하는 인식론을 제시한 것으로 보이지는 않는다. 기껏해야 시각을 다른 감각기관들과 대등한 위치로 끌어내리는 데 성공했을 뿐이다. 물론 그 성과는 경탄할 만한 것이다. 왜냐하면 탈근대 이론이나 담론분석적 접근은 지식을 가능하게 하는 토대에 해당하는 '실재'(Reality)와 '인식 기관'(organon)을 확보할 수 없는 형이상학적 허무주의 또는 인식론적 회의주의를 극복할 수 없는 것으로서 회복 불가능할 정도로 노정했기 때문이다. 따라서 과학이나 인문학 할 것 없이, 전통적인 의미의 '참 지식'(episteme)을 포기하고 그 대신 역사와 맥락, 그리고 인식 주체의 사회.정치적 관심에 상대적인 지식을 얻고자 하거나 실재(Reality) 없는 표상 자체를 실재처럼 다루는 시뮬라크르 존재론으로 향하는 추세를 보게 된다.

이 글이 출발점으로 삼고자 하는 것은 과연 시각이 총체적으로 불신의 대상이 될 수 있는가 하는, 다분히 추세 역행적인 물음이다.[2] 그렇다고 '시각중심주의'라고 불리는 입장을 다시 주워 올려

이 보는 피질(cortex)로 전달된 후 수용되면, 피질이 최종적으로 그 정보를 해독하고 분석한다고 생각했다. 다시 말해 신경학자들은 본다는 것을 대체로 수동적인 처리 과정이라 여겼다." 실제로 우리는 눈이 없으면 앞을 전혀 볼 수 없기 때문에 눈을 보는 기관으로 여긴 것은 놀라운 일이 못되는 것이다. 이 경우, 과학이 신화를 낳은 셈이다. 세미르 제키. (박창범 옮김). 2003. 『이너 비전』, 시공사, 26–27쪽.

2) 감각, 특히 시각의 쇠퇴 내지 소멸이라는 테제를 명시적으로 내세우는 영향

권좌에 복귀시키려는 생각은 없다. 지난 2천여 년 동안 시각은 지식 획득의 중심 기관으로 간주될 만큼 신뢰를 받아왔다. 사물의 형상을 의미하는 '이데아'의 동사형인 '이데인'(idein)은 말 그대로 '보다'를 뜻한다. 시각에 대한 신뢰가 전적으로 신화적 맹목이나 정치적 전략에 의해 태동되었다고 생각하기 어렵다. 요즈음 보통 사람들도 자동차로 여행할 때 네비게이션이 보여주는 시각 이미지에 의존하곤 하기 때문이다. 전문가가 담당하는 비행기 조종은 거의 계기판의 이미지리에 의존한다. 물론 우리는 모니터에 비치는 이미지가 외부 세계를 있는 그대로 보여준다고 믿지는 않는다. 그러나 적어도 시각화된 이미지는 외부 세계의 공간적 관계를 총체적으로 표상할 수 있기 때문에, 방향성을 모색하거나 위치를 탐색해야 할 때 시각 이미지는 필수적이다. 그러므로 시작 경험과 이미지 생산 기술을 둘러싼 현 상황을 요약하면, 시각화된 모든 이미지들은 외부 세계의 정확한 모사는 아니지만, 대상들 사이의 공간적 관계를 조망하는 표상인 까닭에 여전히 외부 세계에 관한 지식으로서 주장될

력 있는 이론가로, 유럽어권에서 폴 비릴리오, 그리고 영어권에서 마틴 제이를 들 수 있다. 물론 후기구조주의와 탈근대주의의 일반적 경향은 '주체의 죽음'의 논리적 귀결로서 시각의 특권적 지위를 강등시키려 한다. 이와 대조적으로 이 저자들이 말하는 시각의 쇠퇴는 이미징(이미지 생산) 테크놀로지의 발달에 기인한다. 폴 비릴리오. (김경온 옮김). 2004.『소멸의 미학: 시간과 속도의 여행』, 연세대학교 출판부,『시각 저 끝 너머의 미학』, 이정하 옮김, 열화당, Martin Jay(2008), *Downcast Eyes*, University of California Press, Berkeley, c1993.

수 있다.

앞의 예비적 고찰을 바탕으로, 그리고 이 글의 주제와 연관하여 필자의 기본적인 입장은 시각은, 시각뇌의 정보 처리 과정을 포함해서, 비시각적 서사와 해석 과정을 거쳐 비로소 신뢰할만한 지식을 산출한다는 것, 바꾸어 말해서, 시각적 지식은 근본적으로 세계 표상적이라는 것이다. 그러나 이 글의 초점은 시각이 다른 감각들에 비해 인식론적으로 우월한 까닭을 '세계의 거울 이미지'를 산출하는 능력에서 찾는 것이 아니라, 시지각이 우리의 생존과 번영에 유익한 행위를 유도하는 메커니즘으로서 갖는 유용성에서 찾고자 하는 데에 있다. 이 목적을 위해 필자는 먼저 우리의 감각 인식은 근본적으로 보정적(prosthetic) 성격을 갖는다는 것을 보일 것이다. 그 다음으로 시지각을 통해 얻는 정보는 투명한 세계 그림 같은 것이 아니라 3차적 성질 또는 적어도 2차적 성질로서 마음 의존적이라는 것, 그 뿐만 아니라 시지각 정보는 단순히 재현적이라기보다 묘사적이며, 따라서 재인(再認, re–cognition)과 행위 수행에 유용한 행위 유도적 정보라는 것을 제시할 것이다. 그리하여 필자는 시지각 정보가 두께 없는 얇은 스크린 이미지(skin–deep screen image) 같은 것이 아니라 행위 주체의 이익과 관련된 행위를 수행하도록 돕는 프롬프터의 역할을 한다고 주장할 것이다.

2. 시지각 보정물의 인식론적 지위

2.1 시지각 보정술의 유형들

우리가 흔히 시지각(visual perception)[3] 또는 시각 정보라고 부르는 것이 실제로 무엇을 가리키는지는 생각만큼 그렇게 분명한 것은 아니다. 시지각이란 우리의 육안으로 보는 것을 의미할 수도 있고 또는 다른 보조도구를 사용하여 사물을 보는 것도 포함할 수도 있다. 그리고 육안으로 보게 되는 상(像)이 안경이나 망원경 또는 현미경으로 보는 것과 동일한 것인지는 이론적으로나 실천적으로 분명하지 않다. 더욱이 시각 이미지를 보여주기는 하지만 눈과 망막 같은 시각 기제를 거치지 않는 음향 기반 이미지나 초음파 이미지 같은 것이 과연 참된 세계상을 보여주는지는 확언하기 어렵다. 극단적인 경우지만, 선천적 시각 장애인이 촉각이나 청각 등에 의존하여 구성해내는 시각 이미지나 보고(reporting)는 지각이 아니면

3) '시각'이라는 낱말은 지각 수준에서 내관적(introspection) 수준까지 포함하여 광범위하게 쓰이므로, 특별한 설명이 없는 한, 이 글에서 필자는 지각 수준에서 이루어지는 시각 경험을 구별하기 위해 '시지각'이라는 낱말을 사용할 것이다. 이는 루돌프 아른하임이 '시지각'을 사용하는 방식과 유사한데, 그는 동물이 자신의 관심사와 목적을 위해 행위를 수행하는 맥락에서 요청되는 지각적 추론 행위로서 시지각을 이해한다. 루돌프 아른하임. (김정오 옮김). 2004. 『시각적 사고』. 이화여대. 4장 참조.

서도 시각 이미지가 생성될 수 있다는 것을 시사한다.[4] 그러한 경우, 이른바 정상적인 인지 주체들은 그러한 시각 이미지가 실재와 어떤 연관을 갖게 되는지 상상하거나 이해하기 어렵다. 그럼에도 정확한 추론과 구성 과정에 의거하는 것으로 가정할 경우, 시각 장애인은 외부 세계에 대해 제한적이나마 정확한 그림을 가질 수 있고 그 그림에 의지하여 자신의 목적에 비추어 유의미한 방식으로 행동할 수 있다. 장애인과 비장애인이 시각 경험에 대해 합의하거나 정확히 서로 소통할 수 없다 해도 적어도 두 사람은 같은 목적을 위해, 예를 들면, 함께 길을 걷는다든지 또는 공동 작업을 수행하는 식으로 서로 적응하며 협력할 수 있다.

이러한 사례들로부터 이끌어낼 수 있는 것은 원초적인 지각 수준의 시각에서 관조적 수준의 지성적 시각에 이르기까지, 시각은 근본적으로 특정 목적을 위해 신체를 적응시키고 지성을 활용하는 보정술(prosthesis)의 측면을 갖는다는 것이다. 육안으로 직접 사물을 볼 경우에도 우리는 안구를 둘러싼 근육과 신체의 다른

4) 알바 노에는 지각의 패러다임으로 시지각 대신 맹인의 촉각을 제시한다. 그는 "지각하는 사람이 된다는 것은 운동이 감각적 자극에 미치는 효과를 이해하는 것"이라고 주장한다. 즉 맹인이 스틱이나 손으로 대상을 더듬을 때 그 촉각 경험 자체가 유의미한 것이 아니라 그 경험이 무엇을 의미하는지를 자신의 행위와 연관지어 판단하는 것, 즉 방향을 측정하거나 상태의 안전 여부를 판단하려는 목적에 비추어 촉각 경험의 유의미성을 판단하는 것이 지각의 관건이라는 것이다. Alva Noë. 2004. *Action in Perception*. The MIT Press. Cambridge. Mass. & London. 2.

부분들을 조정해야 하고, 적절하게 초점을 맞추기 위해 눈의 주사(scanning) 과정이 요청된다.[5] 그리고 동일한 사물이나 장면을 대면할 때 인지 주체에 따라 상대적으로 일정한 기간의 지각적 적응이 필요하다. 예를 들어, 빠르게 화면이 바뀌는 뮤직 비디오를 처음 접하는 사람은 시각적 부적응의 결과로 메스꺼움을 느낄 수도 있다. 그러므로 특별한 도구를 사용하지 않고 육안에 의존하는 시지각도 근본적으로 보정적이다.

시지각의 보정적 성격을 충분히 이해하기 위해 일반적으로 보정술이란 무엇인지 이해할 필요가 있다. 보정술이란 대체로 동물의 어떤 신체 기능이 저하되거나 구조적으로 훼손되었을 경우, 훼손된 기능을 강화시키거나 훼손된 부분을 개선하여 기능을 회복하는 기술이나 인공물을 가리킨다. 가까이 있는 사물을 보기 위해 눈을 가늘게 뜬다거나 대상에 집중하기 위해 눈을 깜빡거리지 않은 것도 일종의 보정적 제스처이다. 심오한 의미에서, 그와 같은 단순한 제스처를 포함하여 유기체가 진화하는 과정에서 발명하거나 개발하

5) 카메라 촬영을 위해 사용하는 삼각대 같은 것도 보정도구의 사례다. 갈릴레오는 망원경을 들여다 볼 때 자기의 몸을 삼각대에 적응시키기 위해 특별한 동작들을 스스로 고안해야 했다고 전해진다. 다시 말해, 시각 보정도구들은 아무런 조정 없이 그대로 사용할 수 있는 것이 아니다. 돈 아이디는 시지각을 가능하게 하는 신체적 기반과 생활세계의 구조들을 시각 경험과 분리시켜 생각하는 경향을 지적하기 위해 후썰의 '과학의 건망증'을 원용한다. Don Idhe. 2002. *Bodies in Technology*, Univ of Minnesota: Minneapolis & London. 53–55.

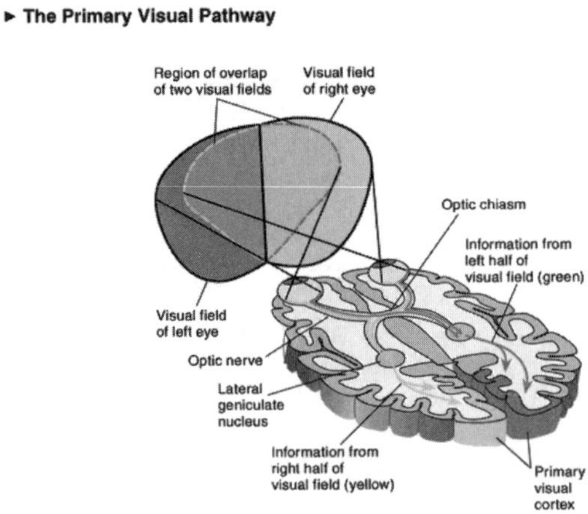

|그림 1| 시각뇌의 구조

는 시각 테크놀로지는 근본적으로 보정적이다. 가장 쉽게 볼 수 있는 보정물은 의족(義足)이나 의치(義齒) 같은 것이고, 요즘 대중적 인기를 누리는 소프트렌즈나 라식 수술은 대표적인 시각보정술이다.

그러나 일반적으로 생존을 위한 본능적 필요에 직접적인 방식으로 기능을 보완하는 도구와는 달리, 주체의 목적과 욕구의 실현을 위해 지성이 구상하고 제작하는 고차적인 기술 및 도구들은 당면한 직접적 필요를 충족시키기보다 상상 가능한 미래의 필요를 위해 창안된 인공물이다. 특히 시각적 보정물은 지성의 기획에 따라 구조화되고 제작되는 경우가 많다. 아마도 그것은 시각 자체가 인간의 인지 발달 과정에서 가장 늦게 형성되는 인지 능력이기 때문인 것 같다. 어느 정도 지성적 인지가 발달했을 때 비로소 주체에게 유익한 방식으로 시지각 경험이 수행될 수 있기 때문이다.

그림 1에서 보듯이, 눈과 망막, 신경회로를 거쳐 시각정보를 담당하는 뇌의 전두엽은 인간의 생존과 유의미한 행위를 뒷받침하는 기본 시각메커니즘이다. 시각정보를 전문적으로 다룬다는 의미에서 오늘날 '시각뇌'라고 부르는 기제의 발달은 출생 후 시각적인 경험을 토대로 하여 진행된다. 이 과정은 단순히 기계적인 방식이 아니므로 시기적절한 미술교육은 인간의 시각뇌의 발달에 영향을 미친다. 뇌의 신경회로의 성장과 미세한 조정은 어떤 예정된 공식을 따르는 것이 아니라 실제로 주체가 갖는 시각적 경험이 결정적인 역할을 한다. 유아기에 시각 경험이 단조롭거나 혹은 어떤 질병으로 인해 눈의 기능이 충분히 활성화되지 못할 경우, 극단적인 경우 심지어 영구적으로 볼 수 없게 될 수도 있다. 눈 자체는 치료를 통하여 광학적으로 정상으로 돌아옴에도 불구하고 시각 장애인이 될 수 있다는 말이다. 이런 시각 기능 상실의 원인은 시각 피질에서 일어나는 변화 때문이다.[6)]

---

6) 세미르 제키. 2003.『이너비전』. 60–61. 제키는 플라톤의 이데아가 지대한 정도로 시각적 은유를 포함함에도 불구하고 플라톤이 이데아를 뇌 밖에 있는 것으로 생각했다는 사실을 지적한다. 필자는 시각의 우월성을 옹호하는 논증을 구성하려 할 때 이데아와 뇌의 관계를 세심하게 고찰해야 한다고 생각하므로 제키의 이 지적은 매우 유익하다고 본다. 인식론적으로 말해, 이데아적 비전 또는 유사-이데아적 비전이 가능하다면, 플라톤이 주장하듯이 그것은 단순히 눈의 시력의 문제는 아니고, 시각뇌와 지성의 협력을 필요로 한다. 어쨌거나 이데아적 비전 자체도 시각뇌의 존재에 의존한다는 것을 플라톤은 간과한 것이다.

시각발달의 결정적 시기는 대뇌피질의 시각영역에서 신경회로가 성장하고 발달하는 시기와 상응한다. 인간의 경우는 시각발달의 결정적 시기는 생후 6년 동안 지속된다. 이 사실은 신경회로의 성장과 상호연결 형태의 미세조정이 출생 후 초기 6년 동안에 이루어진다는 것을 의미한다. 뇌 발달에 있어서 '결정적 시기의 개념(Critical period)'은 매우 일반화되었다.

그렇다면 시각뇌의 기능에 대한 이러한 발견은 시각보정술에 어떤 함의를 갖는 것일까? 한 마디로 시지각 보정술은 단순히 시력을 교정하는 식으로 그쳐서는 안 된다는 것이다. 시지각 보정술의 범위를 확장시켜본다면, 뇌기능의 활성화를 위한 지도 만들기와 전략을 통해 시각경험을 다양화하고 시각능력을 개선할 수 있을 것이다.

이 점을 고찰할 때, 시지각 보정술은 당면한 필요를 충족시키기 위한 일차적 단계의 도구와 미래의 가능한 필요를 예상하고 대비하는 지성의 작업과 긴밀하게 협력하는 종류의 이차적 단계의 도구로 나누어 고찰되어야 한다. 예를 들어, 안경은 현재 당면한 필요를 위한 시지각 보정물이다. 애초에 사물을 볼 수 있어야 인식과 행위가 가능하기 때문이고, 그것은 생존의 문제와 직결된다. 그 반면에 가능한 미래 상태를 예측하거나 주체의 욕구를 실현하기 위한 투사와 설계를 필요로 하는 종류의 시각 보정물이 있다. 지도 제작이나 건축이 이 유형에 속한다. 위급한 상황에서 지도를 만들거나 건축 설계를 할 수는 없는 것이다. 이러한 유형의 보정술은 근본적으로 상상적이고 미래적이다. 그리고 물질세계와 사물들 간의 질서를 초기조건으로 이용하면서 동시에 그것을 재구성한다. 따라서 둘째 의미의 보정술은 주체와 세계를 역동적으로 생성하는 메커니즘으로 볼 수 있다. 이 글에서 필자가 중점적으로 다루려는 것은 둘째 의미의 보정술이며, 이 보정술의 철학적 유의미성은 단순히 기술 문화의 산물로서의 지위에 있는 것이 아니라 유기체와 자연 환경의 상호침투적 생성과정의 한 국면으로서 시간 생성력에 있다.

2.2 자연적 시지각은 불완전한가?

탈근대성에 입각하거나 암묵적으로 그와 제휴하는 매체이론이나 문화이론, 그리고 기호학 이론들은 시지각 자체가 유의미한 시각 정보를 제공할 수 없다고 보고, 관람자에게서 시각 매체의 서사성 또는 담론성을 읽어낼 수 있는 능력(visual literacy)을 요청한다. 이 요청은 그 자체로 매우 주의 깊은 고찰에서 나온 것임이 분명하지만, 문제는 그 이론들이 암묵적으로 문화우월론을 옹호하는 경향이 있다는 점이다. 필자가 보기에, 시지각과 연관된 문화우월론은 논리적으로 시각의 불완전성을 함축한다. 즉 시지각은 그 자체로 대상을 동일시할 수 없고 문화적 틀이나 개념의 인도–모종의 서사적 구조–를 필요로 하는 것이라면, 필연적으로 그것은 지식 생산의 수단으로서 시지각이 불완전하다는 것 또는 비확정적이라는 것을 함축한다. 그러므로 자연적인 또는 비매개적인 시지각의 무능력에 관한 문화우월론이 가정하는 전제들은 다음과 같이 요약될 수 있다.

P1) 불완전한 자연적 시각(natural vision)은 서사적 문화에 의해 완전화가 가능하다.
P2) 불완전한 자연적 시각이라는 개념은, 논리적으로, 완전한 시각의 가능성을 함축한다.

지식이란 단순히 지각소(percepts)로 이루어지는 것이 아니라 지각소들을 어떤 관계나 구조를 통해 상호연관적으로 배열한 결과물이라고 말할 수 있다. 배열은 시간성과 공간성을 동시에 포함한다. 따라서 지식의 유의미성의 한 축은 그 시간적 구조, 즉 서사적 구조에 있다. 문화우월론을 암묵적으로 가정하는 이론들은 자연적 시지각의 불완전성을 가정하면서도, 시지각이 문화의 매개에 의해 완전해진다는 것이 어떤 것인지를 설명하지도 않고 판단할 수 있는 기준을 제시하지도 않는다. 바꾸어 말하면, 현재 우리가 시각적으로 경험하는 것들이 본디 시지각적 잠재성을 갖는 것들이 시각테크놀로지에 의해 실현된 것인지, 아니면 그런 것들 중에 시지각과 무관한 것이면서도 시각적 이미지로 변환되어 우리에게 제시되는 것이 있는지를 문화이론이나 담론 분석적 접근의 범위 안에서는 식별하기 어렵다는 것이다.

회화나 영화 같은 시각적 재현을 유의미한 것으로 경험하기 위해 서사의 매개가 필요한 경우가 많다. 그 사실을 인정할 경우에도, 그러한 매개가 반드시 '시지각적' 경험 자체를 풍요롭게—즉 정밀하거나 증폭시키는 방식으로－만드는 것은 아니다. 이때의 시각 경험은 해석에 의해 의미를 부여 받았을 뿐이다. 따라서 시지각 경험을 해석하는 서사나 담론은 시각 능력 자체를 고양시키거나 확장시키는 시각 테크놀로지의 존재이유나 작동방식에 대해 설명해주지 못한다.

문화이론적 접근이 갖는 더 근본적인 문제는 시지각의 불완전성이나 완전성을 상정할 때 자연적 시각기관(눈)의 취약성을 대체하거나 보완하는 유형의 1차적 시각 보정술을 요청할 뿐이라는 것이다. 즉 1차적 시지각 보정술은 신체기관의 미리 설계된 수행능력－자연법칙에 의해서건 진화적 목적에 의해서건－이 훼손되었을 경우 그 능력을 보완하거나 확장시킨다. 이 경우, 시지각 보정술이나 시지각 도구는 자연의 대체재가 된다.

그 반면에 2차적 보정술은 유기체에 내장된 일정한 시지각 능력을 초기조건으로 삼기는 하지만, 물질적 환경이 주는 자극에 대처하기 위해, 또는 유기체의 필요나 목적을 위해 유기체를 적응시키고 환경 자체를 변형시키는 상보적 전략을 취한다. 그 결과, 과거와는 다른 종류의 시지각 경험을 산출하고 또 그것을 가능하게 하는 시지각 테크놀로지가 요청된다. 이런 유형의 보정술은 주체의 능동적인 참여를 요구하기 때문에, 이 대안적인 시지각 도구와 테크놀로지는 유기체의 기존의 지각 능력과 지각 방식에 영향을 미친다. 이러한 유형의 보정술이 과거와는 다른 양태로 유기체를 변화시킨다는 의미에서 이것은 자기초월적 차원을 갖는다. 그 점에서 필자는 자기초월적인 성격의 2차적 보정술이 경험적 차원에서 주체의 지각능력을 근본적으로 변화시키는 동시에 확장시키는 것으로 이해한다.

이와 대조적으로, 엘리자베스 그로츠는 필자처럼 1차적 보정술과 2차적 보정술을 구별하지 않고 모든 보정술을 근본적으로 창조적인 것으로 본다. 왜냐하면 보정물이란 생명체가 장해물이나 문제와 마주칠 때 그것에 적응하거나 그것을 극복하는 과정에서 어떤 자연적 대상을 취하여 과거와는 다른 것으로 변모시키면서 재창조한 결과물이기 때문이다. 그로츠에 따르면, 모든 사물은 근본적으로 보정적인데, 사물은 주체나 자아 또는 의식과 대립하는 타자나 이항적 상대역(second–place counterparts)으로 이해되어서는 안 되고, 오히려 주체의 존재와 지속을 위한 물질적 조건이자 원인으로 이해되어야 하기 때문이다. 다시 말해서, 기술로서의 사물은 유기체인 인간이 성장하고 변화하는 과정의 흔적이다. 시간이 선행하고 그 안에서 우리가 변모하는 것이 아니라, 우리가 사물로서의 기술, 즉 보정물을 만듦으로써 시간을 창발하게 하는 것이다.[7)]

한 편 시각 이미지를 낳는 초음파 탐지기처럼 근본적으로 외삽적인 시각 보정물은 유기체의 자연적 시각능력 자체를 변화시킨다고 볼 수 없다. 돈 아이디는 시각 보정술을 이미징 테크놀로지

7) Elizabeth Grosz. 2001. *Architecture from the Outside: Essays on Virtual and Real Space*. MIT. Cambridge. 168–169.

(imaging technology)라고 부르는데, 그에 따르면 대부분의 이미징 테크놀로지들은 지각적 동형이성(isomorphism)이라 부를만한 것을 획득하기 위한 것이다. 초음파의 경우, 청각 이미지는 시각 이미지로 변환되지만 대상의 근본적인 동형적 구조가 전이되는 것이다. 아이디는 매체 간 차이를 넘어서 전달되는 그러한 종류의 전이가 가능한 것은 지각 내용의 동형이성이 지각적 추론에 의해 얻어지기 때문이라고 설명한다. 지각적 추론에 의해 얻는 이미지는 실재적 이미지(the real or bona fide image)라기보다 잠재적 이미지(virtual image)로서, 그 가상적 또는 잠재적 디스플레이는 주체가 어떤 위치에 있을 것으로 가정할 때 볼 수 있을 것으로 간주되는 공간적 그리고 지형도적 면모이다.[8] 그러므로 둘째 유형의 시지각 보정술도 두 유형으로 나눌 수 있는데, 즉 시지각 능력 자체를 변화 내지 확장시키는 테크놀로지와 시지각 능력 자체와는 무관한 일종의 기술적 번역에 해당하는 테크놀로지로 구분된다.

2.3 시지각 보정술과 메타생산, 그리고 시지각의 우월성

2차적인 시지각 테크놀로지는 시지각 도구를 생산하는 기술, 즉 인공물로서의 시각 보정물을 생산하는 기술인 바 일종의 메타생

8) Don Ihde. 2002. *Bodies in Technology*. University of Minnesota Press. Minneapolis & London. 60–61.

산(metaproduction)에 해당한다. 메타생산으로서의 테크놀로지는 현재 주체가 직접적으로 필요로 하는 도구를 제공하는 것이 아니라, 미래에 발생할 수 있는 가상적 필요를 충족시키기 위한 것이다. 따라서 이 테크놀로지는 근본적으로 미래지향적이고, 더 정확히 말하면 미래 시간을 생성하는 시간 생성 메커니즘이기도 하다. 시간 생성 메커니즘의 상관자인 유기체의 신체는 단순히 기술의 산물이라 말할 수 없다. 유기체로서 우리는 기술과 도구를 사용하면서 동시에 그것에 적응하고, 그 결과 새로운 기술과 도구를 만들어낸다는 의미에서 유기체의 신체와 테크놀로지는 공변(covariance) 관계에 있다.

앞에서 2차적 수준의 시지각 보정물을 설명할 때 필자가 언급한 '시간'이나 '미래'는 주체나 테크놀로지와 독립적으로 존재하는, 이른바 '우주적 시간'에 속하는 것이 아니라 주체－테크놀로지의 공변과 공진화에 수반하는 현상 또는 수반적 속성이다. 바꾸어 말해서, 우리에게 시간은, 특히 미래 시간은 독립된 영역이나 궤도를 갖는 것이 아니라 우리가 생존하는데 성공하는가, 그리고 어떤 도구를 만들고 사용하면서 생존하는가에 따라 창발 또는 생성되기 때문에, 그 '시간'은 유기체 및 물질세계에 의존적이다. 결국 유기체와 물질적 자연, 그리고 시간은 상보적으로 서로 얽히면서 과정으로서 존재한다. 그 어느 것도 원래부터 고체로서 안정화된 것은 없는 것이다. 리얼리티의 이러한 유동성을 생생하게 기술하기 위해 브라이언 마수미는 우리가 지성과 지각이라는 두 개의 머리를 갖고 공통

사유를 하는 것처럼 빗대어 말한다. 그리고 신체나 사물을 정체 상태에 있는 '대상'이라고 부르는 것은 오류이며, 운동 상태에 있는 유동적인 신체나 사물에 대해 생각하는 것은 신체에 비물질적 차원이 존재한다는 역설을 받아들이는 셈이라고 지적한다.[9] 그런 의미에서 유기체와 사물, 즉 보정물, 그리고 시간은 구조적으로 잠정적인 동시에 잠재적 또는 가상적 차원을 갖는다.

앞에 기술한 의미에서 보정적 기술인 테크놀로지는 유기적 주체의 생성자인 동시에 시간의 생성자이다. 왜 이러한 연합 전략이 필요한가? 그것은 왜냐하면 주체가 '지속적으로' 존재하기 위해, 즉 생존하기 위해서는 주체 자신이 '보정적 개체', 다시 말해, 테크놀로지와 연루된 생명체가 되지 않으면 안 되기 때문이다. 따라서 필자는 시간에 대한 베르크손과 그로츠의 기본적인 접근 방식에 동의하면서, 물질세계에서 인간 주체는 근본적으로 보정술적 방식으로 존재하고, 그 결과 시간이 생성된다고 주장한다. 기술-필자가 의미하는 2차적 보정술-은 과거보다 발전된 행위를 활성화시키는 것이 아니라 더 넓은 행위가능성을 활성화시킨다.[10] 예를 들면, 안경

---

9) Brian Masumi. 2002. *Parables for the Virtual: Movement, Affect, Sensation.* Duke University Press. Durham. 4–5.

10) 그로츠는 유기체의 신체와 기술을 보정적 병합(prosthetic incorporation)이라고 부르기도 한다. 왜냐하면 주체가 사용하는 기술은 이미 주어진 설계를 물질적으로 완성한 것으로 간주하기보다, 새로운 속성과 능력의 예기치 않은 실현, 또는 미리 계획되지 않은 창발로 이해할 수 있기 때문이다. 베르크손의 논리를 따르면, 보정술은 실현되어야 할 가능성으로 이해될 수

은 단순히 현재의 시력을 교정할 뿐이지만 방사선 투시기는 육안으로는 볼 수 없는 것을 볼 수 있게 해준다.

다른 테크놀로지와 달리 이미징 테크놀로지는 상이한 매체의 지각 내용을 공간적으로 그리고 시간적으로까지 패턴화하여 디스플레이 할 수 있다는 점에서 필자는 시각이 다른 감각들에 비해 심오한 방식으로 우월하다고 본다. 생명체에게 있어서 물질세계는 우선적으로 문제, 수수께끼, 자극 같은 것이다. 물질세계는 실제로 유동적이며 경계도 없고 특정한 형체도 없다. 그러나 시각은 흐름(flux)과 변화, 유동적 과정인 실재를 견고한 고체 형태로 상상적으로 포획하고 묶는다. 그렇게 할 때만 유기체는 자신의 목적을 위해

없다. 그 대신 보정술은 보완된 신체와 또한 신체를 보완하는 대상을 함께 동시적으로 변형시키는 상호 변형을 통해, 자연적인 신체가 그 자체로 또는 생득적 능력을 통해서는 접근하거나 실현할 수 없는 모종의 잠재성을 현실화하는 것으로 볼 수 있다. (Elizabeth Grosz. 2001. *Time Travels*. Duke University. 146–148). 그로츠는 기술이 자연과 인간을 매개하는 것으로 기술하는 것은 오도적일 수 있음을 지적한다. 그렇게 말하는 것은 마치 인간과 자연이 기술의 외부에 있는 것처럼 보이게 만들기 때문이다. 인간, 물질적 자연, 그리고 기술은 상호침투적으로 서로를 조건화하면서 잠정적인 해결책을 실험하고 탐색한다. 그리고 그 실험과 탐색의 부산물처럼 시간이 창발하는 것이다. (Elizabeth Grosz. 2001. *Architecture from the Outside*. MIT. Cambridge, MA. 178–179.)베르크손 역시 자연의 양태들을 본디 비조직화된 상태로 보고, 지성이 도구 제작을 통해 자연을 가공하면서 생명체를 미래로 인도한다고 본다. (Henri Bergson. 1944. *Creative Evolution*. Trans. Arthur Mitchell. MIT Press. Cambridge, MA. 161.)

특수한 행위를 수행할 수 있기 때문이다.[11] 엄밀한 의미에서 고정된 점이나 선, 면, 그리고 고체는 존재하지 않는다. 그러나 시지각은 2차적 수준의 시지각 도구를 만듦으로써, 현재를 중심으로 과거와 미래를 한꺼번에 통합하는 개념적 또는 가상적 지형도를 제시할 수 있다.

엄밀하게 선후 관계를 말할 수는 없지만 그러한 가상적 지형도를 만드는 것은 시간 벡터를 중심 요소로 다루는 상상력의 기능이고, 그 상상적 힘이 시각 테크놀로지라는 메타생산 체계를 산출하는 것이다. 단순한 시각 교정도구를 넘어서는 시각 테크놀로지는 한 마디로 유용성의 문제로서, 이러한 시각적 대상화 또는 대상의 시각화라는 활동은 주체의 생존과 미래 번영에 필수적이다. 청각이나 촉각 같은 다른 감각들과 비교할 때, 구조적으로 미래를 상상하고 투사할 수 있는 감각은 시각뿐이다. 물론 우주 탐사에 사용되는 청각 정보들도 근본적으로 시간적이고, 워게임(war game) 프로그램 같은 데에 그 정보를 활용할 수 있다는 점에서 미래 투사적이라고 말할 수는 있다. 그러나 그 유용성은 매우 제한적이고 시각화된 투시도의 도움이 없이는 풍성한 유형의 미래 행위를 인도하기 어려울

---

11) Hidenobu Mizuno, et. al. 2007. Evidence for Activity–Dependent Cortical Wiring: Formation of Interhemispheric Connections in Neonatal Mouse Visual Cortex Requires Projection Neuron Activity. *The Journal of Neuroscience*. June 20. 2007–27(25): 6760–6770. 저자들은 뇌의 피질의 연결망을 활성화시켜 적절한 행위를 수행하게끔 가상적 지형도나 패턴을 투사하는 신경 활동이 결정적인 역할을 한다는 것을 강조한다.

것으로 생각된다.

3. 보정술로서의 묘사적 회화

안경이나 망원경처럼 시지각 능력을 직접적으로 보완하는 시지각 보정물의 경우에도 실제로 우리가 보는 것이 육안으로 자연대상을 보는 것과 동일한 것인지는 세밀하게 검토되어야 할 문제이다. 왜냐하면 이런 경우, 우리는 마치 육안으로 보는 시각 능력을 직접적으로 증강시킨 것처럼 생각하는 경향이 있지만, 앞에서 언급했듯이 교정된 시지각 경험은 특정한 안점(眼點)을 가상적으로 설정하는 반면 인지 주체의 안점은 실제로는 그것과 일치하지 않기 때문이다. 마치 우리가 자전거로 달릴 경우 치타가 달리는 것과 비슷하게 되기는 하지만 실제로 치타가 달리면서 어떤 시각 경험을 하는지는 상상할 수 있을 뿐인 것과 같다.

이 상상적 시각 경험, 또는 총체적 시각경험의 가상성의 문제는 원근법적 규칙에 따라 또는 어떤 다른 방식에 의거하여 정확한 시각상을 재현하는 것으로 간주되는 회화의 시각 경험이 이중적인 측면을 가진다는 것을 관찰할 때 더 잘 이해될 수 있다. 아래는 시지각 보정술이 갖는 미학적 함의를 묘사적 회화를 통해 구체적으로 해명해보는 시도이다.

1990년대부터 영미권 미학 담론에서 재현 이론과 구별되는 묘사 이론에 대한 관심이 고조되었고 인지과학의 실험을 활용하는 대안적인 이론들이 제시되었다. 필자는 그 중에서 도미니크 로페즈의 묘사 이론을 중심으로 시지각의 대상이 실제로 어떤 이중적 측면을 갖는지를 생각해 보고자 한다. 회화의 표면은 물감자국과 캔버스로 이루어진 평면인 동시에 그 안에서 깊이와 거리와 입체감 등을 '눈으로' 지각할 수 있다는 점에서 이중적 시각성을 포함한다. 이러한 회화 경험을 지칭하기 위해 일찍이 리처드 월하임은 '들여다보기'(seeing–in)와 '~로서 보기'(seeing–as)라는 용어를 사용한다.[12] 그림에서의 들여다보기는 단순한 일상적 봄과는 달리, 그림 안에서 작가가 의도한 대상을 인지하는 재인(再認, re–cognition)과정을 포함한다. 재인 가능성은 작가 편에서 시도한 묘사 기법이 낳는 시각 효과이며 많은 경우에 그 효과는 환영적일 수 있다. 어떤 그림은 들여다보기와 디자인보기가 구별되지만 표면 보기와 구별되지 않는데, 묘사기법이 모호할 경우가 그러하다.

여기서 사용되는 중심 용어들의 의미를 가능한 한 명확히 구별해보자. 우선 표면보기(seeing surface)란 그림의 표면을 구성하는 색, 형태, 패턴 같은 것을 보는 것이다. 표면보기가 단일한 종류의

12) 아마도 '들여다보기' 개념을 재현 이론과 묘사 이론에 적극적으로 사용하기 시작한 현대 미학자는 월하임과 샤이어가 대표적일 것이다. 월하임의 '~로서 보기'를 도미니크 로페즈는 '디자인 보기'(seeing–design)로 부른다. Richard Wollheim. 1980. *Art and Its Objects : with Six Supplementary Essays*. 2nd ed. Cambridge University Press. Cambridge. Flint Schier. 1986. *Deeper into pictures: An Essay on Pictorial Representation*, Cambridge UP. Cambridge.

시각 디자인으로 수렴되는 경우, 표면 디자인은 디자인 보기(seeing surface design)와 동일한 것이 된다. 그러나 유명한 오리-토끼 그림처럼 두 가지 이상의 디자인 보기가 가능할 수도 있다. 그럴 경우, 표면보기는 디자인보기와 일치하지 않는다. 동일한 표면이 토끼로 보일 수도 있고 오리로 보일 수도 있다는 것은 디자인보기가 상이한 종류의 게슈탈트적 시지각과 의미론적 독해를 동시에 포함할 수 있다는 것을 함축한다. 다시 말해, 동일한 그림 표면은 오리로서 보기(seeing–as–duck)로 읽혀질 수도 있고, 또는 토끼로서 보기(seeing–as–rabbit)로 읽혀질 수 있는 것이다. 이와 대조적으로, 들여다보기(seeing–in)는 표면 보기와 디자인보기를 모두 활용할 수 있지만, 그림의 표면에서 멈추지 않고 상상적 투사를 통해 실제 대상을 시뮬레이션하여 재인하는 시각경험을 가리킨다.[13)]

그 반면에, 들여다보기는 포도 그림의 표면 디자인을 진짜 포

13) 켄달 월튼은 시각 예술작품을 시각적 상상을 매개하는 프롬프터로 본다. 그가 말하는 시각적 상상은 그림의 표면 디자인 지각에 의거하여 표면 너머에서 실제 대상을 재인하는 경험을 가리킨다. 이런 종류의 경험이 가장 생생하게 실현될 수 있는 경우는 아마도 카메라 이미지에 의존하는 사진이나 영화일 것이다. Kendall Walton. 1990. *Mimesis as Make–Believe*. Harvard UP. Boston. 12–15.; Kendall Walton. 2002. "Depiction, Perception, and Imagination: Responses to Richard Wollheim". *Journal of Aesthetics and Art Criticism* 60: 1. 27. 회화 이미지에 비해 사진이 투명한 시지각 매체인 까닭은 사진의 경우 들여다보기(seeing through)를 활성화하는 묘사적 표면을 갖고 있기 때문이다. Kendall Walton. 1984. "Transparent Pictures: On the Nature of Photographic Realism". *Noûs*. Vol.18. No.1. 67–68.

도로 참새가 오인했다고 전해지는 제욱시스의 포도 그림 같은 환영적인 그림들의 경우, 그러한 시각적 환영이 발생하는 까닭은 관람자가 들여다보기와 표면 보기를 구별하지 못하기 때문이다. 디자인 보기와 표면 보기를 비교해 볼 때, 디자인보기는 의미론적 규칙에 종속되는 소통활동[14]에 속하는 반면 들여다보기는 관람자의 인지능력과 이른바 문화자본에 상대적인 다원적 현상이다. 그렇기 때문에 들여다보기는 제욱시스의 관람자의 경우처럼 환영적일 수도 있고 그렇지 않을 수도 있다. 또한 그것은 디자인보기와 겹칠 수도 있고 그렇지 않을 수도 있다.[15]

리처드 월하임은 우리가 항상 그림의 표면 디자인을 보는 동시에 묘사된 장면을 본다고 주장하면서 들여다보기의 중첩성(twofoldness)이라는 개념을 제시한다. 즉 단일한 시각 경험에서도 디자인 보기는 들여다보기에 침투해 들어간다. 디자인 보기는 들여다보기의 내용을 변형시키고, 따라서 그것은 더 이상 그 장면을 실제로 대면하는 것과 일치하지 않게 만든다. 디자인보기와 들여다보기를 식별할 수 없게 될 때 시각적 환영이 발생하는 것이다. 즉 시각적 환영은 실제 대상을 묘사하는 표면 디자인을 대상 자체로 동일

14) 월튼이 말하는 인가된 소도구authorized props란 특정한 역할이 맡겨진 소도구이다. 즉 재현적인 예술작품들은 인가된 소도구로서 특정한 종류의 게임에서 시각적 상상을 위한 소도구로서의 기능을 수행하도록 작가에 의해 특별히 만들어진 것이다. (Kendall Walton. 1990. *Mimesis as Make-Believe.* Harvard UP. Boston. 51.)

15) Dominic Lopes. 2005. *Sight and Sensibilities*. Clarendon Press. Oxford. 39.

시하는 것이다.

묘사적인 그림에 친숙해질 때 표면 디자인은 마치 묘사된 대상을 직접 보는 것 같은 경험과 현상적으로 구별할 수 없게 될 수 있다.[16] 그런 그림을 볼 때 미적 감상과 비평을 할 수 있기 위해서 우리는 묘사된 장면 자체와 디자인 보기 사이에서 왕래하면서 양자를 조정해야 한다. 그 조정의 결과, 어떤 그림들은 실물을 직접 볼 때 얻을 수 없는 '장면 제시 경험'(scene–presenting experience)을 유도한다. 즉 들여다보기와 디자인 보기가 겹치고 그것으로 그치는 시각 경험이 있는 반면, 들여다보기와 표면 보기가 겹치는 동시에 그럼에도 불구하고 들여다보기가 디자인보기와 분리되어 경험되는 시각 경험이 있는 것이다. 중요한 점 은 두 경우 모두 시각적 묘사의 경험이라는 것이다. 묘사된 대상 자체와 디자인 보기 사이를 조정하는 과정에서 산출되는 '장면 제시 경험'은 단순한 시지각 경험이 아니라 인식론적으로 심오한 의미를 갖는다. 즉 그림의 표면 디자인과 묘사된 실제 대상을 보는 것 같은 장면 제시 경험을 구별하는 사람은, 다시 말해 양자를 동일한 것으로 간주하여 시각적 환영으로 귀착시키지 않는 사람은, 대상을 직접 보거나 1차적 시각 보정물에 의해 볼 경우 얻을 수 없는 시공간적 총체성과 대상의 특수한 국면을 시각화할 수 있는 것이다. 그러한 종류의 시각 독해능력을 가진 사람은 시각적 묘사가 무엇인지 이해할 뿐만 아니라 문제의 시

16) 앞의 책. 45쪽.

|그림 2|

|그림 3|

각적 대상을 포함하는 세계 상태의 개념적 지형도를 파악할 수 있다.[17] 그런 점에서 시각적 묘사 사례들과 적합한 시각 독해능력의 획득은 보정적 시각 테크놀로지의 근간이 된다.

그림 2와 그림 3을 비교해보자. 두 그림 모두 달마시안을 2차원적으로 묘사한 것이다. 그러나 그림 2는 독특한 스타일로 그려진 회화적 묘사인 반면, 그림 3은 실제의 달마시안을 카메라로 찍은 사진이다. 그림 3의 경우, 표면 디자인 보기를 통해 실제 대상 달마시안에 초점을 맞추어 3차원적 시뮬레이션을 수행하는 들여다보기

---

17)로페즈는 회화적 독해능력이 근본적으로 3가지 요소로 구성되는 것으로 설명한다. 첫째, 대상O를 묘사한 그림을 이해하는 것은 대상 O들의 집합을 재인하는 능력에 의존한다. 둘째, 상이한 표면 디자인을 가진 대상O의 그림을 이해하는 것은 그 상이한 O들의 집합을 재인하는 능력에 의존한다. 셋째, 대상 O의 그림을 이해하는 것은 2차원적으로 디스플레이된 O들의 집합을 재인하는 능력을 함축한다. (Dominic McIver Lopes. 2006 'The Domain of Depiction'. *Contemporary Debates in Aesthetics and the Philosophy of Art*, (ed) Matthew Kieran, Blackwell. Oxford. 170.)

경험으로 쉽게 진입할 수 있다. 그 반면에 그림 2는 주변 환경과 달마시안의 시각적 면모 사이의 '관계'를 보여주며, 달마시안이 보여주는 시각적 면모 외에 그 시각적 면모가 갖는 인지적 유의미성, 더 나아가 작가의 회화적 스타일과 그에 따르는 총체적 정서나 기분까지 전달한다. 이러한 것들은 실제의 달마시안을 직접 볼 경우에는 얻을 수 없는 시각적 지식을 구성한다. 그 지식은 근본적으로 인공물인 묘사적 회화에 의해 매개된 것이지만, 그 지식은 실제 상황에 되먹임되어 동종의 대상을 보는 시각적 관점에 영향을 미칠 수 있다. 그런 점에서 묘사적 회화는 시각 보정술의 한 유형이라고 말할 수 있는 것이다.

4. 행위 프롬프터로서의 시지각: 월튼과 노에의 이론

켄달 월튼은 시각 예술을 시각적 상상 행위를 생성하는 프롬프터로 접근한다.[18] 우리가 어떤 상황을 시각적으로 상상할 수 있으려면 모종의 시각적 소도구를 필요로 한다는 것이다. 월튼은 시각적 상상이라는 인식 상태에 초점을 두는 반면, 알바 노에는 지각을 행위로 연결지음으로써 시지각의 방식과 과정이 주체의 필요나 목적과 직접적으로 연결되는 점을 강조한다. 그에 따르면, 지각은 행

18) Kendall Walton. 1990. *Mimesis as Make-Believe*. Harvard UP. 12–15.

위의 한 방식이다.[19] 지각은 우리에게 수동적으로 발생하는 사건 같은 것이 아니다. 지각은 우리가 능동적으로 수행하는 행위다. 어질러진 공간을 두드려가며 길을 가는 시각 장애인이 촉각에 의해 단번에 길 전체를 파악하는 것이 아니라, 시간을 경유하고 그 공간을 지각하면서, 정교한 인식과 신체 운동을 수행하는 상황을 상상해보라. 바로 이것이 지각이 무엇인가에 대한 우리의 패러다임이다.

지각하는 사람이 된다는 것은 신체의 운동이 감각적 자극에 미치는 효과와 그 의미를 이해하는 것이다. 사례들은 주변에서 얼마든지 볼 수 있다. 우리가 가까이 다가갈 때 시역의 대상은 점점 커지고, 우리가 그 주변을 돌 때 그 윤곽은 일그러진다. 소리는 우리가 음원에 다가갈수록 크게 들린다. 대상의 표면을 손으로 쓰다듬으면 감각의 변화를 느낄 수 있다. 지각 주체로서 우리는 이런 종류의 감각운동의 유용성을 잘 알고 있다. 이 친숙함과 숙달 자체는 우리가 주변을 인지할 때 눈, 머리 그리고 몸통의 움직임이 전혀 의식적인 사고 없이 자율적으로 이루어진다는 점에서 여실히 드러난다. 우리는 안경을 찾기 위해 또는 무엇인가를 자세히 보기 위해, 아니면 우리의 관심을 끄는 것을 잡거나 냄새 맡으려고 무의식적으로 목을 내밀어 자세히 살피고 눈을 가늘게 뜬다. 노에가 지각의 행위적 접근(enactive approach)이라고 부르는 것의 핵심은 우리의 지각 능력

19) Alva Noë. 2004. *Action in Perception*. The MIT Press. Cambridge. Mass. & London. 2.

이 그러한 종류의 자율적인 신체운동에 의존적일 뿐만 아니라 그것에 의해 구성된다는 것이다.[20)]

행위적 접근이 함축하는 것 중 첫 번 째는 오직 어떤 종류의 신체적 기술을 가진 존재만이－예를 들면, 눈이나 손의 운동이 주는 감각적 효과들을 기본적으로 숙지하는 것－지각 주체가 될 수 있다는 것이다. 이 말은 결국 지각이란 일종의 기술 연마를 요구하는 신체 활동임을 의미한다. 구체적으로, 자율적 운동은 자의식의 지각적 양상들, 예컨대, 자기수용감각(proprioception)과 '관점적 자기의식'(perspectival self–consciousness), 즉 자기를 둘러싼 주변 환경과 자신과의 관계를 추적 또는 추상할 수 있는 능력을 함축하기 때문이다.[21)]

지각의 행위적 접근이 그 다음으로 함축하는 것은 이제 우리는 지각이 두뇌 안에서 일어나는 과정이며 그곳에서 지각 체계가 세계에 대한 내적 표상을 구성한다는 생각－철학과 과학에서 널리 받아들여지는 생각－을 거부해야 한다는 것이다.[22)] 의심의 여지없

---

20) 앞의 책. 5쪽.

21) 같은 곳.

22) 노에의 입장은 앞에서 언급한 세미르 제키의 시각뇌 이론과 충돌하는 것처럼 보일 수도 있다. 물론 제키는 시지각을 수동적 수용으로 보지는 않는다. 그러나 그가 시각뇌를 전체 시지각 과정을 지휘하고 명령을 시달하는 사령부 같은 것으로 보는지는 필자로서는 단언하기 어렵다. 노에와 제키의 차이점이 있다면, 모든 시각 정보가 뇌의 처리과정을 경유한다고 해도 지각 활동에서 다른 신체 기관들의 운동이 뇌 못지않게 결정적인 역할을 하는

이 지각은 두뇌에서 일어나는 과정에 의존한다는 것, 그리고 두뇌 안에 심적 표상들이 존재하는 것은 거의 확실하다. 그러나 지각이라는 것은 두뇌 안의 과정이 아니라 하나의 전체로서 동물 측에서 몸 전체로 수행하는 일종의 숙련된 활동이다. 행위적 관점은 뇌과학이 지각과 의식의 신경적 토대를 이해하는 새로운 방식을 창안할 것을 촉구한다.

수잔 헐리는 지각과 행위의 관계에 대한 종래의 도식적인 관점을 매우 적확하게 입력–출력 그림(input–output picture)이라고 부른다.[23] 지각은 세계로부터 마음에로의 입력이고 행위는 마음에서 세계로 향한 출력이며, 사고는 중재 과정으로 보는 것이다. 만일 입력–사고–출력이라는 그림이 옳다면, 적어도 원칙적으로 지각, 행위, 그리고 사고를 위한 능력들을 서로 분리하는 것이 가능해야 한다. 그러나 노에는 그러한 분리가 불가능할 뿐만 아니라 상상할 수조차 없다고 믿는다. 시력을 갖지 않은 개체도 사고할 수는 있겠지만, 사고하지 않는 개체는 결코 볼 수 없거나 진정한 의미의 내용을 갖는 지각 경험을 가질 수 없다. 지각과 지각적 의식은 사고능력에 의한 지식 획득 활동이다.

것을 노에가 강조하고 있다는 점이다.

23) Susan Hurley. 1998. *Consciousness in Action*. Harvard UP. Cambridge. Mass.

5. 나가는 말

이 글에서 필자가 제시하려는 논제는 자연적 능력에 의존하는 시지각 경험에서 고도로 세련된 기술에 의존하는 이미지 생산 테크놀로지에 이르기까지 근본적으로 보정적이라는 것이다. 필자는 시지각 보정술의 범위는 이른바 이미징 테크놀로지로 불리는 것뿐만 아니라 오랜 역사를 가진 드로잉 같은 묘사적 회화까지 포함한다는 것을 제시했다. 시지각 보정술은 우리의 자연적인 시각 능력을 보완하거나 강화하는 1차적 보정술과 전혀 새로운 종류의 시지각 경험을 가능하게 하는 2차적 보정술로 나뉜다. 두 가지 유형의 보정술이 나뉘는 결정적인 차이점은 전자가 시지각 능력의 질적 변화를 산출하지 않는 반면, 후자는 질적으로 그리고 외연적으로 획기적인 변화를 초래하고 그럼으로써 인간 주체의 인지 능력에도 변화를 초래하는 것에 있다.

필자는 묘사적 회화를 일종의 시지각적 보정 메커니즘으로 제시하고자 하는데, 그러한 보정 기능을 설명하기 위해 회화의 표면 디자인을 경유하여, 시각적 상상을 통한 들여다보기 경험이 낳는 가상적 시각 대상을 창출하는 과정을 분석하였다. 그 결과, 묘사적 회화는 육안으로 보거나 1차적 시각 보정술에 의한 시지각이 획득할 수 없는 종류의 시공간적인 총체적 세계 그림을 산출할 수 있음을 제시하였다.

그러므로 시지각 보정술은 현대의 첨단 시각 보정기계에 의해 비로소 등장한 것이 아니라 이미 시지각을 포함하는 우리의 신체적 지각 능력과 회화 전통에서 발달되어 왔음을 알 수 있다. 알바 노에가 주장하듯이, 사고 없는 지각, 또는 목적 있는 행위와 연결되지 않은 지각은 있을 수도 없고 또 상상조차 할 수 없다. 맹목적인 지각이나 시선은 그 자체가 이데올로기적 허구인 것이다.

|참고문헌|

루돌프 아른하임. 2004.『시각적 사고』, 김정오 옮김, 이화여대.

세미르 제키. (박창범 옮김). 2003.『이너 비전』. 시공사.

오종환. 2001.「시각적 객관성에 대한 소고」.『미학』30집.

오종환. 1995.「미적 도구주의 관점에서 본 예술비평의 인식적 성격」『서울대학교 인문 논총』33집.

조진근. 2006. 「리처드 월하임의 '회화적 재현'에 관한 연구」.『미학』48집 .

폴 비릴리오. (김경온 옮김). 2004.『소멸의 미학: 시간과 속도의 여행』, 연세대학교 출판부.

__________. (이정하 옮김). 2008.『시각 저 끝 너머의 미학』.열화당.

황우영. 2001.「회화적 기호의 자연성에 관하여: Flint Schier의 입장을 중심으로」.『미학』31집.

Bergson, Henri. 1944. *Creative Evolution*. Trans. Arthur Mitchell. MIT Press. Cambridge, MA.

Grosz, Elizabeth. 2005. *Time Travels*. Duke University. Durham and London.

Grosz, Elizabeth. 2001. *Architecture from the Outside*. MIT. Cambridge, MA.

Hopkins, Robert. 2006. "The Speaking Image: Visual Communication and the Nature of Depiction". *Contemporary Debates in Aesthetic and the Philosophy of Art*. (ed) Matthew Kieran. Blackwell. Oxford. 45–159.

Hurley, Susan. 1998. *Consciousness in Action*. Harvard UP, Cambridge. Mass.

Ihde, Don. 2002. *Bodies in Technology*. University of Minnesota Press. Minneapolis & London.

Jay, Martin. c1993. *Downcast Eyes*. University of California Press, Berkeley.

Lopes, Dominic McIver. 2006. "The Domain of Depiction". *Contemporary Debates in Aesthetic and the Philosophy of Art*. (ed) Matthew Kieran. Blackwell. Oxford. 160–175.

Lopes, Dominic McIver. 2005. *Sight and Sensibilities*. Clarendon Press. Oxford.

Lopes, Dominic McIver. 1996. *Understanding Pictures*. Clarendon Press. Oxford.

Masumi, Brian. 2002. *Parables for the Virtual: Movement, Affect, Sensation*. Duke University Press. Durham.

Mizuno, Hidenobu et. al. 2007. Evidence for Activity–Dependent Cortical Wiring: Formation of Interhemispheric Connections in Neonatal Mouse Visual Cortex Requires Projection Neuron Activity. *The Journal of Neuroscience*. June 20. 2007–27(25):6760–6770.

Noë, Alva. 2004. *Action in Perception*. The MIT Press. Cambridge. Mass. & London.

Schier, Flint. 1986. *Deeper into Pictures: An Essay on Pictorial Representation*. Cambridge UP. Cambridge.

Walton, Kendall. 2002. "Depiction, Perception, and Imagination: Responses to Richard Wollheim". *Journal of Aesthetics and Art Criticism* Vol.60. No.1.

Walton. Kendall. 1990. *Mimesis as Make–Believe*. Harvard UP. Boston.

Walton, Kendall. 1984. "Transparent Pictures: On the Nature of Photographic Realism". *Noûs*. Vol.18. No.1. p.67–68.

Wollheim, Richard. 1980. *Art and Its Objects: With Six Supplementary Essays*. 2nd ed. Cambridge University Press. Cambridge.

과학적 증거로서의 사진이미지:
아가시의 노예 다게레오타입과 인종과학

|이정희|

1. 들어가며

1992년 에이몬 카터 박물관(Amon Cater Museum)이 주관한 "19세기 사진전"에서는 미국 남부의 남녀 노예 7명의 정면과 측면 나체를 드러내는 정밀 사진 15점이 전시되었다. 이 사진은 1975년부터 하바드 대학의 피바디 박물관(Harvard's Peabody Museum)에 소장된 것으로 미국 과학자 루이 아가시(Jean Louis Rodolphe Agassiz, 1807–1873)의 노예 다게레오타입(daguerreotypes)으로 알려져 있다. 아가시가 1850년 미국 캘리포니아 남부의 콜롬비아에서 노예 다게레오타입을 제작한데는 두 가지 목적이 있었다. 명목상으로는 과학적 목적을 내세웠지만, 그 내용에는 정치적인 목적이

*이 글은 『인간연구』 제17호(2009/가을)에 게재된 논문을 수정 보완한 글이다.

포함되어 있었다. 아가시의 노예 사진은 유럽 백인과 아프리카 흑인 사이의 신체적 차이를 분석한다는 생물학적 명목으로 고안되었는데, 결국 이 사진은 백인종의 우월성을 증명하는 수단으로 이용되었다. 아가시는 인류의 다양한 인종이 사실은 분리된 종이었다는 자신의 분리 창조론을 증명하기 위해 사진을 이용했던 것이다 (Wallis, Brian, 1996, 102).

아가시가 미국에서 노예 다게레오타입을 제작할 수 있었던 배경에는 일차적으로 기술적인 측면에서 당시 다게레오타입이 발명되고 확산 추세이던 상황이 전제되어 있었다. 다게레오타입이 처음 등장한 지역은 유럽이었지만 미국에서 더 크게 유행했고, 특히 1850년대 후반 뉴욕에서는 수 백 명의 프로 사진사들이 손님을 끌기 위해 경쟁하고 있었다. 성공한 작가들은 브로드웨이나 그밖에 보스턴에서부터 샌프란시스코에 이르기까지 미국 주요 도시들에 화려한 초상사진 스튜디오를 열기도 했다. 이러한 초상사진의 유행은 노예 다게레오타입의 제작으로 이어지는 계기가 되었다. 여기서 인종과학의 사례를 통해 드러난 과학이론과 그 이론의 증거로 제시된 사진 이미지는 객관성이라는 개념을 매개로 굳건히 연결되어 있었다. 하지만 인종과학은 결국 과학과 사진 기록이 객관성과 투명성을 지닌다는 가정에 문제가 제기되는 계기로 작용했다.[1)]

1) 열대 자연의 시각화를 연구한 낸시 스테판은 인종과학이 그 핵심을 만들어내는 데 있어 정련된 시각 언어들에 의거했다는 점을 들어 인종과학을 "<탁월한> 시각 과학이자 다이어그램 과학"으로 표현한다. 이 표현은 다분

사진은 현실의 대상들을 재현해낸다는 점에서 현실과 직접적이고 긴밀한 관계를 지니며 그로 인해 사진 자체가 현실로 간주되기도 한다. 사진은 주관의 개입 없이 대상이 재현된 이미지 그대로 아무 말도 하지 않는다. 차가운 렌즈는 사물에 스며있는 통념과 편견들을 제거하여 순수한 상을 제공해준다. 그러나 사진은 바로 그 동일한 이유로 인해 역설적으로 다른 매체에 비해 새로운 의미를 창출해내는 데 보다 효과적으로 이용될 수 있다. 사진은 실재 자체가 아닌 실재의 유사물이자 복제물이므로 현실을 왜곡할 수 있다. 사진이 투명성과 객관성을 담보해주리라는 기대와 별도로 사진술은 조작이 요구되는 집약적 노동과정이다. 19세기 후반 이 새로운 테크놀로지의 성격은 과학적 지식의 생성과 확산에서 사진 이미지가 지닌 가치에 대한 복잡한 논쟁을 불러일으켰다.[2)]

과학과 사진은 자연의 인공적 재현 혹은 모방이라는 점에서 유사점을 지닌다. 과학적 재현의 방식에서 사진술은 중요한 역할을

히 역설적이다. 인종의 다이어그램은 인종의 '실제 사물(real things)'에 비교될 수 없으며, 인종은 그들 스스로 재현하는 기능을 통해서만 드러나기 때문이다. Nancy L. Stepan. 2001. ***Picturing Tropical Nature***. NY: Cornell University Press, 95.

2) 학자들은 이 논쟁들을 조명하고 초기의 과학 사진과 스케치를 둘러싼 비평적 자료들을 분석해왔다. 예컨대 터커는 빅토리아시대 영국의 과학과 사진술 사이의 접점들이 그리는 궤적을 추적해나가면서 과학 연구에 있어 증거로서의 사진의 역할을 분석하고 사진기술과 과학적 권위 사이의 상호작용을 탐구했다. Jennifer Tucker. 2005. ***Nature Exposed: Photography as Eyewitness in Victorian Science***. Baltimore: The Johns Hopkins University Press.

담당한다. 종래 과학이 아니던 것이 과학으로 편입되고 그 영역을 넓히는 과정에서 사진 이미지는 중요한 근거를 제공해왔다. 이 점은 시각기술이 발전되어 온 역사적 과정을 통해 명확히 이해될 수 있다. 카메라옵스큐라, 망원경, 현미경으로부터 오늘날 컴퓨터에 이르기까지 다양한 기술이 자연을 인식하고 재현하는 시각적 수단으로 매개되어 있었다. 그 중간 어느 시점에 사진 기술이 발명되고 사진을 통한 과학적 재현방식이 자리 잡게 된다. 이 시기는 매우 중요한 데, 과학적 객관성이라는 개념이 과학자 및 대중의 인식 속에 확산되는 시기와 정확히 맞물려있기 때문이다.

하지만 미술 영역에서 천문학에 이르는 분야까지 사진술이 기여할 공로를 정확히 예측했던 아라고(François Jean Dominique Arago, 1786–1853)는 사진술을 자연의 중재되지 않은 상을 포착하기 위한 장치로 소개하기보다는 그 활동성과 변형적 힘을 강조했다. 아라고는 사진이 '거짓말을 하지 않는' 이미지를 만드는 테크놀로지라는 판에 박힌 설명을 비판했다. 그에 의하면 사진 이미지는 결코 정직하고 투명한 방식을 통해 자연을 중재하는 것이 아니다(Mosley, Adam, 2007, 299). 사진 이미지 연구가 '만들어지는 과학'의 일부로서 가치를 지니게 되는 것은 이 지점에서다.

이 글은 사진기의 출현 이후 과학과 사진 이미지 사이의 상호 부조 관계를 다룰 것이다. '사진'이라는 매체가 나타난 시대적 상황은 한 시대의 반영물로서의 과학적 객관성 개념의 정립과 맞물려 있다. 따라서 사진과 과학의 상호 관계에 대한 고찰은 특정 시대의 사회적 정치적 문화적 해명이 요구된다. 여기서는 객관적 기록물로서 사진의 지위가 성립되고 해체되는 과정을 앞서 인용한 아가시의 노예 다게레오타입의 사례를 통해 분석하고자 한다. 초기 인종 사진들은 과학에서 객관성과 사실주의의 새로운 이데올로기가 등장했던 바로 그 시점에 사진술이라는 새로운 시각장치가 인종주의의 과학화에 어떻게 기여했는지, 그리고 인종과학의 쇠퇴기에 시각적 실재론이 또한 어떻게 위기를 맞게 되었는지를 잘 드러내준다.

2. 사진적 시각과 과학의 객관성 신화

1839년 사진술이 발명되자 사진은 인간의 개입을 배제시키고 실재에 대한 객관적 접근을 가능하게 하는 도구로 여겨졌다. 이는 과학적 결과들을 기록하고 표현하는데 있어 인간의 판단과 해석을 제거할 수 있다는 믿음을 강화시켰고, 객관적 지식으로서의 과학에 권위를 부여했다. 따라서 사진기는 자연의 '객관적' 연구와 재현의 역사에서 중요한 위치를 차지한다.

사진적 시각의 형식이 주요한 시각체제로서 존재해온 역사는 사진기의 역사보다 길다. 사진기의 원형으로서 사진술(photography)은 고대 그리스시대부터 이미 존재하고 있었다. BC 4세기에 아리스토텔레스는 카메라옵스큐라 원리를 이용해 옥외의 경관을 찍어 관찰한 바 있다. 이 장치는 어두운 방의 지붕이나 벽 등에 작은 구멍을 뚫고 그 반대쪽의 하얀 벽이나 막에 옥외의 실상(實像)을 거꾸로 찍어내는 장치로 알려져 있다. 11세기 아랍의 이븐 알하젠(Alhazen)은 광학 연구보고서에서 일식(日食)을 관측할 때 "핀홀(pin–hall)"을 이용한 장치를 사용했다고 보고했다. 15세기 레오나르도 다빈치도 원근법 실험에 이 장치를 이용했다. 이후 세기들을 거치면서 카르다노, 델라 포르타, J. 케플러 등 많은 이들이 카메라옵스큐라를 개량하고 제작하여 이용해왔다.

이후 1758년 영국의 광학자 J. 돌런드에 의해 최초의 색지움 렌즈가 만들어지면서 사진 영상은 보다 선명해졌으며, 18세기 말이 되자 이 상을 고정시키려는 시도가 많은 사람들에 의해 시작되었다. 이 카메라옵스큐라에 맺힌 상을 고정시켜서 보관하고자 했던 시도가 카메라 발명으로 이어진 것이다. 최초의 시도는 1793년경 프랑스의 니엡스형제, 니세포르와 클로드에 의해 이루어졌다. 1829년 다게르(L. J. M. Daguerre)가 니엡스에게 편지를 보내면서 이들은 동업관계를 맺게 된다. 동업 4년 만인 1833년 니엡스가 사망하자 다게르는 그의 연구 대부분을 이어받아 현대 사진의 기초를 발명했다.[3] 그는 이듬해인 1839년 8월 10일 파리아카데미에서 이를 발표하고 다게레오타입(daguerreotype, 은판사진)이라 불렀다. 니엡스나 다게르가 사용한 사진기는 당시까지 회화제작의 보조도구로 사용됐던 카메라옵스큐라와는 달리 뒷부분에 감광재료를 넣는 장치를

3) 사진기의 발명에 있어 영국의 톨벗, 프랑스의 니엡스와 다게르의 기여도와 이들이 각기 겪었던 특허권 분쟁에 관해서는 바이스. 리차드(김옥수 옮김). 1999.『빛의 역사』. 끌리오. 91–102쪽.

부착한 것이었다. 프랑스 정부는 즉시 다게르의 발명을 사서 공개했고, 당시 유럽 여러 나라들은 경쟁적으로 이 기술을 개량하고 사진기를 제조했다. 다게레오타입은 빛의 세부묘사가 풍부하여 선명도가 탁월하고 명암 대비가 실감나는 장면을 연출한다는 특징으로 인해 현실을 기록하는 기술로 19세기 중반부터 널리 확산되었다.

전신기를 발명한 미국 과학자 모스(Samuel Morse, 1791–1872)는 있는 그대로의 현실을 정확하게 빠짐없이 묘사하는 다게레오타입의 정치함에 감탄했다. 손의 숙달 정도와 눈과 정신의 판단에 좌우되는 전통적 재현방법은 미세한 대상도 놓치지 않는 다게레오타입의 재현이 주는 섬세함과는 비교될 수 없는 것으로 보였다. 손을 통한 묘사에서 배제되기 쉬운 세부대상이나 인간의 정신과 눈이 소홀히 하는 하찮은 대상조차도 다게레오타입은 놓치지 않았다. 모스는 이 전대미문의 재현양상의 결과를 미학적으로 평가하기보다는 실증적으로 추론하여 다게레오타입이 움직이는 물체를 포착할 수는 없지만 적어도 움직이지 않는 사물의 기록에 한해서는 빠짐없이 기록해준다는 점을 높이 평가했다.

19세기 중엽은 이 다게레오타입 카메라를 이용한 초상사진의 시대로 일컬어진다. 초상사진의 발달은 사진기가 발명된 19세기 유럽과 북미의 사회상황과 연관이 있다. 18세기 경 유럽에 등장한 중상류층은 귀족층의 전유물이던 문화를 자신들이 향유함으로써 사회적 지위를 확고히 하고자 갈망했고, 그 가운데 가장 상징적인 것이 초상화였다. 사진은 이 전통을 파고들었다. 이 무렵 다게레오타입의 개량과 함께 유럽과 북미 각지에 잇따라 사진관이 탄생하면서 초상화 대신 초상사진이 급속히 보급될 수 있었다(모리스-스즈키, 2006, 118).

다게레오타입의 발명은 빠르게 신종 산업을 발전시켰다(Daston, Lorrain(Ed.), 2004, 206). 기술적 보완을 통해 대상의 빠른 복제가 가능해지자 다게레오타입의 초상 제작은 발전을 거듭했다. 다게레오타입의 확산은 주관적 의식의 개입 없이 대상을 재현하는 기술을 확산시키는 계기를 마련해준 획기적인 사건이었다. 이제 지식의 형성과 소통은 문자 텍스트의 논리적 추론과 설명에만 의존하지 않을 것이었다. 시간과 공간을 초월하여 객관적 탐지를 가능하도록 해준 사진의 재현은 과학연구 활동에 필수불가결한 시각적 증거로서 기능했다.

이처럼 19세기 중반 발명된 사진술은 다른 재현 방식을 통해서는 얻을 수 없는 특징을 지니고 있다는 점에서 당시 과학자들에게 특별한 가치가 있었다. 사진술은 렌즈에 의해 조준된 영역을 정확하고 편견 없이 기록해주었으며, 순간적인 변화를 포착하여 지속적으로 표현해주었다(Dill, James, 1936, 224). 인간 눈을 대체하는 사진의 눈에 해당하는 렌즈는 객관성을 담보해주는 도구였고 따라서 다양한 시각 이미지들 가운데 사진 이미지가 갖는 독창성은 바로 그 본질적 객관성에 있었다. 사진은 '그것이 정말 존재했다'는 자명성을 드러냈고, 실재의 가장 완벽하고 충실한 복제로 이해되었다. 이 때 사진은 현실에 대한 기계적이고 정확하고 단순한 전이이자 주관적 사상이 배제된 객관적이고 사실적인 이미지로 간주된 것이었다.

사진이 가시적 세계에 대한 사실적이고 객관적인 기록으로 간주됨으로써 사진은 실재에 대한 충실한 재현으로서의 기능을 인증받았다. 사람들은 사진의 투명성을 신뢰했고 사진은 인간의 주관적 개입이 미치기 이전의 기계적 증거로 이용되었다. 그리고 사람들은 그 객관성에 동의해왔다. 과학은 사진을 통해 객관성과 확실성의 담론을 강화시켰으며, 그 과정에서 사진 역시 재현의 객관성이라는 시각의 헤게모니를 공고히 다질 수 있었다. 당시 카메라 장치는 기계적 객관성을 구현하는 기록의 도구였으며, 과학은 기계적 객관성이 구현된 결과물로 인식되었다. 자연의 대상들은 카메라로 기록되고 카메라의 눈은 대상을 시간과 공간의 좌표 속에서 계량화시키고 수학화시켰다. 사진을 통해 모든 대상물은 빛의 흔적으로 대체되어 검은 배경 속의 흰 선들로 환원되었다. 그 과정에서 사진은 대상의 객관적 관찰과 기록, 과학적 증거, 그리고 과학 대중화의 장치로 작동했다. 사진의 객관성, 투명성, 중립성 담론은 당시 과학이 추구하던 기계적 객관성 담론과 맞물려 있었다.

하지만 객관성이 시공을 초월한 불변의 진실성과 확실성을 담보하리라는 믿음과 달리 실제로 오늘날 통용되는 객관성 개념은 19세기에 등장한 시대적 패러다임이었다.[4] 관찰자의 주관적인 감정

4) 물론 시대적 패러다임이라는 표현으로 뭉뚱그릴 경우 엄청난 오류를 범하게 될 소지가 있다. 특정 시대의 패러다임이 한 개념의 수용을 동일하게 용

이나 판단의 개입을 배제하고 기계적 과정에 의존하는 “장님의 시선(blind sight)”을 추구하게 되면서 19세기 중반 이후부터 과학 활동의 객관성이 활발히 거론되기 시작했던 것이다.[5)]

당시 사진술은 기계적 객관성의 등장에 큰 역할을 했다. 사진술의 발달은 관찰자나 기록자의 선입견을 배제시키고 개별적 자연현상에 대한 사실적 기록과 이미지를 제공해주었다. 물론 당시의 다게레오타입이 색채가 입혀진 회화적 이미지보다 더 정교하게 자연을 재현하는 수단은 아니었다. 게다가 집약적 노동과정을 통해 조작이 요구되는 사진술이 인간의 개입으로부터 철저히 독립적일 수는 없었다. 기술적 문제로 인해 나타나는 상의 흐림이나 왜곡 등의 보정을 위해 인간의 개입이 요구되었다. 사실 초기의 사진제작은 기술자의 기계적 작업보다 삽화가들의 수작업을 더 많이 필요로 했다.

이러한 상황에서 당시 과학자들은 이미지 제작 과정에 개입하

인했다고 보기는 어려우며, 객관성은 19세기 이전 시대에도 오늘날에도 여전히 중요한 논쟁거리이기 때문이다.

5) 이전 시대부터 주관성과 객관성이라는 개념이 사용되기는 했지만 오늘날 사용되는 의미와는 달랐다. 오늘날 사용되는 과학적 객관성은 19세기 과학자들의 자연에 대한 인식이 변화되는 과정에서 등장한 개념이다. Lorrain Daston & Peter Galison. 2007. *Objectivity*. New York: Zone book, 115–190; 특히 사진과 관련하여 19세기 과학적 객관성과 사실주의 개념 사이의 관계를 설명한 글로 Lorrain Daston & Peter Galison. 1992. “The Image of Objectivity”. *Representations*, 40, Fall. 81–128 참조.

여 세밀하고 정확한 재현을 추구하든지 혹은 결함까지도 포함한 기계적 객관성을 확보하든지 선택해야 했다. 여기서 과학자들의 선택은 개입을 통한 정확성보다는 기계적 객관성 쪽에 힘을 실었다. 15세기 이래 상호 경계가 불분명했던 과학과 예술이 주관의 개입을 배제하고 진리를 추구하는 객관적 과학의 상과, 상상력과 심미성을 중시하는 주관적 예술의 상으로 각기 정착하면서 분리된 길로 접어든 시기도 바로 기계적 객관성이 대두한 19세기이다(Daston, Lorrain & Galison, Peter, 2007, 115–190).

이와 같이 19세기 과학자들은 자연현상을 수동적인 입장에서 기계적으로 기록함으로써 객관성을 확보할 수 있으리라 믿었다.[6] 이들은 자연을 인간의 개입 없이 기계적 과정을 통해 성실히 기록해 보여주는 것이 자연을 인식하는 최선의 방법이라고 믿었다. 이러한 상황 속에서 객관성과 투명성을 담보한다고 여겨진 사진 이미지는 인간의 개입이 배제된 채 과학적 증거로 활용되어 상호 상승적 신뢰를 쌓아나갈 수 있었다.

3. 루이 아가시와 인종과학 컨텍스트

구체적으로 과학이론에서 사진 이미지가 차지하는 역할과 위

6) 이 점은 상상력을 동원하여 자연을 적극적으로 해석하면서 도판 제작과정에 적극적으로 간섭했던 18세기 자연학자들과 차별화된다.

상을 살펴볼 차례이다. 종래 과학이 아니던 것이 과학으로 편입되고 그 영역을 넓히는 과정에서 사진 이미지의 역할은 무엇인가? 이 문제를 이해하는 데 있어 인종과학은 좋은 사례를 제공한다. 아가시의 노예 다게레오타입이 인종과학의 증거로 제시된 배경을 이해하기 위한 토대로서, 우선 인종을 분류하고 특징짓고 서열화하는 일련의 과정들을 통해 19세기에 인종주의가 인종과학으로 구성되어간 과정과 여기에 개입한 시각 이미지의 기여를 살펴보자.

인종이라는 개념은 15세기 프랑스에서 처음 사용된 용어로 인간 집단의 동일한 혈통 내에서 선조와 후손들을 연결해주는 신체적 정신적 형질들의 총체라는 생물학적 의미로 사용되었다. 이후 인종들 사이의 생물학적 차이가 문화적 차이로 확장되면서 인종주의로 전개되었다. 인종주의 개념은 스페인 사람들이 16세기 아메리카 대륙 인디언들의 자연적 열등성과 타락에 맞서 스페인의 문명화 임무를 부각시키면서 사용되었다. 이때부터 생물학적으로 열등하다고 간주된 집단에 대한 침략과 지배를 정당화하려는 유럽인들의 조직적인 노력이 시작되었다. 토착민들은 열등하고 윤리적으로 타락한 자로 간주되었으며, 따라서 백인들의 문명화 임무가 정당화될 수 있었다.[7]

---

7) 이 시기의 논쟁은 19세기 미국에서의 논쟁처럼 신랄하지는 않았다. 18세기와 19세기 초 인종 기원에 대한 견해들을 분석한 글로는 Greene, J. C. 1954, "Some Early Speculations on the Origin of Human Races." *American Anthropologist*, 54. 31–41 참조.

이와 유사한 논거들은 야만인의 자연적 열등성을 근거로 노예제도를 정당화했던 아리스토텔레스를 비롯하여 서양의 많은 고대 사상가들의 이론 속에서도 찾아볼 수 있다. 하지만 인종주의가 과학의 범주에 편입되어 조직적으로 확대 전개된 것은 19세기에 들어서의 일이다. 과학은 이 논제에 확고한 보증서를 달아주었다. 이 시기 과학자를 포함하여 지식인들이 인종에 대해 행했던 분류, 차별화, 서열화는 그 방식에 있어 과학을 표방하고 있었다.

1850년 노예 다게레오타입을 제작한 과학적 인종분류 프로젝트는 루이 아가시로부터 시작되었다. 아가시가 인종주의를 정식화하고 과학적 정당성을 부여하기는 했지만 당시 상황에서 아가시의 인종론은 전혀 독특한 시각이 아니었다. 스위스 태생이었던 아가시는 미국에 도착하기 전까지만 해도 미국에서 증가 추세에 있던 노예 논쟁이나 인종을 종간의 차이로 분류하는 일에 특별한 관심을 보이지 않았다. 1846년 스위스에서 미국으로 건너와서야 비로소 아가시는 인종의 기원문제와 관련하여 20여 년 동안 종교적, 정치적, 사회적 이론들에 영향을 받아 다양한 가지로 뻗어나감으로써 극단에 처해있던 과학논쟁에 가담하게 된다. 논쟁의 쟁점은 인류가 특정 장소에서 단일한 커플로부터 기원했는지 혹은 인류가 다양한 창조의 중추로부터 기원된 서로 다른 종인지의 문제에 집중되어 있었다. 인간 기원의 문제는 이미 18세기부터 미국과 영국 그리고 유럽 대륙에서 논쟁의 주제였다. 이 시기 대부분의 유럽 자연학자들은 인종 사이의 신체적 차이를 서로 다르게 설명하기는 했지만 인류가 한 종으로 이루어져 있다는 점에 대체로 동의하고 있었다.

19세기 미국에서는 기본적으로 인류의 단일성을 주장하는 자들과 인종 기원의 다원성을 주장하는 자들이 나뉘어 두 학파를 형성하고 있었다. 전자를 일원발생론자(monogenists), 후자를 다원발생론자(polygenists)라 불렀다. 이 논쟁의 가장 중요한 양상은 흑인노예 문제와 관련되어 나타났다. 일원발생론 옹호자들은 모든 인간이 한 종이고 기본적으로 인류로서의 동등함을 부여받았다고 주장했다. 반면 다원발생론 학파는 인종이 각기 분리 창조되었고 따라서 인종들 사이에 나타나는 신체적 정신적 차이를 선천적으로 부여받은 특성으로 간주했다. 각 인종이 분리되어 창조되었다는 다원발생론은 일반적으로 노예제를 지지했던 미국 인종학파의 특징이 되었다. 미국의 다원발생론은 모턴 같은 주도자들에 의해 국제 과학협회들에 광범위하게 확산되었다.

미국에 도착한 뒤, 아가시는 이후 과학적 인종주의 분야를 정초하게 된 많은 글을 썼다. 그는 특히 인종이 서로 다른 기원으로부터 유래했고 불균등한 특성을 부여받았으며 특정 기후대에 따라 분류될 수 있다는 다원발생론(polygenism)을 옹호했다(Lurie, Edward, 1954, 227–242). 종(species)이 단일한 장소에서든 여러 장소에서든 단일한 쌍으로부터 기원했다는 사실을 부인한 그는 각 종들에서 다양한 개체들이 동시에 창조되었고 신이 그들을 거주하도록 만든 대륙 도처에 분포하여 살게 되었다고 주장했다. 그의 이러한 태도는 당시로서는 매우 급진적인 입장으로 받아들여졌다. 왜냐하면 그의 입장은 모든 인간의 뿌리가 아담과 이브라는 단일한 커플에서 기원했음을 함축한 성서에 대한 교조적이고 표준적인 해석에 어긋나는 것이었기 때문이다. 아가시는 자신의 입장을 방어하기 위해 당시로서 과학과 종교 사이의 독립의 필요성과 관련하여 보다 "현대적"으로 들리는 논거가 어느 쪽인지를 묻곤 했다. 아가시가 지녔던 종교적 신념이 일반적인 다원발생주의자들과 차이를 보이기는 했지만 반 성서적이지는 않았다(Agassiz, Louis, 1850, 110–145).

이 논쟁을 통해 잡종, 변화, 유전, 종의 본질, 그리고 지리적 분포의 의미와 관련한 중요한 생물학적, 사회학적 논의들이 이루어졌다. 이 논쟁은 종의 분리 창조라는 아가시의 관점과 밀접하게 연결되어 있었다. 19세기 중반의 인종학과 인류학의 맥락에서 아가시의 다원발생적 관점은 인종에 대한 다윈의 견해와 명백히 반대되는 것으로 비쳐졌다. 다윈 역시 인종적 차이를 언급하기는 했지만, 그는 모든 인종이 동일한 기원을 지니며 인종 간의 차이는 표면적인 데 불과하다고 보았기 때문이다. 다윈은『인간의 유래』에서 인종의 단일 기원설을 주장하고 아가시의 이론에 명백히 반대했다. 인종문제와 관련해서 다윈의 이론을 인종주의로 규정할 수 있는지에 관해서는 논란의 여지가 있지만, 다윈의 권위가 인종과학의 보편화에 기여했음은 분명해 보인다.[8)]

여기서 아가시의 입장은 19세기 미국의 과학과 사회 간에 나

---

8) 다윈.『인간의 유래』제1장 7절 "인종" 참조.

타나는 중요한 관계를 설명해준다. 다원발생론을 주제로 한 아가시의 강연들은 노예를 소유한 미국 남부 사람들 사이에서 대단한 인기를 누렸다. 이 견해는 많은 이들에게 니그로의 열등한 표준에 대한 신념을 정당화 시켜주었다(Haller, John S. Jr., 1970, 1319–1329). 아가시는 신체를 유형화하고 두개골을 계측하여 비교하는 방식으로 인종을 서열화했다. 그의 후계자이자 제자로 후에 하버드대 교수가 된 퍼트남(F. W. Putnam)은 1850년 아가시가 의뢰했던 다게레오타입 그룹에 속해있었고, 동양과 서양의 북방인과 남방인 초상유형에 관한 책을 출간했다(Colin L. Westerbeck, 2000, 146).

이와 같이 다원발생론을 표방한 인종론은 두개골 계측학과 신체 인류학이라는 과학적 방법에 의존하고 있었다(Barger, M. S. White & Blaine, William, 2000, 80–81). 19세기 중반 인류학은 사회진화론을 도입하여 인간 진화의 단계별 외양을 연구하기 시작했다. 특히 코나 입 모양 등의 외모를 통해 인류를 몇 개의 집단으로 구분하고 진화 단계를 설정하는 경향이 나타났다(설혜심, 2002, 314). 과학적 인종주의의 초안자에 속하는 고비노(Joseph Arthur Comte de Gobineau, 1816–82)는 인간 두뇌의 비교 해부학을 토대로 휴론족과 유럽 인종의 두뇌가 뿌리부터 다르다는 사실을 증명하고자 했다.

이 과학적 연구로부터 도출된 니그로 유형은 상당히 왜곡되어 있었다. 흑인들은 종종 진화의 사다리에서 유럽 백인들과 오랑우탄 사이의 중간쯤 위치하고 있었다. 계통분류학자들은 다양한 두개골을 비교하여 안면각이라는 장치에 연결했다. 두개골을 계측하여 인종적 차이를 증명한 초기 인물로 18세기 네델란드 계통분류학자 캄퍼(Pieter Camper, 1722–89)를 들 수 있다. 1770년 그는 다양한 종들 가운데 지능이 뛰어난 종을 규정하는 방법으로 안면각 개념을 발명하여 논문에 발표했다. 턱이 돌출하고 후퇴한 정도를 나타내는 캄퍼 각(Camper's angle), 콧등 양옆의 하단과 바깥쪽 귀 돌기의 상연을 연결하는 캄퍼 선(Camper's line), 콧등 양옆의 하연과 양측 귓구멍의 상연을 연결한 가상적 평면인 캄퍼 평면(Camper's plane) 등이 중요한 평가 도구로 사용되었다. 캄퍼는 그와 같은 정보를 과학적으로 분류하는 수학적 능력이 인류의 진화를 연구하는 새로운 도구를 제공해주었다고 말한다. 이 기술은 이마 정상에서부터 입술의 가장 돌기된 부위까지 옆얼굴을 계측하여 체계적으로 평가하는 방식이다. 예컨대 안면각은 두 선을 그려 형성되는데, 하나는 콧구멍에서 귀까지 수평으로 이어지는 선이며, 다른 하나는 위턱뼈 부위에서 이마 정수리 부위까지 수직으로 이어지는 선이다. 캄퍼는 고대인의 윤곽은 이 두 선의 각도가 90도, 유럽인은 80도, 흑인은 70도, 오랑우탄은 58도로 나타나므로, 인종적 위계의 관점을 드러내준다고 주장했다. 캄퍼는 자신의 기획을 다음과 같이 설명한다. "이마를 따라 입술로 내려오는 선은 국가마다 관상학적 차이를 보인다. 앞으로 기울어진 이 선들을 만들었을 때, 고대인의 얼굴이 나타났고, 뒤로 기울어진 것은 니그로, 그보다 더 뒤로 이 선이 나타나는 것은 원숭이, 개, 도요새 등이다." 니그로 골격의 안면각의 재현은 거의 언제나 과장되게 강경한 얼굴, 불쑥 나온 입술과 이빨, 그리고 뒤로 경사진 이마를 드러내고 있었다. 두개골 계측은 1859년 파리 인류학 협회를 제창한 브로카(Paul Broca, 1824–80)에게도 영향을 주었다. 이와 같이 19세기 찬란한 문명을 자랑하던 유럽의 많은 학자들은 인간 집단을 우수 인종과 열등 인종으로 나누는 데 집착했고, 여기서 이 "과학적" 계측 방식은 필수불가결한 도구였다(Maxwell, Anne, 2000, 38–72).

한편 미국의 물리학자이자 해부학자였던 새뮤얼 모턴(Samuel George Morton, 1799–1851)은 신체 인류학의 대표적 지지자였다. 그는 1820년부터 수백여 종의 전 세계 인간 두개골을 수집했고 이들을 논리적 기준에 따라 분류하는 방법을 찾고자 했다. 그가 두개골에 관심을 갖게 된 동기는 그 용량이나 모양 등의 물리적 특징에 따라 인종을 객관적으로 서열화할 수 있으리라는 신념 때문이었다. 당시 보편적이던 인종 이론들의 영향으로 그는 두개골의 내부 용적을 측정함으로써 그 용량에 의해 종의 지적 능력을 판단할 수 있으리라고 주장했다. 두개골이 크다는 것은 뇌가 크다는 것이고 높은 지능을 지님을 의미했다. 그는 많은 두개골들을 관찰한 결과 고대 이집트들은 아프리카인이 아니라 백인이었다고 결론 내렸다. 그는 이집트인과 미국 원주민 두개골의 차별화된 특성을 연구하여 두 종의 두개골 개론서 『미국인의 두개골(Crania Americana, 1839)』과 『이집트인의 두개골(Crania Americana, 1844)』을 출간했다. 『미국인의 두개골』에서 그는 백인 두개골의 용량이 87 in^3 (1,425 cm^3)인 반면 흑인은 78 in^3 (1,278 cm^3)라고 주장했다.[9] 모턴의 연구는 아가시의 인종이론을 비롯하여 미국의 인종 이해에 중대한 영향을 주었다(Westerbeck, 2000, 146).

이러한 연구들은 인종 유형학으로 이어지게 된다. 초기 인종 유형학은 우생학자 바셰르 드 라푸쥬(Georges Vacher de Lapouge, 1854–1936)에 의해 시작되었다. 이후 사진기의 발명과 더불어 급진적으로 확산된 인종 유형학은 인간의 얼굴을 정면과 측면에서 기록하여 유태인이나 열등 인종 및 범죄자, 정신병자의 형태학적 특성을 규명하고자 했다. 아가시의 노예 다게레오타입은 이와 같은 유형학적 인종론의 맥락 속에서 제작되었다. 이미지들에 나타난 인종 유형의 과장과 왜곡에는 '다양성'만으로는 설명될 수 없는 '불평등'이 개입되어 있었다. 이미지의 역사에서 남성과 여성, 젊은이와 노인, 계급, 남부와 북부 등의 시선으로 타자를 희화화하는 전통은 오래되었다. 특히 인종주의와 관련하여 유럽인들이 타자를 희화화한 이미지들은 오랫동안 정치적 종교적 논쟁에 동원되어 왔다. 이 점은 사이드의 표현을 빌려 이미지 '오리엔탈리즘'으로 설명될 수 있다.[10] 예컨대 미국 역사가 멜린코프(Ruth Mellinkoff)는 독일 등지의

9) 미국의 고생물학자이자 과학사학자였던 굴드는 이 두개골 계측학을 역사적으로 분석하면서, 모턴이 자신의 인종적 견해를 정당화하기 위해 두개골 용적을 측정하는데 있어 의도적 혹은 비의도적으로 데이터를 조작했다고 비판했다. 스티븐 제이 굴드(김동광 옮김). 2003.『인간에 대한 오해』. 사회평론, 113–138쪽.

10) 사이드는 '동방을 타자화하고 지배하기 위한 서구식 표현방식'으로 오리엔탈리즘을 설명하기 위해 주로 텍스트 자료에 의존했지만, 그의 이론은 이

중세 미술에서 유태인의 타자화가 어떻게 드러나는지를 연구했는데, 노란 피부에 뾰족한 모자를 쓰고 혀를 내미는 동작을 한 모습이라든가 주로 돼지와 연결되어 그려진 유태인의 모습은 당시 독일의 유태인에 대한 경멸 풍조를 반영하는 것이었다. 이 풍자적 이미지들은 기존의 편견에 호소하거나 이를 강화시키는데 일조했다(버크, 피터, 2005, 217–218).

이와같이 인종 유형론의 기획에 있어 인종적 특성의 시각적 재현은 중요한 도구였고, 이는 인종과학의 형성과 확산에 결정적인 영향을 주었다(Stepan, Nancy, 2001, 85–104). 인종학적 시선은 19세기 이후 노동자, 범죄자, 정신병자 등을 찍은 사진 이미지들에도 나타났다. 노동자를 찍은 중산층 사진가, 범죄자나 정신병자를 찍은 정상인 사진가들은 어느 집단의 전형적인 특징에 주목하여 객관적인 사진을 찍고자 했다. 물론 사진사들의 신념만큼 현실적으로 객관적 이미지가 만들어질 수 있었는지는 별개의 문제였다. 그렇다면 이러한 괴인들, 타자들의 이미지를 제작하고 자신들은 반대편 입장에서 과학적 객관성을 만들어내고자 했던 인종학자들의 시선을 살펴보자.

주제와 관련된 회화나 사진 이미지의 분석에 활용될 소지가 많다. 에드워드 사이드(박홍규 옮김). 1991.『오리엔탈리즘』. 교보문고.

4. 차이의 이미지: 노예 다게레오타입의 제작

아가시의 인종이론은 미국으로 이주한 아프리카계 미국인들과의 만남에서 그가 받았던 초기의 충격과 반감에서 나왔다. 여기에는 모턴이 중요한 영향을 미쳤다. 모턴이 쓴『미국인의 두개골』의 영향으로 아가시는 남부 캐롤라이나에서 노예 다게레오타입을 제작하게 된다. 게다가 아가시가 노예 사진을 찍는데 결정적인 영향을 준 것은 모턴에게 받은 사진이었다. 모턴은 필라델피아 자연과학 아카데미에 전시되었던 젊은 아프리카 소년 사진을 아가시에게 주었고, 아가시는 이에 깊은 감동을 받았다. 1846년 아가시가 모턴과 처음 만나 인종론을 논의했는지는 분명하지 않다. 당시까지 아가시는 인종 유형학에 거의 관심이 없었고 아직 분리창조론을 받아들이지도 않았다. 하지만 아가시가 모친에게 보낸 편지 내용을 통해 그가 모턴의 두개골 수집에 크게 감명 받았다는 사실을 알 수 있다.[11] "북아

11) 이 편지는 그의 헌신적 아내였던 엘리자베스 아가시가 쓴『루이 아가시의 생애와 서간』에는 부분적으로 삭제되어 있다. Agassiz, Elizabeth C. 1895. *Louis Agassiz: his life and correspondence*. Boston: Houghton. Mifflin. 엘리자베스는 실제 루이 아가시의 편견을 은폐시키고 그를 객관적이고 공평무사한 과학자로 포장하려는 의도로 자신의 글에서 계획적으로 세 가지 주제와 관련한 언급을 삭제했다. 1. 흑인에 대한 심한 모욕, 2. 각 인종의 지력, 빈부, 사회적 지위에 관란 엘리트주의적 주장, 3. 흑인과 백인 사이의 혼혈에 대한 강한 거부감을 표현한 대목이 삭제되어 있다. 스티븐 제이 굴드(김동광 옮김). 1998.『판다의 엄지』. 세종서적. 208–218.

메리카에 거주하거나 한 번이라도 거주한 적이 있는 거의 모든 인디안 종족의 두개골 600점이 늘어서 있다고 상상해보십시오. 어디에도 그와 같은 것은 존재하지 않습니다. 이 수집 자체로 미국 여행의 가치가 있습니다." 그리고 동일한 편지에서 아가시는 생애 최초로 흑인과 조우한 감상을 다음과 같이 썼다. "제가 묵고 있는 호텔의 모든 하인들은 유색인이었습니다. 제가 받은 괴로운 인상을 어머니께 다 표현하기가 힘들 정도입니다. 특히 그들에게 제가 받은 느낌은 인간 유형의 집단과 인종의 단일기원에 대한 우리의 모든 견해에 반대됩니다. 그들이 우리와 같은 피를 지니지 않았으리라는 느낌을 지울 수가 없습니다. 그들의 두꺼운 입술, 혐오스러운 이빨, 곱슬머리, 굽힌 무릎, 긴 팔, 크게 휜 손톱, 그리고 특히 창백한 색깔의 손바닥을 보면서 저는 그들에게 이야기할 때마다 내게서 멀리 떨어지라고 말하기 위해 얼굴에서 눈을 뗄 수 없었어요." 아가시의 흑인들에 대한 개인적인 혐오감에도 불구하고 훗날 그는 인종적 유형학에 대한 자신의 믿음에 정치적 동기는 없다고 주장했으며, 노예폐지론을 고수했다. 월리스는 이 점을 아가시의 관점이 나중에 정치적으로 노예제도를 지지하게 된 것과 모순되는 입장으로 분석했다(Wallis, Brian, 1996, 104).

하지만 편지 내용 중 "그들이 내게 음식을 가져다주기 위해 내 접시 쪽으로 소름끼치는 손을 뻗을 때면, 나는 이런 하인들의 서비스를 받으며 식사를 하기보다 차라리 다른 곳에서 빵이나 한 조각 먹는 편이 낫다고 생각했을 정도입니다. 여러 나라에서 백인과 흑인의 생활이 이렇게 섞여있는 것이 백인의 입장에서 얼마나 불행한 일인지요. 신이 우리에게 이러한 접촉을 면하게 해주셨습니다!"(굴드, 스티븐 제이, 1998, 214)라는 대목에서 우리는 노예폐지론을 고수한 그의 입장이 결코 흑인에 대한 동정이나 평등사상을 근거로 하기보다는 이들과의 차별화와 격리를 갈구한 것이었음을 명확히 본다. 그는 노예폐지론과 인종적 평등 개념을 별개로 간주했던 것이다. 이 점은 남부 지역의 백인 남성인 주인과 흑인 여성인 노예 사이의 혼혈에 대한 아가시의 강한 거부감이라든가 혹은 백인의 우월성이 희석되지 않도록 모든 인종이 따로 격리되어야한다는 그의 주장을 통해 더욱 명백히 드러난다(Lurie, Edward, 1988).

아프리카인을 포함하는 인종 유형의 데이터를 조직화하면서 아가시는 사진제작의 직접적인 계기를 맞았다. 하지만 1808년부터 미국은 이미 아프리카인의 수입을 불법화했고, 아가시는 미국에서 순수한 인종 샘플을 발견하는 작업이 쉽지 않을 것임을 예감했다. 이에 남부 캐롤라이나 출신으로 햄프턴, 하몬드, 테일러 같은 가문을 포함하여 주요 농장 소유주와 친구사이였던 깁스(Robert W. Gibbes, 1773–1820) 박사는 아가시가 콜롬비아 주변 농원을 방문하도록 독려했다. 깁스의 도움으로 남부 캐롤라이나 콜롬비아에서 미국의 아프리카인 노예의 실제 생활상을 목격한 뒤로 아프리카인들이 백인들과 분리된 종이라는 아가시의 신념은 더욱 강화되었다. 이곳에서 아가시는 나체 포즈의 사진을 찍을 남자 노예 5명과 여자 노예 2명을 선정했다. 아가시는 아프리카 태생 노예와 1세대 자손에 제한적으로 주목했다. 이와 같이 제한된 샘플을 통해 그는 "아프리카 인종"에 독특한 해부학적 변이를 기원적으로 규명하고, 또한 수세대에 걸쳐 온대기후에 노출되어 아프리카 조상과는 거리가 있는 아메리카 태생 노예들의 인종적 특성들과는 다른 순수 아프리카 인종의 "과학적" 표준을 수립하고자 했다. 그가 직접 해야 할 작업이 완성되자 아가시는 콜롬비아를 떠났다. 아가시가 떠나고 깁스는 질리(Joseph T. Zealy)라는 지방 사진사에게 의뢰해 인종과학자들에게 특별히 흥미를 유도할 확증적인 사진적 증거로서 노예 사진을 찍게 했다. 깁스는 모턴에게 보낸 편지에서 아가시가 콜롬비아 농장을 방문하는 동안 사진에 담을 다양한 노예들을 선택했다고 설명했다. "아가시는 에보, 풀라, 굴라, 기니아, 코로만테, 만딩고, 콩고 니그로에게 사진을 찍을만한지 시험해보면서 기뻐했습니다. 그는 이들이 다른 인종들과 차이가 있으므로 충분히 만족스러워했습니다."(Maxwell, Anne, 2000, 96–97).

질리 시리즈는 15점의 다게레오타입이 두 섹션으로 나뉘어 있었다. 첫 번째 섹션은 정면, 측면, 후면의 기립 자세를 한 누드 전신사진이다. 이 방법은 신체의 모양, 비례, 자세를 보여준다. 두 번째 섹션은 보다 타이트하게 조준되어 머리와 벌거벗은 몸통을 보여주는 사진이다. 이 방법은 두상의 모양과 특성을 강조하는 두개골 계측학 및 골상학적 접근을 따르는 것이었다. 이 사진들은 이미지에 묘사된 노예의 이름을 따서 각각 런트리, 런트리의 딸 델리아 등으로 불렸다. 런트리는 아프리카 태생의 노예로 남부 캐롤라이나 콜

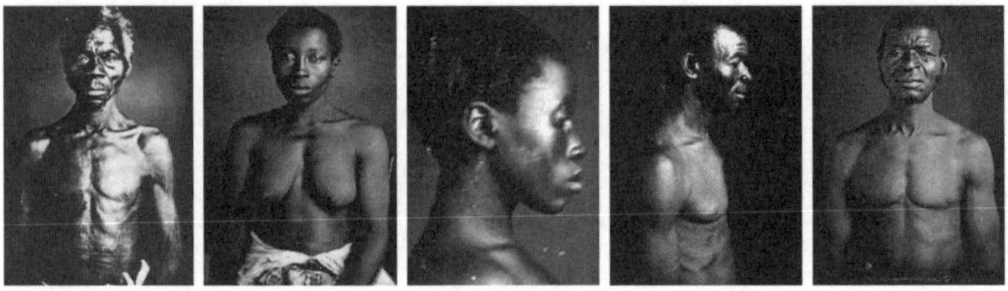

1850년에 아가시가 의뢰한 Zealy 시리즈의 일부. 좌로부터 Rentry; Delia; Delia Daughter Of Rentry; Jack Guinea; Jack.
〈출처: http://www.louverture.ch/KAMPA/AGASSIZ/renty.html〉

롬비아의 경작자 테일러가 소유하던 노예였다(Wallis, Brian, 1996, 105).

아가시는 유럽 백인과 아프리카 흑인 사이의 신체적 차이를 증명하기 위한 과학적이고 시각적인 증거로 이 사진들을 활용했다. 사진들은 각 인종이 분리된 종에서 기원되었다고 주장한 아가시의 "분리창조설"의 증거로 제시되었으며, 궁극적으로 흑인종의 인종적 열등성을 증명하는 데 이용되었다.

당시 인종문제는 사회학적 이데올로기적 생물학적 분야들이 뒤얽혀 있었고, 특히 사회질서의 개념에 생물학 이론을 통합시키려는 사람들에 의해 자주 언급되었다. 인종에 관한 생물학적 차이는 불평등이라는 사회이론의 토대를 제공했다. 불평등을 조장하고 이를 정당화하는 진화론적 가정들의 여파는 또 다른 유형의 사회적 장에 놓여 있겠지만, 노예제를 합법화하는 수단으로 이용된 나체 다게레오타입은 무엇보다도 심미적이고 성적인 측면을 부각시켰다.

19세기에 그려진 바트만의 캐리커쳐.
〈출처: www.westminster.gov.uk/.../blackpresence/16.cfm〉

아가시가 모친에게 보낸 편지를 포함하여 그의 많은 텍스트들에서 흑인은 동물과 닮았거나 원숭이일 뿐 아니라 저속하고 명백히 성적 매력을 지닌 존재로 가공되었다. 아가시의 노예 다게레오타입은 인종학적 관례로 백인 관찰자를 위엄있는 존재로 소개하는 데 이용되었다. 타자화된 흑인 이미지와 달리 백인은 이질적인 외양의 흑인과 안전거리를 유지하면서 신중하게 표현되었다 (Wallis, Brian, 1996, 106).

물론 노예 나체 다게레오타입이 1850년대 중반에 유럽에서 인간 신체의 외양을 재현하는데 치중했던 포르노사진들과 동일한 맥락은 아니었다. 노예 나체사진과 포르노사진 사이에 절대적인 연관성이 존재하지는 않지만, 명백히 관음증적인 태도로부터 나온 노예 다게레오타입은 에로틱한 성격을 드러내고 있었다. 이 사진들은 아프리카인들의 주체로서의 삶을 무시한 채 그들의 신체를 분별없이 개관했다. 아가시는 이 점에 있어 그의 멘토였던 프랑스 해부학자 퀴비에(Baron Georges Cuvier, 1769–1832)의 영향을 받았다. 퀴비에는 특히 남아프리카공화국에서 팔려온 사라 바트만이라는 흑인 여인에 관심을 가지고 있었는데, 그녀는 기이하게 두드러진 엉덩이로 인해 유럽에서 나체로 전시되었다. 그녀는 런던의 광장에서 '호텐토트 비너스, 세계 최대의 기형' 쇼 무대에서 유럽인들을 열광시켰다. 그녀를 향한 환호에는 다른 종족의 특이한 체형에 대한 호기심뿐만 아니라 변태적인 성적 호기심이 자리하고 있었다. 퀴비에와 동료들은 바트만의 생식기가 아프리카 여인들의 '원시적인 성욕의 물리적 증거'라고 결론지었다.[12)]

5. 인종과학의 해체: 같은 사진의 다른 해석

"과학적"으로 재현된 아가시의 노예사진들은 대중문화에서 미국의 아프리카인에 대한 보다 널리 알려진 상투적이고 경멸적인 이미지보다도 훨씬 앞서나갔다. 이 과학적 이미지를 토대로 대중적 이미지가 만들어졌고, 흑인의 몸은 과장되고 왜곡되었다. 주로 나

12) 그녀는 이곳저곳 끌려 다니다가 사람들의 관심이 시들해지자 가난과 외로움에 알코올 중독자가 되고 매춘부로 전락해 5년 만에 사망한다. 그녀가 죽자 퀴비에는 그녀의 사체를 부검하고 그 특징적인 외양에 관한 책을 출간했다. 이후 그녀의 시신은 퀴비에에 의해 해부돼 포르말린 유리병에 담긴 채 프랑스 인종박물관에 전시된다. 2002년에야 그녀의 유해는 1994년 남아공 대통령에 당선된 넬슨 만델라에 의해 본국에 반환되었다. Gilman, Sander, "Black Bodies, White Bodies: Toward an Iconography of Female Sexuality in Late Nineteenth–Century Art, Medicine, and Literature," in Jones, A.(Ed.). 2002. *The feminism and visual culture reader*. Routledge, 136–150.

체이거나 옷을 걸쳤다 해도 비참하게 보이거나 부분적으로 헝클어져 있었고, 몸 자체는 채찍질과 매질을 당하고 매달리고 찔리고 물어뜯기고 낙인찍히거나 혹은 백인 압제자에게 복종하는 모습이었다. 심지어 노출되고 공격당한 신체들 가운데 다수는 포르노사진처럼 명백히 에로틱한 포즈를 드러냈다(Wallis, Brian, 1996, 105). 이 사진들은 흑인을 바라보는 백인의 시선으로 인종차별적 대중문화를 조장했고 정치적으로는 노예제도를 지지하는 이미지로 기능했다.

하지만 사진에 표현된 인종적 차이의 지적이 모두 동일하지는 않았으며, 시각 이미지를 근거로 한 인종분류는 결국 도전과 비판에 직면했다. 미국 노예제 폐지를 주장한 선두 주자였던 더글러스(Frederick Douglass, 1818–1895)는 1854년 미국 인종학회의 한 리뷰에 다음과 같은 비판의 글을 남겼다. "오늘날 미국에서 니그로와 유럽인 사이의 차이를 과장하는 일이 유행이 되었다. 예를 들어 골상학자나 자연학자가 두 인종 사이의 차이를 초상화로 재현할 경우 반드시 유럽인은 고등하게 니그로는 열등하게 표현된다. 유럽인이 언제나 최상의 유형으로 표현된다면, 나는 그 모든 작업에서 니그로 역시 최상의 유형이 표현되어야 함을 주장하는 바다. 이 비판의 중요성이 모두에게 명백하지는 않겠지만 흑인에게는 매우 명백하다."(Martin, Waldo E., 1986).

인종문제는 시각적 판단을 넘어 고고학과 유전학의 결과들을 통해 해답의 실마리를 찾을 수 있을 것이었다. 여기서 인간의 생물학적 다양성은 다른 생물종의 연구들과 거의 유사한 방식으로 집단을 정의내리고 분류하여 이들 사이의 유연관계를 찾아내고 혈통의 계통수를 만들어냄으로써 새로운 의미를 취득하게 된다. 19세기와 20세기를 거치면서 시각적 특성에 근거한 자료들과 더불어 혈액이나 여타 조직의 분석 등을 통해 무수히 많은 인종 분류가 행해져왔다. 하지만 이렇게 인종 분류를 행하는 과정에서 카테고리를 한없이 만들어내지 않고서는 분류가 불가능한 상태로 남게 되는 인종들이 너무 많았다. 각종 분류에 따르는 인종들 사이의 유연관계가 일정하지 않았고 서로 상반되는 경우도 있었다. 이들 분석은 흔히 동어 반복적이었고, 서로 다른 분류 기준을 사용한 까닭에 동일 인종 집단이 여러 갈래로 구분되어 파악된 경우도 있었다. 이러한 실패는 분류 방법에 있어서의 의혹을 제기하기는커녕, 오히려 문제를 왜곡시키는 데 일조했다. 자연학자들마다 인종 간 차이의 기원과 그 의미에 관한 개념을 확대시켰지만 인간종의 진화 문제에 해답을 제시해주지는 못했다.

1950년대에 이르러 인류학은 다양한 단계에서 진보를 이루고 다른 방식의 관점을 설정함으로써 이러한 왜곡으로부터 빠져나올 수 있었다. 시각적이고 심미적인 판단의 틀을 벗어나 역사적 사실로 나타났던 전반적 자료들을 수집, 분류함으로써 새로운 연구가 시작되었다. 인류학은 세대를 거쳐 전달되는 유전자들을 재배치하여 진화 과정을 설명하는 집단유전학에 힘입어 인종 문제를 집중적으로 파헤쳤고, 문화인류학의 영향으로 사회적 장과 생물학적 장 사이에 명확한 경계가 설정되었다. 이렇게 인종과 관련한 사실적 자료들과 집단유전학의 이론적 요소들이 합쳐지면서 역으로 인종 개념은 해체되었다(피쇼, 앙드레, 2009, 174–175).

아가시의 인종이론은 그 과학적 기록이 지니고 있던 의미가 퇴색되었으며, 그 여파로 아가시가 이름붙인 대륙, 학교, 및 연구소의 명칭이 바뀌기도 했다. 트레첸버그는 인종학자 루이 아가시가 의뢰하여 찍은 흑인노예의 사진들을 연구함으로써 무엇이 은폐되었는지를 우리에게 보여주었다. 아가시는 아프리카계 미국인의 열등성과 인종의 분리창조를 설명하기 위해 남부 백인 그룹에 이 사진들의 제작을 위탁했다. 뛰어난 백인 앵글로색슨 지도자들의 초상사진과 달리, 이 흑인 노예의 초상사진들은 인종과 신분을 지각하는 이데올로기적 장치들을 통해 보여졌다. 허리까지 벌거벗겨진 남녀의 묘사에서 보듯이 그들에게는 신분의 외적 장식이 결여되었고 노예제의 억압 속에서 그들의 인간성과 존엄성이 훼손되었다는 점이 명백히 드러난다(Trachtenberg, Alan, 1990).

아가시의 노예 다게레오타입은 이미지에 드러난 주체들의 삶 자체와는 무관했다. 이 다게레오타입이 제작되는 데는 스튜디오의 사진가, 노예를 대여(?)해준 농장주, 애초에 기획한 과학자 등의 역할이 얽혀있었으며, 사진가는 이미지의 대상이 된 노예 당사자들보다도 농장주나 과학자들과 더 밀접한 네트워크를 형성하고 있었다. 질리를 통해 투사된 노예 사진의 이미지는 자유롭고 풍요로운 백인들의 우아한 자태를 담은 이미지와 비교되면서 두 인종의 서로 다른 사회적 정체성을 확인시켜주는 기능을 담당했다.

1991년 아프리카계 미국인 예술가이자 사진작가 윔스(Carrie Mae Weems, 1953–)는 아프리카 태생의 노예 생존자들인 굴라(Gullah) 문화의 유물을 기록하기 위해 남부 캐롤라이나 해안의 섬을 여행했다. 윔스는 굴라의 벽돌집과 여타 생존기록을 사진으로 찍고 텍스트, 이야기, 사진, 도판을 연결시키는 일련의 작업을 수행했다. 윔스의 작품 사진 가운데는 아프리카에서 온 일부 노예들의 낡은 사진들이 있었다. 이 사진들은 아가시의 다게레오타입의 재생산이었다. 윔스는 이미지를 바꾸거나 변형시키지 않은 채 사진들을 단지 선택하고 확장시키고 재배치했을 따름이었다. 아프리카 문화의 유물 그림들과 나란히 놓인 이 사진을 통해 굴라는 미국에 새롭게 소개되었다. 윔스는 이 남녀들을 어떤 유형학적인 재현이 아니라 살아있는 존재, 선조들을 기리며 숨 쉬는 존재로 상세히 소개했다. 윔스가 본 흑인의 삶은 그들 자신의 시각으로 공감될 수 있는 것이었다(De Zegher, Catherine(Ed.), 1996). 이러한 제안은 노예 다게레오타입의 사례에서 루이 아가시가 제시한 경험적 증명을 넘어서 그 의미를 확장시킨다. 이는 전혀 다른 역사들과 개별적인 의미들이 이 이미지들과 연결될 수 있음을 의미하는 것이다.

더글러스가 힘주어 강조했듯이 시각적 재현의 의미는 이미지를 만드는 사람에 의해서 뿐 아니라 이미지를 보는 사람에 의해서도 좌우된다. 이미지에는 관찰자나 감상자의 특정한 해석을 유도하거나 강제하기 위한 제작자의 의도가 반영되어 있지만, 이미지 제작자의 의도와 독립적으로 이루어지는 이미지에 대한 반응과 수용과정 또한 이미지를 분석하는 중요한 방식에 속한다는 주장이 최근 들어 힘을 얻고 있는 추세이다. 지식이 구성되는 과정에서 관찰자의 역할을 인정하는 최근의 여러 이론들에 동의한다면, 사진 이미지를 전시한 박물관과 문서들이 이미지의 의미를 고착시키는 데 있어 일정한 역할을 한다는 점이 전제되어야한다.

이미지 제작자가 이미지에 갖가지 단서들을 달아놓고 이에 대한 해석을 통제하려는 시도는 일면 동일한 이미지의 다양한 해석 가능성을 전제한 행위이다. 결국 우리가 사진을 보면서 어떻게 생각하고 해석하는지는 그 이미지가 놓인 문맥과 텍스트를 통해 결정되는 것이며, 또한 이미지와 관찰자 사이의 관계의 문제이기도 하기 때문이다. 이 점은 궁극적으로 사진 이미지의 구성성과 맞닿아 있다.

6. 결론: 객관성 비판과 사진 이미지의 구성성

사진은 명백히 대상을 은판 위에 나타난 상으로 재현해 준다. 하지만 사진가들은 피사체의 구도, 렌즈, 필터, 감광유제, 인화지 등을 자신들의 주관적 판단에 따라 자유롭게 선택한다. 나아가 사진가들은 단순히 선택하는 일 이상의 행위를 한다. 예컨대 사진사들은 사진화면의 구성을 위해 현장에 적극적으로 개입하여 피사체들을 배치하기도 한다. 19세기 중반의 초상사진들은 등장인물의 자세, 인물과 함께 등장하는 소품, 혹은 살아있는 동물 등을 통해 상징적인 의미를 구현해내고자 했던 이전 시대 초상화의 인위적인 구성 양식에서 영향을 받았다. 이러한 사진들은 다분히 회화적 성격을 지닌다. 회화든 사진이든 초상 이미지들이 기록하는 것은 사회적 현실이 아니라 사회적 환상이고, 일상이 아닌 특별한 퍼포먼스이다.

과학 활동에서 증거로서 제시된 시각적 이미지들은 단순히 사회적 구성물이라고 할 수는 없지만, 또한 이들을 자연적 실재 자체로 간주할 수도 없다. 과학적 증거로서의 시각 이미지는 역사적으로 구성된 많은 실재 생성물의 네트워크의 교차점에 연결되어 있다. 모든 물질적 대상은 자연적인 동시에 또한 사회적인 네트워크 속에서 순환하고 때로는 은폐된 채 자연과 사회의 영역에 개입하는 잡종적인 존재이기 때문이다(Latour, Bruno, 1993, 51–55).

사진작가 노이하우스는 사진 이미지 제작에서 주관을 철저히 배제하기란 불가능하며, 설사 주관을 배제한다 해도 주관에 의해 해석되지 않은 기록된 현상의 제시만으로는 어떤 과학적 의미도 얻기 힘들다고 주장한다. 이러한 입장에서 본다면 우리에게 사실주의로 알려진 이미지조차 그들만의 한 방식이 될 수 있으며, 이때의 이미지는 신뢰할만한 과학적 근거라기보다는 일종의 예술적 작품과 마찬가지로 평가될 수 있다.

사진 이미지가 외부 세계에 대한 믿을만한 정보를 제공한다고 보는 입장, 그리고 그에 대한 비판적 입장 사이의 갈등은 사진기의 등장 이래 끊임없는 논란을 거치며 이어져왔다. 하지만 사진의 사실적 재현 여부를 이원적인 잣대로 판단할 필요는 없을 듯하다. 사진은 이 모두를 포함하는 양가적인 특성을 지니고 있기 때문이다. 이미지를 믿을 만하다거나 그렇지 못하다는 표현보다 이미지를 얼마나 믿을 수 있는지, 어떤 맥락에서 어떤 용도로 어떤 이미지를 믿어야하는지가 더 중요한 이유가 바로 여기에 있다.

사진 이미지의 구성성이 본격적으로 거론되기 시작하던 무렵, 과학에서 자연을 객관적으로 드러내준다고 믿어졌던 기계적 객관성 역시 도전을 받았다. 기계적 객관성은 결코 있는 그대로의 자연을 정확하게 드러내줄 수 없었으며, 인간의 감각 경험을 벗어난 자연 인식은 결코 가능하지 않았다. 자연에 대한 예술적 묘사와 객관적 자료의 제시라는 이원화된 인식체계는 20세기에 접어들면서 새로운 인식론적 가치체계의 비판에 직면했다. 새로운 실험기기의 등장과 더불어 시각적으로 생소한 이미지와 기록물들이 점차 더 많이 생산되면서 주관적 판단과 개입을 자제했던 19세기의 수동적 과학자상을 대신하여 직관적인 판독 능력을 습득한 전문가로서의 새로운 과학자상이 요구되기에 이른다.

하지만 사진 이미지의 객관성에 대한 비판과 인종과학의 객관적 근거에 대한 도전을 두고 이를 기술로 인해 과학 자체가 변화했다거나 그 역의 단선적인 인과관계로 설명할 수는 없다. 인종과학의 성립과 해체 과정은 사진술과의 연관성 이전에 과학을 받아들이는 태도의 변화나 당시의 사회적 이데올로기와도 밀접하게 맞물려 있었으며, 사진술을 포함한 많은 기술들은 과학이 형성되고 해체되는 과정에 개입하는 무수히 다양한 변수 중의 하나로 파악될 수 있다.

롤랑 바르트는 초기 에세이인 "사진의 메시지"에서 "이미지는 분명 실재가 아니지만 적어도 실재의 완벽한 유사물이며, 상식적으로 사진이 정의되는 것은 바로 이 유사적 완벽성이다. 따라서 사진 이미지는 코드 없는 메시지라는 특별한 위상을 지닌다."[13]고 지적했다. 인종과학의 사례에서 보았듯이 객관적이고 코드 없는 메시지로 간주되는 사진이 텍스트와 결합될 경우 조작의 위험성은 증가한다. 텍스트, 인공물, 이미지가 자연과 사회를 중재하고 구성한다는 입장에서 본다면, 사진은 기호학적으로 다양한 의미를 내포한다. 사진에 함축된 의미는 훈련이나 의도에 따라 코드화되며 인종, 민족, 국가, 성별, 이데올로기, 연령, 취향 등 사회 문화적 맥락에 따라 다양하게 해석될 수 있다. 이러한 사진의 다의미성은 사진의 특징을 이루지만 반대로 사진의 고정 또는 정박(Anchorage)과 같이 다의미성을 차단시키는 여러 장치가 존재한다. 대부분의 사진들은 언어 및 다른 의미 체계에 의해 그 의미나 범주가 축소되거나 고정될 수 있다. 사진의 의미는 사진의 제목과 설명 등의 언어적 텍스트, 사진 배열순서, 작가의 의도, 사진이 놓인 장소에 따라 고정되거나 강제된다. 하지만 이러한 고정과 강제란 결국 사진의 다의미적 성격을 전제한 행위이다. 게다가 텍스트가 무엇을 말하고 장치가 어떤 역

13) Roland Barthes. 1977. *Image–Music–Text*. New York. 17. Martin Jay. 1994. *Downcast Eyes*, California: University of California Press. 126에서 재인용.

할을 하고 이미지가 무엇을 드러내는지는 그 제작자나 전시자, 기획자에 의해 전적으로 결정되는 것이 아니라 다른 사람들의 해석에도 일정 정도 의존한다(Mosley, Adam, 2007, 202). 결국 "만들어지는 과학"에 사용된 사진에는 사진가, 피사체, 그리고 이미지 사이의 관계를 넘어서, 이론을 제시하기 위해 사진을 재배치하는 과학자, 편집자, 전시자의 역할, 나아가 그 전시를 보고 자신의 해석을 구축하는 이들의 역할이 포괄적으로 얽혀있는 것이다.

궁극적으로 모든 정보는 이데올로기로 굴절된 원리를 따르며, 그 경우 이미지의 의미는 때로 잘못 이해되는 것으로 여겨지기도 한다. 텍스트의 역사와 마찬가지로 이미지 수용의 역사 또한 같은 대상이나 같은 현상을 두고 다른 해석이 존재하는 경우가 빈번했다. 하지만 여기서 어느 한쪽 해석의 옳고 그름을 가늠하는 기준은 절대적이지 않다. 이 관점에서라면 서구식 시선으로 인종적 차이를 표현한 이미지들을 앞서 인용한 사이드의 방식으로 분석할 경우 새로워 보이는 많은 사실들을 밝혀낼 수 있는 반면, 다른 한편으로 많은 사실들을 또한 은닉할 수 있다. 타자화된 동방 혹은 인종에 대한 서구식 태도가 하나가 아니듯 인종적 이미지 재현의 양상 역시 단선적으로 설명될 수 없기 때문이다. 하지만 예컨대 '인종주의를 바라보는 제3세계의 시선'으로 한 이미지를 바라보는 하나의 태도를 선택하거나 비판하는 자유를 굳이 또 하나의 "정박된 시선"이라는 범주로 묶어 매도할 필요가 있을지는 의문으로 남는다.

|참고문헌|

굴드, 스티븐 제이(김동광 옮김). 1998.『판다의 엄지』. 세종서적.

________________(김동광 옮김). 2003.『인간에 대한 오해』. 사회평론.

모리스-스즈키, 테사(김경원 옮김). 2006.『우리 안의 과거: 과거는 미디어를 통해 어떻게 기억되고 역사화되는가?』. 휴머니스트.

버크, 피터(방광식 옮김). 2005.『이미지의 문화사: 역사는 미술과 어떻게 만나는가』. 심산.

설혜심. 2002.『서양의 관상학, 그 긴 그림자』. 한길사.

피쇼, 앙드레(이정희 옮김). 2009.『우생학, 유전학의 숨겨진 역사』. 아침이슬.

Agassiz, L. 1850. "Diversity of Origin of the Human Races". *Christian Examiner*. 49. July. 110–145.

Barger, M. S. W. & Blaine, W. 2000. *The daguerreotype: nineteenth–century technology and modern science*. Johns Hopkins University Press.

Daston, L. & Galison, P. 1992. "The Image of Objectivity", *Representations*. 40. Fall. 81–128.

Daston, L.(Ed.). 2004. *Things That Talk*. New York: Zone book.

Daston, L. & Galison, P. 2007. *Objectivity*. New York: Zone Books.

Dill, J. M. 1936. "Early Photography in the Medical Sciences". *The Scientific Monthly*. Vol. 43. No. 3. Sep.

De Zegher, C.(Ed.) 1996. "Carrie Mae Weems: Diasporic Landscapes of Longing". *Inside the Visible*. MIT Press.

Gilman, S. 2002. "Black Bodies, White Bodies: Toward an Iconography of Female Sexuality in Late Nineteenth–Century Art, Medicine, and Literature". in Jones, A.(Ed.). *The feminism and visual culture reader*. Routledge. 136–150.

Haller, J. S. Jr. 1970. "The Species Problem: Nineteenth–Century Concepts of Racial Inferiority in the Origin of Man Controversy" *American Anthropologist*. 72. no. 6. 1319–1329.

Jay, M. 1994. *Downcast Eyes*. California: University of California Press.

Knorr–Cetina, K. & Amann, K. 1990. "Image Dissection in Natural *Scientific Inquiry". Science, Technolgy & Human Values*. Vol. 15. No. 3. Summer.

Latour, B.(trans. by Porter, Catherine). 1993. *We Have Never Been Modern*. Cambridge: Harvard University Press.

Lurie, E. 1988. *Louis Agassiz: A Life in Science*. Maryland: Johns Hopkins University Press.

________1954. "Louis Agassiz and the Races of Man". *Isis*. 45. no. 3. 227–242.

Martin, W. E. 1986. *The mind of Frederick Douglass*. University of North Carolina Press.

Maxwell, A. 2000. *Colonial Photography and Exhibitions: Representations of the Native and the Making of European Identities*. Continuum International Publishing Group.

Mosley, A. 2007. "Objects, texts and images in the history of science." *Stud. Hist. Phil. Sci*. Vol. 38.

Stepan, N. L. 2001. *Picturing Tropical Nature*. NY: Cornell University Press.

Trachtenberg, A. 1990. *Reading American Photographs: Images as History*. Mathew Brady to Walker Evans Hill and Wang.

Tucker, J. 2005. *Nature Exposed: Photography as Eyewitness in Victorian Science*. Baltimore: The Johns Hopkins University Press.

Wallis, B. 1996. "Black Bodies, White Science: The Slave Daguerreotypes of Louis Agassiz." *The Journal of Blacks in Higher Education*. No. 12. Summer.

Westerbeck, C. L. 2000. "Frederick Douglass Chooses His Moment". Museum Sturies. www. Artic.edu/museumstudies.

시각 미디어 '형식'의 커뮤니케이션 우위성과 문화학적 함의

미디어이론, 탈경계 사회 그리고 감각문화를 중심으로

|김경희|

1. 들어가는 말

언어문화가 커뮤니케이션의 주된 요소로 작용해온 지난 세기에 이어 영화, 텔레비전, 인터넷과 멀티미디어 등의 전자매체에서 끊임없이 생산해내는 재생이미지 또는 가상 이미지들은 우리를 둘러싼 문화적 환경의 양적 질적 의미를 변화시켰다. 새로운 미디어의 등장은 진보된 사회의 호기심과 쾌락의 대상을 넘어 커뮤니케이션 방식이자 세계형성의 동인이며 사회적 형성물이 되었다. 따라서 이미 삶의 일부가 되어버린 시각 미디어와 정보 수용의 다각적인 양태들이 지닌 특징을 역사적 변천과 동시대 문화적 흐름을 중심으로 살펴볼 필요성이 대두된다. 각 시대 단계에서 각기 주도적으로 지배해왔던 커뮤니케이션의 양식과 내용은 어떠하였는지, 미디어 테크놀로지의 발전이 이 커뮤니케이션 양식을 계속적으로 전복시켜왔는지 아니면 어색한 공존을 해왔는지, 사회적 이미지 형성에 결정적 영향을 끼치는 커뮤니케이션 양식은 어떤 것인지에 대한 논의는 본 연구의 기초적 토대를 이루는 작업니다. 그리고 이를 기반으로 시각 미디어가 '문화' 속에서 어떻게 자리잡고 있는지를 보는 관점은 매우 다양하겠으나, 본 논문에서는 미디어를 구성하는 콘텐츠의 큰 축인 '내용과 형식'의 긴장관계에 대한 미디어이론 분석에 초점을 두고 사회문화적 변형 및 탈경계 문화에 주목한다. 그리고 시각 미디어의 형식이 감각과 맺고 있는 관계에 대하여 경험주의적 방법론 보다는 인간학적, 문화학적 분석방법을 중심으로 살펴봄으로써 시각이미지의 체현화 과정을 보여준다.

2. 미디어의 '내용'에서 '형식'으로

시각 문화를 살펴보는 데 있어서 선행되어야 할 논의는 시각 테크놀로지에 대한 관점을 분명히 하는 것이며, 이는 비단 시각 미디어 및 기계에만 해당되는 논의가 아니라 테크놀로지로서의 미디어라는 미디어 전체의 형식적 측면에 해당된다. 미디어 테크놀로지의 발전이 환경에 영향을 끼치게 된다는 사실을 뒷받침하는 논거는 바로 미디어의 내용과 형식의 영향력에 관한 논쟁이다. 왜냐하면 미디어의 정의에 대한 연구를 살펴보면 미디어 실체의 모호성에 빠져들게 되고 이와 연관된 물질성과 비물질성의 문제, 이와 더불어 내용과 형식의 불명확한 구분이라는 미로에 봉착하게 된다. 미디어는 전문용어로서 신문방송학이나 언론학 등에서는 커뮤니케이션의 '수단'을 뜻하는 개념으로 자리를 잡았고, 정보학에서는 정보저장미디어 또는 전달미디어, 물리학에서는 파장의 담지자, 화학에서는 다른 물질을 받아들이고 분해하는 물질을 통칭하는 용어로 사용된다. 자연과학기술 분야에서는 액체, 가스 또는 미세구조물질을 뜻하는 통칭이며 영매술(靈媒術)에서는 초월적 세계와 교감하는 귀신이나 죽은 자를 뜻하는 말이다. 여기에서 즉각적으로 볼 수 있듯이 미디어를 정의하는 방식은 매우 다양하다.[1] 이처럼 미디어의 본질과 특성분석의 다양한 측면을 고려하게 되면 미디어를 통한 커뮤니케이션의 수용적 측면을 분석하는 데 있어 많은 혼란을 초래함으로 본 논문에서는 일반적 커뮤니케이션의 실제를 바탕에 두고 미디어의 형식과 내용이라는 개념을 사용하기로 한다.

경험주의적으로 경도된 사회과학 분야에서 전통적으로 이루어졌던 미디어의 효과에 대한 연구는 각각의 미디어가 지닌 내용적 측면에서 나오는 영향을 주로 다루고 있었다. 여기에 대표적으로 해당되는 연구 주제는 '미디어에 담긴 폭력적 또는 선정적 내용이 사회에 끼치는 영향', 또는 '미디어와 선거 전략', '미디어와 광고'

1) 김경희. 2007.「문화학적 관점에서 바라본 매체 개념–'도구(Mittel)'에서 '중간(Mitte)'으로」.『카프카연구』 참조.

등을 들 수 있다. 이에 반하여 미디어 형식의 영향력에 초점을 맞추고 문화변동과 연관지어 미디어를 보는 연구는 소위 '문화학'이라는 학문분과에서 주목하기 시작하였다. 옹(Ong)이나 굼브레히트(Gumbrecht), 파이퍼 (Pfeiffer)와 같은 인문학에서 출발한 문화학자들은 미디어를 구술문화, 인쇄문화, 책의 탄생이라는 각 문화를 특징짓는 키워드를 중심으로 거시적으로 보기를 선호하였고[2], 더 나아가 맥루언(McLuhan), 루만(Luhmann)등의 학자도 미디어에 실린 구체적 내용 보다는 미디어의 형식이 지닌 문화학적 함의에 중심을 두었다. 우리에게 익히 알려진 "미디어의 이해"라는 맥루언의 저작은 매스 미디어의 사회 문화적 효과에 대한 독창적인 접근을 시도하여 맥루언이 지닌 커뮤니케이션 이론가이자 예언가적인 면모를 널리 알리게 되었다. 따라서 이 두 가지의 연구동향은 학문분과와 학문적 배경의 차이점으로 인하여 상호커뮤니케이션이 상당부분 결여되어 있는 상황이나 학제적 연구의 사회적 요청과 그 결과의 효용성이 날로 증가하고 있는 가운데, 이 두 분야의 연구를 종합적으로 살펴보는 것은 양자의 장점과 약점을 생산적으로 활용할 수 있는 중요한 계기가 될 수 있다.

사회과학적 방법론을 취하는 커뮤니케이션이라는 학문분과에서 비교적 장기적인 미디어 효과를 연구하고 있는 랑엔부허

---

2) Vgl. Ong, Walter J. 1987. *Oralität und Literalität*, Opladen und Gumbrecht, Hans Ulrich / Pfeiffer.; K. Ludwig (Hg.). 1988. *Materialität der Kommunikation*. Frankfurt a. M.

(Langenbucher)는 미디어 효과 연구가 관습적으로 근시안적으로 이루어지고 있었으며, 주로 각각의 프로그램 내용을 분석하고 그것의 효과를 연구하였음을 인정하면서, 귄터 안더스(Günther Anders)가 내용분석의 측면을 벗어나 미디어 자체의 영향을 분석하는 일에 착수하였다고 언급하였다.[3] 미디어 문화에 대한 비판적인 시각과 미래 진단으로 이름이 널리 알려진 귄터 안더스는「골동품이 된 인간」이라는 저술에서 미디어와 문화 간의 상관성을 예리하게 분석한 학자이다. 즉 랑엔부허는 귄터 안더스와 마찬가지로 미디어의 이용과 사회문화적 변동 사이에서 이루어지는 연관관계의 근저에는 미디어 자체의 등장이 결정적인 요소로 자리잡고 있음을 강조하였다. 상술하면 '미디어'라는 것은 그것을 통해 어떤 내용의 정보가 흘러나가는지에 관계없이 내용측면을 초월한 그 자체의 특성과 효과를 지니고 있는데, 이것이 내용적 요소가 지닌 영향력보다 더 강력하다는 것이다. 미디어의 형식적 측면이라는 것은 무슨 내용이 담기는가를 결정하는 바탕이 되며 이 내용 또한 어떤 미디어에 담기는가에 따라서 변화를 겪게 된다. 즉 미디어의 종류에 따라 다른 종류의 내용이 담기고 그 강조점은 달라지게 된다.

미디어 형식의 우위성에 대한 또 다른 분석의 예로서 미국의

3) Vgl. Langenbucher, Wolfgang R. "Fernsehen als epochales Phänomen. Oder: Vom Nutzen der Kulturkritik für die Erforschung langfristiger Medienwirkungen". In: Mahle, Walter A. (Hg.). 1986. *Langfristige Medienwirkungen*, Berlin. S. 69–81, hier S. 70, 73.

거브너(George Gerbner)의 연구가 있다. 그의 연구 제목은 「문명화 분석 Cultivation Analysis」으로서 미디어의 수용분석을 그 내용으로 담고 있다. 이 연구는 사회 전체가 문명화 되어가는 과정을 미디어의 영향력 하에서 볼 때, 단기적인 안목에서는 프로그램의 구체적 내용이 영향력이 있지만 장기적 안목에서 보면 프로그램의 형식과 패턴이 세계관과 사회의 가치구조 형성에 안정적인 영향력을 행사한다는 결론을 도출해 내었다. 이는 더 나아가 미디어의 형식이 수용자의 다양한 인지와 행동양식을 서서히 변화시킬 수 있음을 뜻한다.[4] 또한 이는 우리가 익히 잘 알고 있는 맥루언의 유명한 테제인 '미디어는 메시지이다'와도 일맥상통한다.

2장에서는 미디어를 연구대상으로 삼을 때에 사회과학적 접근과 인문학적 문화학적 접근의 차이점과 공통점을 '내용과 형식'이라는 관점으로 살펴보았으며, 이를 통하여 미디어에 담긴 내용에 대한 근시안적 연구보다는 미디어의 형식에 초점을 맞춘 장기적 문화변동의 측면을 중심으로 한 연구의 필요성 그리고 그것의 인문학적 중요성을 강조하였다.

---

4) Vgl. Gerbner, George/ Gross, Larry/ Morgan, Michael/ Signorelli, Nancy. "Growing Up with Television: The Cultivation Perspective". In: Bryant, Jennings/ Zillmann, Dolf (Hg.). 1994. *Media Effects*. Hillsdale, New Jersey: Erlbaum. S. 17–41, hier S. 18, 20f und Signorelli, Nancy/ Morgan, Michael (Hg.). 1990. *Cultivation Analysis*. Newbury Park usw.: Sage.

이어서 미디어의 형식이 어떻게 역사적 흐름에 따라 통시적으로 진화되어 왔는지를 분석하고, 각각의 미디어형식이 커뮤니케이션에 미치는 영향력을 비교해 보면 전체 미디어 지형도 속에서 시각 미디어형식이 차지하는 우위성이 명백해 진다.

3. 미디어 형식의 진화: 비언어적 커뮤니케이션의 수용적 우위성

과거로부터 발전해온 커뮤니케이션의 진화양상을 살펴보면 비언어적 커뮤니케이션으로부터 이른바 뉴미디어를 통한 커뮤니케이션 구조까지 다양하게 분화되어 왔다. 이는 인류문명사를 특징짓는, 역사적으로 상호 인정된 익히 알려진 커뮤니케이션 체계이다. 여기에서 눈여겨 볼 부분은 미디어 테크놀로지가 최근의 디지털 멀티미디어에 이르기까지 다양해지고 넓어진다 하더라도 실제 커뮤니케이션에서 사람들의 인상과 태도를 결정하는 신뢰성, 능력, 현장성 등을 살펴보면, 연속된 커뮤니케이션을 유발하는 핵심적인 요인이 비언어적 커뮤니케이션에 놓여있다는 점이다. 즉 말과 문자를 통한 정보전달 보다는 실제로 보고 느낀 체험이 의견형성에 결정적 영향을 가져온다는 것이다. 이는 앞 장에서 언급한 미디어의 내용과 형식이 맺고 있는 관계와 밀접하게 연관된다. 와츨라윅(Watzlawick)의 논거에 따르면, “내용중심관점” (Inhaltsaspekt)에 상응할 수 있는 언어적 커뮤니케이션보다 “관계중심관점”

(Beziehungsaspekt)[5]에 상응할 수 있는 비언어적 관점이 커뮤니케이션 과정에서 주도적 역할을 하게 된다는 것을 다시 한 번 보여준다. 관계중심관점은 내용중심관점을 지배하고, 이는 커뮤니케이션 학자 메르텐(Merten)이 말하는 "메타텍스트"[6]의 기능을 한다. 따라서 커뮤니케이션 형식의 발전을 보면 과거와 현대의 미디어 형식이 차례로 잠식되기 보다는 공존함을 볼 수 있으며 오히려 일대일의 직접적 만남을 전제로 했었던 과거의 비언어적 커뮤니케이션이 뉴미디어 기술이라는 새로운 옷으로 입고 재등장하고 있음을 알 수 있다. 비언어적 커뮤니케이션으로부터 시작하여 언어와 문자를 통한 커뮤니케이션으로의 확장이 이루어졌고 전자매체의 혁신적 발전으로 최근 디지털 미디어를 통한 가상현실까지 구현하게 되는 시점에 이르렀다. 이는 뉴미디어들이 비언어적 커뮤니케이션을 구체적으로 '현실화'시키는 데에 많은 노력을 기울이고 있음을 뜻하며 이 현실화는 다름 아닌 중간자이자 전달자인 '미디어'를 통해 간접이 아닌 '직접적' 커뮤니케이션을 구현하는 역설적인 현실과 마주하게 됨을 보여준다.

---

5) Watzlawick, Paul/ Beavin, Janet H./ Jackson, Don D. 1969. *Menschliche Kommunikation: Formen, Störungen, Paradoxien*. Bern, Stuttgart, Wien. S. 56.

6) Merten, Klaus. "Text und Meta–Text. Zur Struktur verbal–nonverbaler Texte". In: Bentele, Günter/ Hess–Lüttich, Ernest W. B. (Hg.). 1985. *Zeichengebrauch in Massenmedien*. Tübingen. S. 25–37, hier S. 25.

시대구분	커뮤니케이션의 형식
선사시대	**비언어적 커뮤니케이션**
고대사회	**비언어적 커뮤니케이션** 〉 언어적 커뮤니케이션
현대사회	[**비언어적 커뮤니케이션** 〉 언어적 커뮤니케이션] ↙↓↘ 문자정보와 더불어 시청각 및 촉각을 재생하는 가상현실 커뮤니케이션 형식으로 분화

* '〉' 기호는 기호 왼쪽 부분이 오른쪽 부분보다 더 강한 영향력을 지님을 뜻함.

다시 말하면 시청각 정보를 모사하여 현실을 시공간의 제약을 뛰어넘어 재현하고자 했던 뉴미디어의 급진적 발전과 효용성에 대한 환호과 긍정적 비전은 인류문화의 발전에 기여했던 언어문화에 대한 관심의 퇴조를 가져왔고 오히려 언어적 커뮤니케이션 이전의 비언어적 커뮤니케이션의 양태에 대한 관심을 다시 불러일으켰다. 위의 표에서 보여준 시대구분에 따른 커뮤니케이션 형식의 진화에서 주목해 봐야 할 것은, 한 편으로는 미디어의 발전에 따른 커뮤니케이션양식의 다각화 또는 현대미디어의 압도적인 양적 팽창과 흡수이며, 다른 한 편으로는 인간의 원초적 커뮤니케이션 양식이었던 비언어적 커뮤니케이션이 현대사회에서도 끊임없이 정보전달과 수용에 있어서 근원적 통제를 하는 위치를 유지하고 있다는 것이다. 따라서 위의 분석이 드러내 주고 있는 것은 첫째로, 현대에 컴퓨터에 기반을 둔 하이브리드 미디어, 가상현실 미디어 등등의 최첨단 테크놀로지를 통한 커뮤니케이션도 다양한 미디어 수용과정을 분석해 보면, 시각, 청각, 촉각에 경도된 비언어적 커뮤니케이션이 정보 수용과 영향력의 측면에서 볼 때 그 기저에 놓여 있다. 인류가 시작되면서 생겨난 커뮤니케이션의 형태가 현대의 뉴미디어 커뮤니케이션 구조 속에서도 소멸되지 않고 오히려 뉴미디어의 바탕이 되고 있는 것이다. 비언어적 커뮤니케이션은 시각정보를 통한 커뮤니케이션이 주를 이룸으로 위의 분석의 결과는 본 논문에서 논의 대상이 되고 있는 시각 문화에도 바로 적용될 수 있다.

따라서 이성적 사고에 기초를 두고 있는 언어적 추상성에 기대고 있는 커뮤니케이션의 양태보다는 인간학적 보편성에 근거한 시각적 커뮤니케이션이 커뮤니케이션 구조의 핵심적 역할을 담당하고 있으며 정보의 수용 양식에 있어서 다른 커뮤니케이션 양식보다 상대적으로 큰 영향력을 미치고 있다고 볼 수 있다.

미디어에 대한 예찬과 비난에 대한 의견이 곳곳에서 터져나올 때에 비난하는 목소리를 뒷받침하는 주장들 중에 하나는 '우리가 시각중심의 뉴미디어를 사용하게 되면서 유년기로 다시 돌아가고 있다' 또는 '성인기가 유년기로 퇴보하고 있다'[7]는 것이다. 또한 프랑크푸르트 학파의 사회비판이론에서 보면 '영화나 텔레비전과 같은 시각이미지 중심의 미디어가 사회에 뿌리를 내리면서 즉각적

7) Vgl. Postman, Niel. 1994. *The Disappearance of Childhood*, Reissue. edition und 2005. *Amusing Ourselves to Death: Public Discourse in the Age of Show Business*, 20 Anv edition.

인 시각정보의 수용에 길들여지는 사람들은 점점 더 성찰력을 잃어 비판적 사고의 결여를 가져온다'[8]는 우려를 표현하였다. 이는 시간의 흐름에 따라 다양한 미디어의 변천이 이루어지고 있지만 언어중심의 미디어에 비하여 시각 미디어가 지닌 그 영향력을 반증한 것임에 다름 아니다. 특히 현대미디어인 사진, 영화, 텔레비전 등은 이전의 언어 중심의 문화에 반하여 시각중심의 문화를 선도하였으며, 컴퓨터의 등장과 더불어 시작된 문화적 혁명인 디지털 미디어에 있어서도 내부구조만 바뀌었을 뿐 겉으로 드러나는 미디어의 속성은 기존의 언어문화와 비언어적 문화를 디지털 코드로 전환하였을 뿐이다. 따라서 커뮤니케이션의 양식에서 볼 때 수용자의 측면에서는 멀티미디어, 하이브리드 미디어의 특성을 지닌 현대미디어를 통한 커뮤니케이션 구조에서도 시각 중심의 문화가 언어 중심의 커뮤니케이션을 압도한다는 결론에 이르게 된다. 즉 시각화하려는 인간의 욕망이 인간학적 토대에 근거를 둔 시각정보의 수용 우위성과 밀접한 연관이 있음을 인정한다면, 비언어적 커뮤니케이션과 시각 중심의 문화였던 과거의 커뮤니케이션방식이 언어문화를 거쳐 현대 뉴미디어의 발전과 더불어 쇠퇴되는 것이 아니라 여전히 현대의 커뮤니케이션과 수용양태를 결정하는, 기저에 놓여있는 근원적 힘으로

---

8) Vgl. Adorno, Theodor und Horkheimer, Max. "Zur Dialektik der Aufklärung. Philosophische Fragmente". In: Noerr, Gunzelin Schmid (Hg.). 1987. *Gesammelte Schriften. Bd. 5. Dialektik der Auflärung und Schriften 1940–1950*, Frankfurt a. M.

작용하고 있음이 자명해진다.

4. 탈경계 문화: 마이로위츠의 텔레비전 분석을 중심으로

시각 미디어가 문화에 끼친 영향을 분석한 학자 중 하나인 마이로위츠(Meyrowitz)는 텔레비전에 대한 분석을 통해 텔레비전에서 방송되는 내용과 관계없이 텔레비전이라는 미디어가 존재함으로 인해 발생하는 문화적 변동을 보여주었다. 그의 테제는 텔레비전이 등장하면서 전통사회에 존재하던 '남성과 여성의 차이, 성인과 아이의 차이, 공적 영역과 사적 영역의 차이가 무디어졌다' [9]는 것이다. 즉 텔레비전을 통하여 사회를 이루고 있던 기본적 가치체계와 관습의 틀, 정체성의 확립, 특히 권위적인 계급적 사고가 붕괴되고 있다는 문화적 함의를 지닌다. 이는 2장에서 언급한 미디어의 형식과 내용의 구분과도 깊은 관계가 있다. 예를 들어 텔레비전을 통해 성별 역할의 전통적 구분에 관한 방송이 나간다 할지라도, 텔레비전이라는 미디어가 삶 속에 침투함으로 인해 여성과 남성이 함께 미디어에 접근하고 시청각 정보를 수용할 수 있게 되었다는 문화가 새로이 창조됨으로써 남녀의 전통적 역할 구분에 혁명적 변형이 이루어지게 되어 남녀 지위의 평등화와 역할의 혼합이 이루어지

9) Vgl. Meyrowitz. Joshua.1990. *Wie Medieu unsere Welt verandern Die Fernsehgesellschaft II.*Weinheim, Basel:Psychologie heute/Beltz CAmerika. Original:*No Sense of Place*,1985). S.39ff.

게 된다는 것이다.

> "예를 들면 텔레비전이 성적인 내용을 담고 있다 하더라도 남성과 여성의 세계에서 나타나는 구분을 다양한 방식으로 지양한다. 텔레비전은 전통적으로 구분된 성의 정보시스템을 혼합시킨다. […] 남성과 여성의 전통적 역할의 차이는 대부분 정보시스템이 다름으로 인하여 생겨났으며 여자가 집에 고립되어 있었다는 점에 의해 뒷받침되었기 때문에 텔레비전은 성에 따라 나타나는 전형적인 행동을 내려놓는 하나의 추진력이 될 수 있다."[10]

이는 텔레비전의 등장이 단순히 시공간을 초월한 정보전달의 차원을 넘어 인간의 사고 구조, 사회적 가치관까지 스며들어 간다는 것을 단적으로 보여준 대목이며, 이는 비단 텔레비전이라는 미디어에만 해당되는 것이 아니라 모든 미디어에 총체적으로 적용될 수 있다. 역설적인 것은 텔레비젼이라는 미디어가 현실을 본뜨고 그것을 수용자들에게 전달하는 역할을 하면서 동시에 이면에서는 정보시스템의 변형을 가져옴으로써 기존의 현실체계를 변화시키는 기능을 했다는 점이다. 즉 뉴 미디어의 등장은 '사회적 정체성의 신지형도'를 그린다. 따라서 여기에서도 역시 커뮤니케이션의 내용보다 커뮤니케이션의 형식이 문화변동에 있어서 더 우위를 점한다는 사실이 강조되고 있다.

---

10) Ebd. S. 54f.

다시 말하면 시청각 매스미디어의 탄생을 통해 각각의 정체성이 지닌 특성과 차이점 및 경계, 즉 물리적으로 인식하는 장소의 감각, 가정과 사회, 남성과 여성, 아이와 성인 등의 차이인식이 사라지게 되었으며, 이같은 상황은 자연스럽게 사회의 위계질서 붕괴에 영향을 주었는데 이는 매스미디어에서 나오는 정보에 대한 접근성, 정보시스템 체계의 구조가 물리적 장소의 제약으로부터 자유로워지도록 재편되었기 때문이다. 즉 마이로위츠의 원서 제목 "장소에 대한 감각의 부재(No Sense of Place)"에서 은유적으로 표현되었듯이 전통적이고 물리적인 '장소'는 서로 혼합되고 가상과 실재의 장소가 혼재하고 있는 상황이 도래하였다.

5. 시각 문화의 감성자극과 체현화

이전 장에서 시각 미디어의 인간학적, 사회학적인 면을 중심으로 그 영향력을 분석해 보았다면, 5장에서는 시각 미디어가 지닌 형식이 커뮤니케이션에 있어서 '몸'과 어떤 관계가 있는가를 감각문화를 중심으로 살펴보고자 한다.

최근 자연과학과 인문과학, 정신과 신체, 형이상학과 형이하학의 구분 자체에 대한 문제가 제기되면서 인문학적 지식을 경험주의 연구방법과 연계시키는 연구가 많이 행해지고 있다. 대표적으로 인간의 정신활동, 마음의 움직임을 뇌의 인지활동과 결부시키는 뇌과학을 들 수 있다. 여기에 속하는 신경심리학과 두뇌심리학에서 나온 연구결과에 따르면 두뇌는 언어작용와 이미지작용을 하는 위치가 다르게 형성되어 있다. 이것이 뜻하는 것은 언어와 이미지는 해독하는 방식이 다를 가능성이 농후하다는 것이다. 이 두 부분의 정보처리 과정을 비교하여 보면 이미지는 신속히 처리되며, 특히 보편적 이미지는 순식간에 인식된다. 이는 추상적, 상징적, 이성적으로 재현하는 언어코드가 아닌 구체적, 도식적, 감정적인 코드이다. 따라서 언어 중심의 문화가 인간에게 이성적 논리를 강조하였다면, 시각 이미지가 매개 작용을 통해 간접적 재생되고 있는 시각 문화는 인간의 생물학적 부분을 자극함으로써 인지 감성 영역에 도전하는 장기간의 변수로 작용한다.[11] 생물학적 호르몬의 작용으로 자연과학에서 파악하고 있는 감정이 더 이상 신비주의적인 부분이 아니라 분석가능한 부분으로 떠오르고 있으므로 이에 결부된 시각 문화의 구체적인 수용에 대해서는 물질에 기반한 경험주의적 연구가 많은 기여를 할 수 있으며, 시각이미지와 감정의 관계에서 '시각이미지를 몸이 기억하다'라는 테제를 도출시킬 수 있다.

언어와 이미지를 비교해 본 위의 연구결과는 앞에서 언급했던 시각 문화의 커뮤니케이션 우위성을 다시 한 번 강조한다. 그런데 시각 이미지 자체를 바라보는 데에 또한 상반된 관점이 존재한다. 첫 번째 관점은 전 인류가 공통적으로 지니는 생물학적 보편성

11) Vgl. Zillmann, Dolf. "Cognitive and affective Adaptation to Advancing Communication Technology". In: Zoche, Peter (Hg.). 1994. *Herausforderungen für die Informationstechnik*. Heidelberg (Physica).

에 근거하여 시각 문화 자체가 시공을 초월하여 인간과 맺고 있는 본질적 연관관계를 중심으로 보는 것이다. 여기에는 이미지의 보편성이 기저에 놓여있다. 즉 문학을 연구하는 학문분과에서 일반적으로 이해되는 내용에 따르면 이미지 체계에는 사전도 문법도 없어서 '번역'이 필요하지 않다는 것이다. 따라서 이미지는 부분적으로 사회의 규칙적 관습을 뛰어넘는 미디어이며 보편적 해독코드를 가진다고 보는 것이다. 또한 이미지는 구체성을 지니고 있음으로 성찰의 과정이 생략되고 바로 감각에 호소함으로써 즉각적인 몸의 반응을 일으켜 몸에 각인된다는 것이다. 이에 반하여 시각 문화는 보편성과 더불어 문화적 특수성을 가지고 있기에 학습과정이 필수적이라고 보는 관점이 있다. 소쉬르의 언어연구에 따르면 언어는 랑그(Langue)와 파롤 (Parole)로 구분된다. 랑그는 언어가 지닌 사회적 약속으로서 인간이 빠져나올 수 없는 사회제도로서 기능한다. 또한 파롤은 구체적 발화행위이다. 따라서 전자는 사회문화적 맥락에서 이해해야 하며 후자는 개인적인 층위로 이해해야 한다. 이같은 특성을 움베르토 에코 등의 학자들은 시각 이미지에도 적용하곤 했는데, 예를 들면 "사진의 재생을 인식하기 위해서 우리는 교육을 받아야 한다"[12]는 언급을 하기도 하였다. 사회적 소통을 위해서는 이미지의 랑그가 필요하다는 주장이다. 인지주의의 관점에서 보면 '이미지 문맹'이라는 말도 가능하다. 이미지를 이해하기 위해서는 '이

12) Eco, Umberto. "Die Gliederung des filmischen Code". In: Knilli, Friedrich/ Reiss, Erwin (Hg.). 1971. *Semiotik des Films*, München. S. 70–93, hier S. 74f.

미지 리터러시(Image Literacy)'가 필요하고, 기존의 언어습득과정도 필요로 할 수 있다. 교육학과 인지과정에서 뿐만 아니라 철학자 질 들뢰즈(Gilles Deleuze)도 움직임의 이미지와 시간 이미지를 구분하면서 이미지의 본질과 이미지의 사이공간을 강조하였다.[13]

위의 논거의 대립은 각각이 부분적으로 설득력이 있을 뿐 아니라 문화학적 연구에서 도출된 결과들이다. 또한 시각적 이미지에 관한 위의 논의는 이미지의 커뮤니케이션이 '생물학적 보편성에 근거하는가', '문화적 학습에 의거하는가', 그리고 시각적 이미지의 수용이, '일방적인 감각적 조정에 달려있는가' 또는 '생산자와 수용자의 인터렉티브 관계에 있는가'라는 것으로 볼 수 있다. 각각이 지닌 차이를 다른 요소들과의 관계를 중심으로 파악한 것이 후자라면, 차이 자체에 대한 본질적, 보편적, 분석적 사고로 접근한 것이 전자이다. 그러나 시각 문화와 몸이라는 관계에서 살펴보면 이미지의 두 가지 면은 양자택일의 문제가 아니라 인간의 몸에는 선천적 반응의 구조와 문화적 학습의 구조가 동시에 체현화 되고 있음을 보여준다. 즉 시각 이미지는 우리의 몸에 '물질적' 그리고 '정신적' 기억으로 남아 궁극적으로 문화적 패턴을 변화시킨다. 상반되는 관점 사이의 경계가 지닌 비결정성과 임의성은 생산적인 긴장을 통해 변화해 나가는 미디어 문화학적 지도형성에 필수적인 요소가 된다.

---

13) Vgl. Deleuze, Gilles. 1991. *Das Zeit–Bild. Kino 2.*, Frankfurt a. M.

6. 나가는 말

앞선 분석을 통해 시각 미디어는 그것을 통해서 '무엇을 보는가' 하는 대상의 영역 뿐 아니라 '어떻게 보는가' 라는 미디어 '형식 자체' 만으로도 우리 삶에 끼치는 영향력이 방대했음을 알 수 있다. 즉 시각미디어는 다양한 방식으로 사회구조의 전통적 틀을 변화시키고 인간의 인지구조와 생리학적 구조의 패턴을 형성시키며, 더 나아가 문화적 패러다임을 구축한다.

이 패러다임의 한 형태는 커뮤니케이션의 구조인데, 이는 오랜 시대를 통과하여 테크놀로지의 발전을 통한 미디어의 다양한 변화를 거쳐 전달과 수용의 형식을 마련하였으며 각 단계를 특징짓는 혁명적인 미디어의 특성을 보여준다. 여기에서 시각 미디어는 커뮤니케이션 과정에 있어서 인간 신체 중에서 많은 정보를 습득하는 '감각'이라는 부분에 연관되어 오랜 과거로부터 현재까지 면면히 이어져오고 있는 비언어적 커뮤니케이션 영역 중의 하나이다. 이 때문에 수용과정에서 여타의 다른 커뮤니케이션 형식보다 지배적 역할을 하고 있는데, 이를 생리학적 감각의 영역과 연결시켜 고찰하면 그 문화적 파급력은 앞으로도 계속될 것이라는 미래 진단이 나온다.

따라서 본 논문에서 다룬 내용, 즉 미디어의 '내용'에서 '형식'으로의 전환, 커뮤니케이션 형식 진화의 역사적 흐름 속에서 본 비언어적 커뮤니케이션의 우위성, 사회구조 재편성에 미치는 시각 미디어의 영향력, 그리고 다름 아닌 우리의 몸감각에 직접적으로 커뮤니케이션을 요구하는 '시각 정보의 물질성과 몸으로의 전환'이라는 '탈경계'의 측면은 시각 문화를 접근하는데 있어서 거시적 관점을 형성하는 기본 토대이다.

|참고문헌|

김경희. 2007. 「문화학적 관점에서 바라본 매체 개념– '도구(Mittel)'에서 '중간(Mitte)'으로」. 『카프카연구』.

Adorno, Theodor/ Horkheimer, Max. "Zur Dialektik der Aufklärung. Philosophische Fragmente". In: Noerr, Gunzelin Schmid (Hg.). 1987. *Gesammelte Schriften. Bd. 5. Dialektik der Auflärung und Schriften 1940–1950*, Frankfurt a. M.

Deleuze, Gilles. 1991. *Das Zeit–Bild. Kino 2*. Frankfurt a. M.

Eco, Umberto. "Die Gliederung des filmischen Code". In: Knilli, Friedrich/ Reiss, Erwin (Hg.). 1971. *Semiotik des Films*, München. S. 70–93.

Gerbner, George/ Gross, Larry/ Morgan, Michael/ Signorelli, Nancy. "Growing Up with Television: The Cultivation Perspective". In: Jennings Bryant/ Dolf Zillmann (Hg.). 1994. *Media Effects*. Hillsdale, New Jersey (Erlbaum) S. 17–41.

Gumbrecht, Hans Ulrich/ Pfeiffer, K. Ludwig (Hg.). 1988. *Materialität der Kommunikation*, Frankfurt a. M.

Langenbucher, Wolfgang R. "Fernsehen als epochales Phänomen. Oder: Vom Nutzen der Kulturkritik für die Erforschung langfristiger Medienwirkungen." In: Mahle, Walter A. (Hg.). 1986. *Langfristige Medienwirkungen*, Berlin. S. 69–81.

Merten, Klaus. "Text und Meta–Text. Zur Struktur verbal–nonverbaler Texte." In: Bentele, Günter/ Hess–Lüttich, Ernest W. B. (Hg.). 1985. *Zeichengebrauch in Massenmedien. Tübingen*. S. 25–37.

Meyrowitz, Joshua. 1990. *Überall und nirgends dabei–Die Fernsehgesellschaft I. Wie Medien unsere Welt verändern–Die Fernsehgesellschaft II*. Weinheim, Basel: Psychologie heute/ Beltz (Amerika. Original: *No Sense of Place*, 1985).

Ong, Walter J. 1987. *Oralität und Literalität*, Opladen.

Postman, Niel. 1994. *The Disappearance of Childhood*, Reissue. edition.

Ders. 2005. *Amusing Ourselves to Death: Public Discourse in the Age of Show Business*, 20 Anv edition.

Signorelli, Nancy/ Morgan, Nichael (Hg.). 1990. *Cultivation Analysis*. Newbury Park usw., Sage.

Watzlawick, Paul/ Beavin, Janet H./ Jackson, Don D. 1969. *Menschliche Kommunikation: Formen, Störungen, Paradoxien*. Bern, Stuttgart, Wien.

Zillmann, Dolf. "Cognitive ans affective Adaptation to Advancing Communication Technology." In: Zoche, Peter (Hg.). 1994. *Herausforderungen für die Informationstechnik*. Heidelberg (Physica).

'프레임'의 재설정 & 관점의 형성.

원근법에서 유비쿼터스 미디어까지

|오은경|

1. 들어가는 말: 시각적 사고로서 '관점'

마그리트(René Magritte)의 그림 <재현의 불가능 Not to be Reproduced>(1937)은 초현실주의적일뿐만 아니라 비합리적이며 심지어 시각 자체에 위배된다. 그래서 이 그림은 본다는 것은 역설적이게도 시각정보의 습득을 전제로 할 뿐만 아니라 그에 대한 해석을 포함한다. 따라서 이미지는 본다는 것, 즉 시각 행위를 재현하는 동시에 눈에서 시작되어 뇌에서 완료되는 지각 과정에서 형성된 관점(perspective)을 드러낸다. 관점은, 단어의 사용에서 드러나듯이, '시각' 이기도 하고 어떠한 대상이나 사건을 대하는 입장 또는 판단을 전제로 한 '사고'이기도 하다. 그럼에도 불구하고 관점이 시각과 사고의 결합으로 이루어져 일종의 문화적 코드를 형성할 때 주도권이 시각이 아닌 사고에 놓인 것은 이성중심주의의 가치관이 오랫동안 지배해 온 문화적 배경 때문일 것이다. 이러한 문화적 맥락에서 시각은 환영을 만들어내고 사고를 교란시키는 원인으로 간주되어 시각 및 시각성 자체가 폄하되었다. 그런 점에서 볼 때, 서구문화의 전통에서 '시각적 사고'로서 관점이 어떻게 형성되는지는 시각문화의 합리성을 표상하는 원근법에서 확인할 수 있다. 원근법은 표면적으로 시각에 근거한 것처럼 보이나 실제로는 '시각적 사고'로서, 인식론과 함께 데카르트 이후 오랫동안 시각문화의 흐름을 주도해왔다.[1] 그러나 원근법적 맥락, 즉 세상을 있는 그대로 재현해 주는 것으로 간주된 객관적 도구의 환영은 시각을 사고에 종속시킨 결과이다.

원근법 이전과 이후를 구분하는 변별점은 시각적 주체의 존재 또는 더 나아가 시각적 주체와 이미지공간과의 관계 설정에서 찾을 수 있다. 원근법에는 소실점이 만들어내는 이미지 속 공간의 구성뿐만 아니라 소실점과 관찰자의 위치를 연결하여 얻어지는 공간이 내재되어 있기 때문이다. 원근법에 의해 구성되는 회화적 공간 그

1) 데카르트 또한 <광학>에서 '시각'에 주목하는 한편 시각으로 인한 현혹 가능성에 대해 경계하는데, 이러한 견해가 바로 시각에 대한 이중적인 입장을 대표한다. 따라서 이러한 '데카르트적 원근법주의'(Cartesian perspectivalism)는 '시각' 자체 그리고 시각성, 시각문화 전반에 대한 재조명을 시도한 연구에서 시각중심주의(Ocularcentrism)로 비판받는다(Martin Jay, 1988(2004)/1994; Crary, 1988(2004) 참조).

리고 그 공간을 설정하는 프레임[2]은 관찰의 범위를 결정하고, 그 제한된 영역에서 형성된 관점은 역으로 관찰자의 사고를 결정하게 된다. 원근법의 소실점 맞은편에 위치하면서 회화공간의 바깥에 은폐되어 있는 시각의 주체는 이렇게 제한된 관점과 사고의 틀에 자신을 고정시켰으며, 결과적으로 보는 방식은 사고방식을 규정하게 되었다. 따라서 관점이 단순히 '보는 것'을 의미하지 않는 것은 물론이며 '시각 정보의 통합적 처리의 결과로 얻어진 관점' 이상을 의미한다. 그렇기 때문에 이 글에서 '관점'은 시각과 사고의 결합체에서 출발하지만 근대 이후 다양한 시각장치의 개입으로 재설정되는 지각 및 사고의 측정 기준이기도 하다.

회화사에서 원근법은 흔히 과학적 사고가 예술의 영역에 도입된 예로 언급된다. 그러나 더 중요한 사실은 원근법이 시각적 서술의 새로운 방식이었을 뿐 아니라, 데카르트적 사고와 연결되어 르네상스적 관점 및 사고를 형성했다는 점, 그리고 그러한 관점이 르네상스 이후의 시각문화를 지배했다는 점일 것이다. 일반적으로 선원근법(linear perspective)은 예술과 철학이 과학기술과 결합하여 객

---

2) 이 글의 제목에 제시된 "프레임"은 미디어에 의해 설정되는 시각영역의 경계를 의미하며, 인간의 육안으로 확인할 수 있는 이미지 정보의 단위로 볼 수 있다. 프레임으로 현실과 구분되는 공간은 이미지의 영역이며, 회화나 사진, 영화, 텔레비전 그리고 컴퓨터 모니터에 이르기까지 미디어에 따라 다양한 형태로 이미지의 공간을 규정해왔다. 그러므로 이 글에서 '프레임'은 미디어의 종류에 상관없이 이미지(또는 미디어) 공간을 현실과 구분하는 경계로서 이미지공간의 구성논리를 내포한다.

관적 관점 및 사고를 구축한 근대적 시각문화의 출발점으로 간주된다(Judivitz, 1993, 63–86; Jay, 1994, 21–82 참조). 그리고 원근법에서 카메라 옵스큐라, 사진, 영화로 이어지는 근대적 시각기계의 탄생은 이러한 시각중심적 사고와 맞물려 이루어진 것이다. 결과적으로 관점은 시각과 사고의 결합이 만들어낸 인식론적 틀이자 르네상스 이후 지배적인 가치관의 기준으로 통용되었다.[3)]

이 글의 주제인 <프레임의 재설정>은 원근법을 토대로 구축된 '관점'이 어떻게 유지되었으며 또 해체되고 있는가를 살펴보기 위한 것이다. 관점은 각 시대가 선택하고 관철시킨 가치관을 반영하며, 이미지공간은 관점형성의 주된 영역이자 시각기계의 기술적 변환을 관찰할 수 있는 대상의 범위를 결정해준다. 매체론적 관점에서 볼 때, 회화적 공간, 즉 그림의 프레임을 첫 번째로 재설정한 것은 영화라는 기술매체였다. 영화에서 처음으로 프레임은 기계와 결합했고 회화와 사진으로 대표되는 상반된 시각성의 논리를 흡수했다.[4)] 그리고 영화가 재설정한 프레임에서 멀티프레임이 파생되자

3) 르네상스의 합리적 가치관을 지탱하는 두 기둥은 원근법과 구텐베르크 인쇄술이다. 이 두 기술은 총체적인 사고의 성립에 기여했다는 공통점을 갖는다. 원근법이 단안적(monocular) 관점으로 시각의 통합을 획득했다면, 인쇄술은 떠도는 이야기를 책 속에서 하나의 이야기로 묶어내 결과적으로는 동일한 정보의 확산을 이루어냈다.

4) 벤야민을 비롯한 많은 이론가들이 광학적 특성을 갖는 사진기가 만들어낸 화학적 이미지인 사진이 회화와는 다른 기술적 조건을 갖는다는 점을 지적하여 사진에서 새로운 시각성의 시작을 본다. 이렇듯 회화/사진으로 분리되

프레임의 본격적인 분할이 이루어졌다. 멀티프레임의 확장 형태로 볼 수 있는 프레임의 두 번째 재설정은 증강현실과 병행하여 구축되는 유비쿼터스 환경에서 이루어지는데, 여기에서는 프레임의 내적 분할로 설명되는 영화나 그래픽 기반 사용자 인터페이스(GUI: Graphical User Interface)와는 달리 프레임의 무한증식 및 네트워크라는 새로운 구성 원리가 제시된다.

초기 영화에서 1960년대 아방가르드 영화 그리고 1980/90년대의 다양한 실험형식으로 이어진 멀티프레임은 GUI를 거쳐 유비쿼터스 미디어에 이르러 비로소 표준 인터페이스의 지위를 획득하게 된다. 이는 원근법 이후 오랫동안 유지된 지배적 관점을 지탱해온 단일 프레임의 해체 과정으로 설명 가능하다. 멀티프레임의 계보학적 관찰을 통해 이 글은 또한 유비쿼터스 미디어가 표상하는 관점의 역사적 흔적을 되짚어 봄으로써 시각과 관점 그리고 미디어 테크놀로지의 관계를 설명하고자 한다. 이 글에서는 GUI 이전까지 멀티프레임이 주로 예술적 실험형식으로 시도되었다는 사실에 주목하여, 유비쿼터스 미디어의 구성에 매체기술사적 전개 이외의 또 다른 배경이 있다는 전제에서 출발한다. 이러한 가설을 출발점으로 예술과 테크놀로지간의 상호 관계를 규명하는 것이 이 글이 시도하

던 이미지의 물질적 토대와 각각을 대표하는 시각성의 논리(재현/기술복제)는 영화에서 역설적으로 결합된다. 이에 대해서는 디지털 영화에서 회화적 전통과 사진적 전통이 결합하여 영화를 그래픽으로 재정의하는 마노비치의 설명(Lev Manovich, 2001) 참조.

는 궁극적인 목적이 될 것이다.

2. 프레임의 재설정: 이미지 & 테크놀로지

BBC 다큐멘터리 <예술이 창조한 세계: 그림의 탄생 How Art Made the World: The Day Pictures were born>(2005)은 우리의 삶에서 이미지가 없었다면 어떠했을까 하는 가정에서 출발한다. 거리의 교통 표지판이 없다면 커다란 혼란이 발생할 것이라는 설명에서 우리는 일상에서 간과되는 이미지의 중요성을 새삼 깨닫게 된다. 이미지는 시각예술의 주요 표현 매체이지만 오늘날 이미지의 위상은 단순히 예술적 차원에서만 논의될 수 없다. 알타미라 동굴벽화에서 현대 사회의 일상 곳곳에 설치된 크고 작은 스크린에 이르기까지 이미지의 매개체는 수적으로도 증가했으며 그 형태도 다양해졌다. 이 글에서 프레임으로 구분되는 이미지의 공간이 실제 현실과 구분되는 매개된 현실, 즉 미디어에 의해 구축된 인공 현실을 지시한다는 점은 이미 밝힌바 있다. 그런 점에서 볼 때 이미지는 그 물질적 토대로서 미디어와 긴밀한 관계를 맺으며, 그 관계는 심지어 종속 관계로까지 설명 가능하다. 현실과의 관계에서 거의 모든 미디어는 공통점을 갖는다. 이미지 또는 미디어 공간은 프레임 안의 2차원적 닫힌 공간이며,[5] 이는 영화, 텔레비전, 컴퓨터 모니터를 포함

5) 미디어공간은 2차원적, 닫힌 공간의 두 가지 특성을 모두 갖는다. 다만 가상현실의 대표적인 형태로서 몰입형 가상현실의 경우 3차원 현실의 '가상적'

한 20세기 영상미디어에서도 이미지공간의 주된 특성으로 통용되었다. 만약 새로운 형태의 이미지공간이 존재할 수 있다면 그 출발점은 바로 미디어의 2차원적 프레임의 해체 그리고 닫힌 공간의 개방이 될 것이다.

2.1 3차원 현실에서 2차원으로 그리고 다시 '3차원'으로

알베르티(Alberti)의 원근법에 대한 은유인 '알베르티의 창(Window)'(1435)은 3차원의 공간을 2차원의 평면에 담아내는 도구였으며, 관찰자의 시점을 포함한 3차원의 공간감을 회화적 평면에 구현했다는 점에서 과학적, 합리적 관점을 형성했다.[6] 창은 외부 세

체험이 가능하기 때문에 가상현실의 이미지공간을 2차원적이라고 할 수는 없다. 그러나 3차원의 현실체험이 현실과 분리하여 이루어지기 때문에 제한적 의미로도 3차원적 현실의 구현이라는 설명은 무리가 있다고 본다.

6) 프리드버그는 "회화의 사각 프레임을 열린 창"으로 간주한 알베르티의 관점에서 3차원 공간을 2차원 평면으로 변형시킨 것보다 건축적 요소로서 "창"을 사용한 점에 주목한다. 그러나 원근법의 도입으로 회화적 '평면'이 공간적 깊이를 획득하여 실제 현실에 좀 더 접근할 수 있었던 점을 과소평가할 수는 없을 것이다. 현실을 그대로 투영시키는 투명성은 바로 공간적 깊이에서 얻어졌기 때문이다(Friedberg, 2006, 1). 이와 관련하여 레오나르도 다 빈치의 다음 언급을 참조; "원근법을 사용하면 다수의 물체가 존재하는 3차원의 공간을 2차원의 평면 위로 옮겨올 수 있고 게다가 사실감뿐 아니라 통일감과 조화감까지도 느낄 수 있게 해 주기 때문에 화가들은 이 원근법을 통하여 '세상을 보는 창과 같은 그림'이라는 목적을 달성할 수 있었다."(레오나르도 다 빈치, 1998, 130)

상을 창틀(Frame) 안에 넣어 구성하는 이미지공간에 대한 은유로서, 관찰자는 틀 속에 생겨난 평면을 서술의 공간으로 사용하는 한편 그에 근거하여 자신의 관점을 확립하였다. 그런 점에서 볼 때 알베르티의 창은 예술사가나 미디어 이론가들이 이야기하는 것처럼 투명하지 않다.[7] 다시 말해서 알베르티의 창은 투명한 유리창을 지시하기보다는 그 테두리, 즉 프레임에 대한 은유로 보는 것이 적절하다. 즉 이미지공간의 경계 그리고 갇힌 관점과 관찰자 사이의 고정된 관계 설정이 '알베르티의 은유'가 의미하는 것이다(Friedberg, 2006, 12/20).

알베르티의 창이 표상하는 원근법적 이상은 사진과 영화에서 보다 완벽하게 구현된다. 또한 원근법의 논리를 더욱 완벽하게 수행한 몰입형 가상현실(과 그 장치로서 HMD: Head-Mounted Display)의 등장으로 알베르티의 창은 더욱 투명해지는 것처럼 보인다. 게다가 소실점을 기준으로 캔버스에 고정된 관찰자가 여전히 극장 안에서 스크린에 눈을 고정시켜야 하는 관객의 역할을 받

7) 이 글에서 사용하는 "투명성"의 개념은 볼터/ 그루신의 재매개론에 따른 것이다. 미디어를 "재매개하는 것"으로 규정하는 저자들은 재매개를 결정하는 두 가지 논리를 비매개(Immediacy)/ 하이퍼매개(Hypermediacy)의 키워드로 설명한다. 매개과정에서 미디어가 인식되지 않는 비매개는 투명성을 갖는 것으로 설명할 수 있으며, 따라서 매개됨이 인식되는 하이퍼매개는 불투명한 것이 된다. 원근법은 투명성의 논리를 대표하는 관점으로 투명성의 논리는 근대 이후 시각문화를 주도하였을 뿐 아니라 시각기술의 개발과 맞물려 강력한 영향을 행사하였다.(Bolter/ Grussin, 2000 참조)

아들이고 HMD로 현실과 차단되는 상황을 고려할 때 투명성의 논리는 더욱 강화된 형태로 반복된다. 따라서 영화 <매트릭스 The Matrix>(1999)에서 제시되었던 것처럼, HMD에서 구현된 몰입형 가상현실이 우리가 존재하는 물리적 현실로 그 영역을 넓힐 경우 인간의 지각능력으로는 자연과 인공물을 구분할 수 없는 현실이 도래할 것이라는 예측도 가능해진다. 몰입형 가상현실에서 이미 이미지공간의 경계선에 해당하는 프레임은 사라졌다고 볼 수 있다. 관찰자가 프레임 자체를 인지할 수 없기 때문이다. 하지만 현실과 인공현실(또는 가상현실)의 경계가 소멸된 것은 아니다. 왜냐하면 특정한 조건 하에서만 완벽한 3차원 현실을 체험할 수 있는 가상현실은 그 경계선을 넘어 다시 현실로 돌아오는 순간 사라지기 때문에 오히려 보다 완벽한 환영의 구현이 이루어졌다고 해야 할 것이다. 한편 프레임의 해체가 가상현실과는 다른 방식으로도 이루어지고 있는데, 예컨대 증강현실(Augmented Reality) 내지는 '유비쿼터스 컴퓨팅'(Ubiquitous Computing)에서 프레임은 사라지지 않고 존재하며 오히려 수적으로 증가한다.[8)]

20세기 이미지공간의 지배 논리는 인공현실의 생성 또는 완벽한 투명성의 추구로 요약 가능하다. 심지어 디지털 기술로 영화가

---

8) 증강현실은 현실 위에 인공현실을 겹치게 함으로써 현실과 분리된 인공현실의 생성을 추구하는 가상현실과는 반대의 논리를 취한다. 유비쿼터스 컴퓨팅은 현실 공간 전체를 정보공간으로 이용한다는 점에서 증강현실과 일맥상통하는데, 그 공통의 원리는 정보 접속 경로의 다차원화이다.

그래픽의 특성을 갖게 된 이후(Manovich, 2001) 실사와 그래픽의 구분이 없어지고 스크린은 새로운 리얼리티의 조건을 갖추지만, 기존의 스크린에서 추구되던 투명성의 논리는 여전히 유지된다.[9] 알베르티의 창이 사진, 영화, 컴퓨터 모니터를 거치면서 현실 재현의 기능을 강화시킨 것이다. 반면 21세기 유비쿼터스 환경에서 현실에는 수많은 인공현실, 즉 이미지정보 층이 겹쳐지고 미디어 사용자 또한 변화된 물리적 체험의 조건을 받아들인다. 디지털 기술의 적용으로 "가상적 윈도우"(Friedberg, 2006, 7–12)라는 은유가 더욱 적절해진 이미지공간을 새로이 지배하는 것은 보다 정교한 3차원적 현실의 구현, 즉 현실성이 아니라 언제, 어디에나 그리고 어떠한 것이든 보여주는 이미지공간의 편재성 그리고 다원성이 되는 것이다.

몰입형 가상현실이 원근법의 투명한 논리, 즉 이미지공간을 완벽한 재현의 공간으로 만들려는 이상을 기술적으로 보강하려는 반면, 증강현실은 현실과 재현의 공간을 뒤섞어 놓는다. 증강현실

9) 마노비치는 디지털합성이라는 새로운 이미지 생산조건의 결과로 얻어진 새로운 재현 현실의 특성을 "합성 리얼리즘 synthetic realism" 또는 "탄성적 리얼리티 elastic reality"라는 명칭으로 설명한다. 그러나 이 새로운 리얼리즘 또한 관점은 기존의 것을 그대로 수용한다. 다시 말해서, 이미지가 어떠한 사실관계를 구성하고 있는가보다 얼마나 현실처럼 보이는가에 초점이 맞추어지면 소위 조작된 이미지가 삽입될 경우라도 그것이 이미지의 실제성을 판단하는데 아무런 영향을 끼치지 못한다. 그래서 합성이미지는 관객에게 스펙터클한 장면을 선사하며 시각적인 특수 효과에 의해 조정된 새로운 관점을 심어주게 된다. 결과적으로 테크놀로지에 의해 보강된 투명성의 논리는 이렇게 보이지 않는 영역에서 일어나는 변화까지 흡수해 버린다.

에서는 재현의 공간, 인공현실의 영역인 이미지공간이 현실에 겹쳐지는 방식을 통해 그 안으로 침투해 들어간다. 워싱턴 대학의 '휴먼 인터페이스 테크놀로지 랩 Human Interface Technology Laboratory. University of Washington'에서 개발한 <매직북 The Magic Book>은 현실에 가상현실을 겹쳐 혼합현실을 구성하고 있다. '매직북 인터페이스'가 이질적인 두 공간 사이를 연결시키는 동시에 그 사이의 경계를 삭제하지 않는다는 점에서, 이 작품은 일종의 증강현실 구현의 예로 볼 수도 있다. 여기에서 우리는 증강현실이 제시하고 있는 이미지공간의 구성 원칙을 확인할 수 있는데, 그것은 하나의 프레임에 하나의 관점을 대입시켜 완벽한 현실 구현을 추구하는 단일 집중적 구성을 여러 관점을 허용하는 분산적 구성으로 대체하는 것이다. 이때 원본으로서 현실은 복제의 기준으로 제시되거나 재구성되는 대신 복사본인 인공현실과 중첩된다. 이는 현실과 인공현실의 구분이 힘들어지고 그 경계가 소멸하는 위기에 직면하여 선택된 새로운 현실 재구성의 방식으로 볼 수 있는데, 프레임을 유지시키되 그 수적 증가를 통해 이미지공간은 그 영역을 무한히 확장하게 된다. 프레임이 설정해 놓은 2차원의 평면에 갇혀있던 이미지공간은 가상현실을 통한 폐쇄적인 3차원적 재구성을 포기하고 현실공간과 연결되는 방식을 통해 2차원의 세계를 벗어난다. 그 결과 무수한 2차원적 이미지공간들이 현실을 매개로 하여 연결되는 '3차원'의 이미지공간을 구성하게 되고, 몰입형 가상현실 또한 그 매개의 네트워크 속에 공존하게 된다.

2.2 원근법적 공간의 해체. 구상과 기술적 배경

현실과 인공현실, 실제 대상과 이미지의 구분이 모호해지는 상황에서 파생되는 여러 문제가 지적되면 흔히 미디어 비판으로 연결되곤 하지만, 결국엔 기술 또는 기계 자체에 대한 비난으로 귀결되는 식의 미디어 비판으로 문제가 해결될 수는 없다. 그렇다면 근대의 시각체제에 대한 연구가 원근법, 즉 시각중심주의를 시각 자체와 분리시켜 하나의 관점으로 해석한 것처럼, 원근법의 방향과 '다르게' 보는 방식에 대한 연구가 오히려 다른 방식의 미디어 비판에 생산적 관점을 제시할 수 있을 것이다. 앞에서 언급했듯이, 테크놀로지에 의해 이미지공간은 새로운 '3차원' 공간으로 거듭나고 그 결과 프레임 자체의 재설정이 이루어졌다. 유비쿼터스 컴퓨팅의 구성원칙으로 설명된 프레임의 증식 및 분산은 근대 이후 지배적인 시각 논리로 유지된 원근법적 공간의 해체를 전제로 한 것이다. 그렇다면 원근법과 다른 관점을 택한 예들의 계보학적 맥락을 짚어보는 과정에서 원근법 해체의 기본 논리를 추출할 수 있을 것이다. 원근법에 대비되는 관점에서 출발하여 유비쿼터스 컴퓨팅에 이르기까지 그 구상과 기술적 배경을 살펴보는 작업은 이 새로운 미디어가 어떻게 구성되었고 매체사적으로 어떠한 의미를 부여받을 수 있을지에 대한 설명에 토대를 마련해 줄 것이다. 2차원의 평면에 3차원의 공간을 형상화시킨 원근법과 그 이후의 미디어에 대한 설명에서 살펴보았듯이, 대부분의 이미지공간에서 단일 관점이 매개되는 이유는 역설적이게도 현실 재현의 욕구가 완벽한 환영의 창출과 맞물려 있기 때문이다. 그래서 현실성을 추구해온 이미지공간은 원래의 의도와는 달리 현실을 단편적으로 서술하거나 왜곡하게 되는 것이다. 물론 17세기 네덜란드 회화의 예에서 보듯이(Jay, 1994, 60), 모든 회화 공간이 원근법을 주된 관점으로 받아들인 것은 아니다.

홀바인(Hans Holbein)의 <대사들 The Ambassadors>(1533)과 벨라즈케즈(Diego Vélazquez)의 <시녀들 Las Meninas> (1656)은 왜상(Anamorphosis)이나 관찰자의 존재를 캔버스 안에 삽입함으로써 원근법적 공간의 규칙을 깨뜨린다. 베르메르(Johannes Vermeer)의 그림 <천문학자 The Astronomoer> (1668)와 <지리학자 The Geographer> (1668–69)가 단순히 과학자를 그림의 소재로 선택한 것이 아니라 데카르트적 카메라 옵스큐라의 패러다임을 재현하는 것으로 해석되듯이(Crary, 2004, 43–66), 홀바인의 그림 또한 과학적 도구들을 소개하는 것에 그치지 않는다. 원근법적 규칙에 위배되는 시각적 요소를 캔버스에 삽입하여 얻어지는 왜상은 '가시적인 것' 자체에 대한 성찰을 시도한다. 다시 말해서, 왜상은 시각 개념을 기술적으로 재정의(Judovitz, 1993, 69)하는 동시에 새로운 시각기술의 도입, 즉 원근법에서 카메라 옵스큐라로의 이동을 암시하는 장치로서(Friedberg, 2006, 64) 새로운 관점을 매개한다. 결과적으로 왜상은 원근법적 관점을 와해시키고, 그로 인해 발생한 프레임 속 공간의 균열은 선형 원근법이 구축한 투명성이란 환영에 대항하는 성찰적 계기를 마련해준다(Bolter/ Gromala, 2005, 62). 홀바인의

<대사들>에서 왜상이 발생시킨 시각적 균열은 프레임 안에 이질적인 관점이 삽입된 지점이 되며, 이로써 프레임 전체를 조망하는 관점이 여러 관점들로 분열될 가능성을 그 안에 숨기고 있다. 벨라즈케즈의 <시녀들>에서는 소실점이 프레임 밖에 설정되거나[10] 그림 속 서술 상황의 권력구도를 180도 회전시킴으로써 이미지공간을 개방시킨다. 벨라즈케즈의 그림에서 캔버스라는 대표 프레임 안에 서술되는 내용과 그 주인공은 제목에서 제시된 시녀나 구도 상의 중심인물인 공주가 아니며, 그렇다고 해서 거울 속에 은밀히 삽입되어 있는 왕과 왕비라고 단언할 수도 없다. 분명한 것은 원근법적 구도를 구성하는 중요한 요소들, 즉 소실점이나 서술대상에 해당하는 왕과 왕비가 모두 프레임 밖에 위치하고 있다는 점이다. 그런 점에서 볼 때, <시녀들>의 주인공은 프레임을 해체하는 구성요소들과 그 요소들 사이의 연관관계에서 발생하는 다양한 시선들, 분산된 관점 자체로 볼 수 있을 것이다.

원근법이 해체된 과정은 다중 관점을 통한 단일 관점의 대체, 관점을 매개하는 프레임 자체에 대한 성찰 그리고 단일 관점이 구축해온 환영의 파괴로 설명 가능하다. 홀바인과 벨라즈케즈에서 살펴본 이러한 원근법의 해체 작업의 결과로서 반(反)원근법적 시각

10) 캠프 Martin Kemp는 벨라즈케즈의 <시녀들>에서 계단에 서 있는 남자를 소실점으로 보고 있다. 이 소실점은 캔버스에서 묘사되는 공간의 경계를 넘어 또 다른 공간을 지향하고 있다는 점에서 이 그림은 원근법적 관습을 벗어난다(Martin Kemp, 1990, 106–108).

은 20세기 입체파와 아방가르드 예술로 이어져 지속되었다.[11] 그 과정에서 특히 결정적인 해체 전략으로 사용된 것이 프레임의 무력화였다. 하나의 프레임 안에 여러 개의 프레임이 삽입 가능하다는 것은 더 이상 대표 관점이 존재하지 않는다는 것을 의미한다. 프레임의 분열(홀바인)이나 개방(벨라스케즈)은 다중 프레임으로 이어지고 관점의 분산을 가져온다. 영화에서도 계속된 프레임의 해체는 스크린의 분할 및 멀티프레임의 형태에서 확인 가능하다. 입체파의 회화에서 파편화된 단면들로 암시되는 수준에 머물렀던 다중 관점은 영화에서 독자적인 공간의 분할을 통해 보다 분명하게 제시된다. 그러나 본격적인 스크린의 분할은 컴퓨터 모니터에서 시작되었다. 1970년대 애플 컴퓨터에서 개발된 GUI는 마이크로소프트(Microsoft)의 운영체제인 '윈도우즈'(Windows)에서 대중화된 후 뉴미디어의 새로운 형식으로 자리 잡았다. 여러 개의 창을 동시에 띄

11) 이는 중세에서 근대로 이어진 과학적 사고가 새로운 패러다임을 받아들이는 것으로 이어진다. 원근법을 유일한 근대적 관점으로 규정할 수는 없겠지만 패러다임의 변화를 인식하게 해주는 대표적인 은유임은 분명하다. 이에 대해서는 다음을 참조: "원근법은 중세 시각이론과 세상을 그리려는 근대적 욕구의 혼성이다. 그것은 종종 시각을 표상하는 근대 초기의 과학적 방식으로 지칭되었으나, 나중에는 아인슈타인의 상대성이론 그리고 20세기 초 회화 공간을 파괴한 파블로 피카소의 입체주의 기법 등 때문에 그 지위를 잃었다. 불행하게도 과학적 지식과 시각적 표상 사이의 교묘한 평행관계는 엄밀히 분석해 보면 유효하지 못하다. 원근법은 하나의 동의된 체계였던 게 아니라, 대중적 오락에서부터 기하학적 표현과 사회 조직화 수단 등을 아우르는 표상 전략의 복합체였다"(미르조에프, 2009, 74).

울 수 있을 뿐만 아니라 자유자재로 사라지거나 나타나게 하는 새로운 형태의 프레임은 컴퓨터사용자(기존의 관찰자 또는 관객)가 여러 관점을 넘나드는 체험을 하게한다. 이때 중요한 것은 여러 개의 이미지공간(또는 윈도우)이 병렬적인 관계를 맺고 있으며, 각각의 윈도우가 표상하는 관점을 통합하는 하나의 대표 관점이 존재하지 않는다는 사실이다.[12] 컴퓨터의 사용에서, 더 정확하게 말하면 PC의 대중화 이후 멀티프레임은 아방가르드 예술의 제한된 영역을 벗어나 미디어환경에 침투하고 우리의 일상을 변화시켰다. 영화 속에 웹페이지가 등장하고 컴퓨터 모니터로 영화를 보거나 텔레비전을 시청하게 된 오늘날 영화 스크린과 컴퓨터 모니터는 상호 교환적 관계 속에서 공존하게 된다.

GUI를 계기로 여러 개의 창을 겹쳐놓거나 필요한 창(정보공간)을 임의로 불러오는 방식으로 관점의 다층화가 이루어졌다면, 유비쿼터스 미디어[13]는 이미지공간, 즉 프레임 안에서만 유효하던

12) 컴퓨터에서도 처음에는 다른 미디어, 즉 영화나 텔레비전과 같은 형태의, 즉 세상을 바라보는 창문으로서 스크린이 제공되었다. 그러나 단일 스크린에 가상화 기능이 첨가됨으로써, 사용할 윈도우는 불러오고 보류시킬 데이터를 담고 있는 윈도우는 사라지게 하는 것이 가능해졌고, 동시에 여러 개의 스크린을 활용할 수 있게 되었다. 이는 단일 관점을 매개하는 시각기계로서 스크린에 종속된 사용자의 관점을 해방시키려는 오랜 시도와도 맞물리게 된다. 그런 점에서 볼 때, 마이크로소프트의 '윈도우즈'(Windows)라는 명칭에서도 무게 중심은 세상을 향한 창을 은유하는 '윈도우'가 아니라 복수를 지칭하는 's'로 옮겨진다고 이야기할 수 있다.

13) J. 볼터가 지적하고 있듯이, 마크 와이저의 용어인 유비쿼터스 컴퓨팅은 이

이러한 작동 방식을 현실공간으로 확장시킨다. 또한 관찰자의 위치/관점을 고정시키던 프레임의 수적 팽창을 계기로 관찰자는 이동이 자유로워진다. 이제 스크린이 테이블 위에 위치하거나 거실 벽 전체를 채울 수도 있고, 특정 공간에 제한되지 않고 일상공간의 어디에나 존재하게 된다. 카페나 야외에서 웹 서핑을 하는 현대인은 자동차나 운동기구에 달린 조그만 스크린으로 자신의 현재에서 이탈하여 순간적으로나마 가상의 시공간에 몰입할 수도 있다. 따라서 유비쿼터스 환경에서 모든 것은 이미지공간이 될 수 있으며, 그 결과 프레임은 단순히 해체되는 것이 아니라 해체와 재구성의 역동적 과정 속에서 계속 변경된다. 프레임은 언제 어디에나 존재하게 되는 정보공간을 불러올 때마다 나타나고 사라짐을 반복하며 그 위치나 크기 또한 다양해진다. 유비쿼터스 미디어는 다중성(Multiplicity)과 편재성(Ubiquity), 이동가능성(Mobility)이라는 새로운 논리에 근거해 프레임을 재설정한다.

3. 멀티프레임: 관점의 해체 및 재구성

회화에서 영화, 텔레비전, 컴퓨터를 거쳐 유비쿼터스 미디어에 이르기까지 이미지공간의 경계를 설정해 온 프레임이 해체와 다

제 디지털 미디어의 새로운 장을 연 '유비쿼터스 미디어'의 명칭으로 대체되는 것이 더 적절할 것이다(Bolter/ Gromala, 2003, 106).

층화, 확산을 거쳐 새로운 이미지공간으로 재구성된다는 본 논문의 테제는 새로운 미디어의 출현에 주목한 결과로 도출된 것이 아니다. 앞 장에서도 언급되었듯이, 시각문화의 역사에서 프레임의 내부(또는 내용)를 결정하는 지배적인 논리는 존재하였으나 이미 15세기부터 그 반대 논리 또한 존재하였다. 중요한 것은 대항 관점으로서 다중관점이 기술사적으로 어떠한 경로를 통해 중심부로 진입했으며 그 과정에서 관찰되는 멀티프레임(또는 멀티스크린)의 형식에 어떠한 의미를 부여할 수 있는가의 문제일 것이다. 앞에서 원근법이 지배하던 프레임의 해체 과정을 추적해 보았다면, 이제 그 범위를 좁혀 멀티프레임의 계보학적 관찰을 통해 새로운 관점의 형성 과정을 살펴보겠다.

3.1 베르토프에서 워홀, 그리너웨이에서 윈도우까지

2008년 한국의 텔레비전 드라마에서 특이한 화면구성이 시청자의 눈길을 끌었다. SBS 드라마 <식객>의 요리 대결 장면에서 자주 사용되던 멀티프레임은 KBS 드라마 <그들이 사는 세상>에서 촬영 장면을 역동적으로 만드는데 쓰였다. 이 두 드라마는 영화 <타짜>(2006)에서 이미 시도된 바 있는 멀티프레임 기법이 국내 공중파 드라마에 본격적으로 적용된 예로 보아도 될 것이다. 외국의 경우 멀티프레임이 인기 드라마 <24>나 <CSI: Miami> 등의 대표적인 포맷으로 자리 잡은 지 오래되었고, 그 이전에도 이미 영화나 뮤직비디오에서 다양하게 시도된 바 있다. 영화에서 멀티프레임의 기원을 찾아보면 20세기 초 강스(Abel Gance)의 <나폴레옹 Napoleon>(1920)까지 거슬러 올라갈 수 있으며 워홀(Andy Warhol)의 <외부공간과 내부공간 Outer and Inner Space>(1966)을 거쳐 그리너웨이(Peter Greenaway)의 <프로스페로의 서재 Prospero' Books>(1991)로 이어진다.[14)]

영화 <나폴레옹>에서 멀티프레임은 스펙터클한 효과를 목표로 하며 서사적 이해를 지원하려는 의도에서 사용되었다. 히치콕(Alfred Hitchcock)의 <이창 Rear Window>(1954)이나 드 팔마(Brian de Palma)의 <자매들 Sisters>(1963)에서처럼 1950, 60년대 영화에서 자주 사용된 멀티프레임은 서술상황의 다층화를 시각적으로 형상화하는 도구였으나 워홀의 실험영화에서는 더 나아가 비디오와 영화의 미디어 간 결합으로 얻어진 형식(Friedberg, 216)으로 해석된다. 그리고 그리너웨이의 새로운 편집방식은 컴퓨터 또는 월드와이드웹을 재매개한 것이다.[15)] 따라서 영화의 실험 형식으로 시도된 멀

14) 영화의 역사에서 멀티프레임에 대한 해석은 디지털 영화를 계기로 달라진다. 영화 편집의 오랜 전통을 형성해온 몽타주(시간적 몽타주이며 비매개적 합성)가 디지털합성에서 파생된 새로운 형식의 몽타주(공간적 몽타주이자 하이퍼매개적 합성)로 대체되자(Bolter/ Grussin, 2000; Manovich, 2001, 136–160/ 286–308) 멀티프레임은 영화의 새로운 편집방식으로 인정받게 된다.

15) 프리드버그는 워홀의 영화 <외부공간과 내부공간>에서 두 미디어의 결합이 멀티프레임의 형식을 만들어내고 있을 뿐만 아니라 '내부공간'을 담당

티프레임은, 올드미디어와 뉴미디어의 상호 재매개의 결과로 볼 수 있다. 더 나아가 미디어 융합으로도 설명할 수 있는 이러한 현상은 더 정확하게 말해서 월드와이드웹 이후 이루어진 복합적인 재매개의 결과로 보아야 할 것이다. 그렇기 때문에 오늘날 텔레비전 드라마에서 사용된 멀티프레임은 뉴미디어와의 경쟁 관계에서 살아남기 위한 시도의 결과이자 복잡한 재매개의 부산물로 보는 것이 적절하다.[16)]

강스에서 워홀을 거쳐 그리너웨이에 이르기까지 영화사에서 지속적으로 관찰된 멀티프레임이 스크린 속에 다중관점의 시선을 유지시켰다는 사실에서 그 의미를 평가할 수도 있었다. 그런데 멀티프레임의 수용과정을 고려하면 또 다른 의미 부여의 실마리를 찾

하는 비디오와 '외부공간'에 해당하는 영화가 각각 자체적으로 갖는 공간적 논리를 대표하고 있음을 지적하고 있다. 물리적으로 구분되는 서술상황의 병렬적 배치는 다양한 관점을 하나의 공간에 배치할 수 있다는 것을 의미한다. 이를 디지털 영화 이후의 이미지공간의 구성을 선취한 것으로 본다면 다중관점이 발생시킨 새로운 테크놀로지의 조건을 지적할 수 있을 것이다. 이와 관련하여 스필만은 그리너웨이의 편집방식에서 상호매체성의 개념을 이끌어낸다(Yvonne Spielmann, 1994, 133–161).

16) 멀티프레임은 사실 텔레비전 뉴스의 기본 포맷이지만 뉴스에서 화면분할은 투명성의 논리를 지원한다. 보도자의 스튜디오 공간과 자료화면 공간의 분리는 뉴스라는 프로그램고유의 기본 구성원칙이기 때문이다. 반면 텔레비전 드라마는 영화의 서술 및 이미지공간을 재매개하였는데, 이때 재매개의 대상은 투명성의 논리를 계승한 영화이다. 따라서 영화에서 주로 실험적 형식으로 사용되어 투명성에 대항한 멀티프레임이 텔레비전 드라마에 도입된 것은 영화에서 드라마로 이어지는 투명성을 깨뜨리는 효과를 가져온다.

게 된다. 멀티프레임이 사용된 동영상을 이해하기 위해서는 이미 해체되어 제시되는 이미지 파편들 사이의 연관성을 찾아내는 작업이 중요하기 때문이다. 그런데 아방가르드 영상물에 익숙하지 않은 대중들도 드라마의 멀티프레임을 새로운 포맷의 시도로 여기고 신선한 화면 구성으로 받아들이는 이유는 시청자가 컴퓨터라는 뉴미디어의 사용자이기 때문이다. 결국 회화와 영화에서 시도된 다중관점의 형상화에 내재된 대항관점으로서 잠재력은 희석되는 반면 텔레비전 드라마 이후의 멀티프레임은 다양한 재매개의 하위 형식들을 생성하여 대중성을 확보하게 된다.

19세기 말 광학적, 기계적으로 강화된 원근법과의 경쟁 구도 속에서 탄생한 입체파 화가들의 과격한 관점이 일상의 익숙함을 낯설게 하는 효과를 거두었다면 동일한 기법이 20세기 말에는 일상이 되어버린다. 100년의 시간과 그에 따른 매체기술의 변화는 이렇게 일상으로부터 일탈하려는 시도를 일상으로 편입시켰다. 그럼에도 불구하고 네덜란드 회화에서 입체파 그리고 실험 영화로 이어진 다중관점에 내포된 문화적 함의, 즉 지배적인 시각논리에 대한 전복의 의도는 오늘날 미디어 사용자에게도 여전히 유효하다. 드라마로 옮겨온 멀티프레임이 매스미디어를 통해 자주 접하게 되어 익숙한 형식이 된 것과는 별도로 멀티프레임은 이미지 정보를 해석하는 과정에서 사용자의 능동성을 요청하도록 구성되어 있기 때문이다. 따라서 관객의 입장에서 볼 때 이미지 코드의 해석은 단선적 경로를 따라 이루어지는 것이 아니라 중층 구조를 해독해야 하는 보다 복잡한 과정을 거치게 된다.

3.2 다중관점에서 프레임의 이동으로

멀티프레임이 촉발시킨 관찰자의 능동성은 디지털미디어 이후 미디어 사용자에게 요청되는 기본자세이기도 하다. 그리고 결과적으로 관찰자의 역할이 변하고 관점 또한 새로이 규정된다. 소실점에서 해방된 관찰자는 자유로이 이동하게 되었으며 그에 상응하여 관점 또한 고정된 위치를 필요로 하지 않게 된 것이다. 그렇다면 이러한 변화가 이미지공간을 결정하는 프레임에는 어떠한 영향을 주었는가? 이에 대한 답은 백남준의 비디오아트에서 사용된 멀티스크린의 형태에서 찾을 수 있다.

여러 개의 TV-모니터를 연결하여 설치하는 형태로 유명한 그의 비디오아트는 프레임의 경계에 대한 새로운 해석을 가능하게 하였다. 서울시립미술관에 상설 전시되고 있는 <서울 랩소디>는 280개의 모니터를 평면으로 연결한 대형비디오 설치작업이다. 각각의 모니터는 프레임으로 구분되는 독자적인 이미지공간으로 존재하지만 커다란 스크린의 차원에서 보면 이미지를 만드는 픽셀로 기능할 뿐이다. 이 작품에서 개별 모니터의 프레임은 존재하되 이미지공간의 단위를 규정해주던 경계로서의 의미를 상실하기 때문에 동시에 삭제된 것으로도 볼 수 있다.[17] 이 작품에서 멀티스크린

17) 백남준의 작품에서 개별적인 모니터는 각각 독립된 이미지공간으로서 스

은 비디오로 구성된 거대한 이미지공간을 만들어내기 위해 고안된 것이지만, 그 구성을 살펴보면 개체가 총합을 구성하는 동시에 자체적으로는 독립된 공간으로도 존재한다는 점이 흥미롭다.

백남준의 멀티스크린은 이미지공간의 구성에 새로운 모델을 제시한다. Expo 67의 초대형 멀티비전의 예에서 확인할 수 있듯이 멀티스크린은 60년대에 이미 확장시네마(Expanded Cinema)의 형태로 선보였으며, 이후 미디어아트 영역에서 사용된 유동적 스크린(Fluid Screens)의 실험적 모델로 볼 수 있다.[18] 멀티프레임이 프레임의 해체와 내적 분열을 추구하는 반면, 멀티스크린은 그 반대의 과정을 거친다. 이미 자체적인 프레임으로 분리되는 공간의 복합체인 멀티스크린의 경우 각각의 이미지공간을 규정하는 프레임 사이의 연결 가능성이 보다 강조되는데, 확장시네마의 도구로 사용된 멀티스크린은 프레임을 공간적 구성요소로 보아 사각형의 틀에서 탈피

크린으로 볼 수 있지만 이때 프레임의 기능은 모호해진다. 예를 들어, 여러 개의 모니터가 물고기라는 하나의 형태를 형상화할 때 개별 스크린은 독립된 매체장치로 존재하되 그에 수반되던 프레임의 기능을 상실하기 때문이다. 영화의 멀티프레임이 존재하지 않는 프레임을 생성하여 하나의 이미지공간을 분열시킨 것과 반대로 이 작품에서 프레임은 삭제의 대상이 된다.

18) "유동적 스크린"은 시공간이라는 것이 "획일적이거나 연속적이지 않다"(neither uniform nor continuous)는 이해에서 출발한다. 맥루언이 전기라는 매체를 설명하며 사용한 "흐름"이라는 메타포는 무엇이든 연결 가능한 유비쿼터스 미디어에도 적용 가능하다. Fluid Screens, Expanded Cinema, edited by Janine Marchessault and Susan Lord, University of Toronto Press, 2007, 4.

할 계기를 제공하였다. 프레임은 이제 이미지공간의 경계를 정해주는 것에 그치지 않고 형태를 변경하고 이동함으로써 새로운 이미지공간을 생성시킨다. 오늘날 프로젝터의 사용에서 그 변형된 형태를 확인할 수 있는 이 구상에는 경계의 자유로운 이동가능성과 모든 시공간의 연결 가능성이 내포되어 있다. 프레임의 위치가 변경 가능하다는 구상에서 이미지공간은 새로운 구성 원칙을 도출해내는데, 이로써 프레임의 이동가능성은 프레임의 해체보다 더 상위 원칙이 된다. 이미지공간은 이제 어디에나 존재하여 탈중심적, 분산적이 되며, 자유로운 변형과 결합을 통해 끊임없는 재구성의 과정으로 진입한다.

백남준의 작품에서처럼 로자-해머(Rafael Lozano-Hemmer)의 <클로즈-업 Close up>(2006)과 <블로우-업 Blow up>(2007)에서도 프레임의 분할 및 이동 가능성을 토대로 이미지공간의 구성이 이루어지고 있다. 이 작품에서 프레임은 끊임없이 이동하면서 관객의 움직임을 반영한다. 그러나 개별 프레임으로 구분되는 각각의 이미지공간은 어떠한 구체적 형태를 형성하지 않고 계속 생성과 소멸, 이동을 반복할 뿐이다. 이미지공간인 HD-디스플레이 안에서 프레임의 이동은 현실공간의 움직임에 반응한 결과로 현실과의 연결 고리를 형성한다. 파편화된 프레임 속 이미지는 그 자체로도 해석 가능하지만 작품 전체의 관점에서 볼 때 더 중요한 것은 현실을 반영하는 프레임의 이동 가능성이며 그 과정에서 확인되는 현실/이미지공간의 연계성이다. 이제 이미지공간은 현실의 재현이나 재구성된 현실이 아니라 현실과의 관계 속에서 의미를 생성하는 정보공간이 된다. 멀티프레임의 새로운 특성은 일상 공간 어디에나 설치하여 얻어지는 유비쿼터스 미디어를 선취한 것으로 해석 가능하다.

3.3 가시화의 욕망? '대상'에서 '공간'으로

오랫동안 시각문화는 투명성의 논리 위에 구축되었다고 해도 과언이 아니다. 투명함의 은유는 바로 미디어 자체의 망각에서 기인하는데, 이는 미디어 자체가 지각과정에서 인식되지 않아야 미디어가 전달하려는 내용이 가장 잘 전달될 수 있기 때문이다. 미디어의 작동에 내재된 이러한 역설은 투명성의 논리로 포장되어 오랫동안 시각문화를 지배했으며, 이는 영화를 포함한 대부분의 미디어에서도 예외 없이 적용되었다. 그런 점에서 '미디어가 메시지다'라는 테제에 근거한 미디어의 이해(McLuhan, 1967)는 투명성의 신화를 받아들인 대가로 포기해야 했던 미디어 자체에 대한 분석을 시도했다는 점에서 매체사적 의미를 갖는다. 동일한 이유에서 이미지공간의 분석에서도 프레임 안의 내용물 때문에 프레임 자체는 주목받지 못했다. 미디어 자체, 즉 테크놀로지는 시각화의 대상에 우선권을 넘겨주고 항상 뒤에 물러나 있었던 것이다. 그러나 프레임을 해체시키고 소실점을 제거하자, 보이는 것의 한계를 규정할 수 없게 되었고 보는 것이 실제 존재하는 것이라 믿을 수도 없게 되었다. 시각적 주체에 대한 믿음이 무너지게 된 것이다. 그러나 이러한 판단

또한 전적으로 프레임 안에 무엇이 서술되어 있는가를 우선시하는, 다시 말해서 프레임에 종속된 사고방식의 결과이다. 유동적 스크린으로 이해되는 새로운 이미지공간의 구상은 프레임에 종속된 시각을 해방시켰고, 관심의 초점은 시각화의 대상에서 공간으로 이동하게 되었다. 이로써 프레임 내부에 집중되던 관심 또한 프레임을 어디에 위치시킬 것인가의 문제로 옮겨진다.

현미경이나 망원경 그리고 영화 등 근대적 시각기계는 보이지 않는 것을 보이게 만듦으로써 인간 욕망의 일정 부분을 충족시켜왔다. 다시 말해서, 시각기계의 근대적 의미 부여가 보이지 않는 것의 가시화를 통해, 즉 인간의 시각을 확장시킴으로써 이루어졌다고 볼 때, 이는 20세기 테크놀로지가 진화해온 방향과도 일치한다. 시각기계는 육안으로 보이지 않는 것을 보여줄 뿐만 아니라 상상이나 심리적인 영역 등 물리적으로 존재하지 않는 것을 서술함으로써 지각방식의 새로운 가능성을 모색해왔다.[19] 또한 많은 SF 영화에서 미래기술이 예견되었던 것처럼, 영화 <마이너리티 리포트 Minority Report>(2000)는 투명한 프로젝션 스크린이라는 미래형 스크린을 제시하고 있다. 그러나 이 영화에서 제시되는 미래기술을 이제까지

19) 20세기 시각문화를 대표하는 미디어로서 영화는 지각 과정을 철저히 해부하고 테크놀로지의 도움으로 가시화의 욕망을 충족시키려는 과정에서 탄생(시네마토그래프~무성영화)하였다. 그리고 1950년대 심리영화의 유행 또한 보이지 않는 인간의 내면을 스크린에 형상화시킨 결과이다. 이에 대해서는 Kittler(1986, 177–269) 참조.

살펴본 멀티프레임의 계보학적 맥락에서 해석해보면, 단순한 미래 기술의 예측 이상을 의미한다.

20세기 말~21세기 초, 시각화의 욕망은 더 이상 그 대상이나 시각화 자체에 국한되지 않고 시각화의 새로운 공간을 모색하려는 시도로 이어진다. 우선 지각인식론의 차원에서 보이지 않는 것이 아니라 존재론적으로 보이지 않는(또는 볼 수 없는) 것의 가시화에 대한 시도를 들 수 있다. 그 대표적인 예가 가상현실의 기술적 구현이다. 그 다음 단계에서 언급될 수 있는 것은 유비쿼터스 환경의 '언제 어디에나 존재하는 스크린'인데, 이로써 인간은 어디든 또 무엇이든 관찰할 수 있는 '확장된 눈'을 갖게 된다. 오늘날 중요한 것은 무엇을 볼 수 있는가가 아니라 본다는 것 자체이며, 그러한 욕망을 실현시켜 주는 것은 어디에나 존재하는 스크린이다. 그런 점에서 볼 때, 디지털 컨버전스의 집약적 구현물인 휴대폰 단말기는 유비쿼터스 미디어 시대에도 여전히 미디어 지형도의 중심에 위치한다. 영화가 충족시킨 가시화의 욕망은 유비쿼터스 미디어에서 새로운 길을 찾게 된다. 뤼미에르 형제의 <기차의 도착 Arrival of a Train at La Ciotat>(1896)이 관객에게 준 충격과 감동은 교통수단과 결합된 이동통신 서비스, 매스미디어와 통신 기기의 융합이 제공하는 유비쿼터스 플랫폼의 체험에서 다시금 반복되는데, 물론 동일한 것의 반복은 아니다.

초기 영화에서부터 시도된 프레임의 해체, 스크린의 증식은 다양한 미디어의 등장과 맞물려 새로운 시각화 공간을 쏟아냈다.

그리고 유비쿼터스 미디어는 무엇을 보여줄 것인가에서 언제, 어디서 그리고 어떻게 보여줄 것인가로 가치 중심의 이동이 이루어졌음을 시사한다. 이제 테크놀로지의 관심은 시각화의 대상에 머무르지 않고 그 적용 영역을 확대시키고 있다. <토이 스토리 Toy Story>(1995)에서 시작된 디지털 애니메이션이 보다 정교한 영상을 제공함으로써 알베르티의 창의 논리를 여전히 존중한 반면, 유비쿼터스 미디어는 향상된 기술을 다른 방향으로 사용한 결과이다. 그리고 '대상에서 공간으로' 이동된 시각화의 중심은 알베르티의 창을 통해 세상을 보려는 관점을 해체시켜온 오랜 시도와 만나게 된다.

4. 미디어 테크놀로지 & 관점

유비쿼터스 미디어는 네덜란드 회화에서 입체파, 영화의 멀티프레임, GUI로 이어지는 다중관점의 역사적 맥락에서 '관점' 전환의 계기를 발견한다. 미디어 환경의 변화와 맞물려 이루어지는 관점의 전환은 테크놀로지의 발전에 상응하여 자연스럽게 이루어진 것이 아니라 특정한 관점을 추구하고 관철하는 과정에서 의도된 것이라고 볼 수 있다. 멀티프레임이 회화나 영화에서처럼 다중관점의 시각적 형상화나 서술 형식에 머물렀다면 감각과 사고 그리고 예술 형식의 상호 관계를 설명하는데 그쳤을 것이다. 그러나 GUI가 적용된 컴퓨터 모니터를 시작으로 월드와이드웹, 유비쿼터스 컴퓨팅 등 새로운 미디어기술이 접목되면서 멀티프레임은 역동성이라는 새로운 특성을 획득하게 된다. 그렇다면 프레임의 재설정은 테크놀로지에 의해 이루어졌지만 그러한 미디어 기술의 전환이 이루어지는데 자극제가 된 것은 오히려 멀티프레임(또는 다중관점)이라고 할 수 있을 것이다. 입체파 화가인 브라크(George Braque)의 회화와 CD–Rom 형태로 제작된 백과사전 <엔카르타 Encarta>의 공통된 구성 원칙은 개별 프레임 간의 네트워크이다. 서로 통합될 수 없는 이미지공간들이 자유로이 관계를 맺어 소통의 공간이 생성되며, 이때 미디어 간 구분(회화/CD–Rom)이나 전달하는 정보의 종류의 상이함(예술/지식정보)은 오히려 부차적이 된다. 이때 개별 프레임 간의 이질성 또는 경계 자체의 보존이 이질적인 것의 결합 내지 융합 못지않게 중요하다.

아벨 강스의 영화에서 유비쿼터스 미디어에 이르기까지 멀티프레임/멀티스크린의 계보학에서 궁금해지는 것은 이미지공간과 테크놀로지가 구체적으로 어떠한 관계 속에서 설명될 수 있는가이다. 이제까지 살펴본 멀티프레임이라는 특별한 주제를 떠나 생각해 볼 때 가장 일반적인 예는 새로운 테크놀로지의 구상에서 실현까지의 과정이 이미지로 서술되는 경우이다. 물론 앞에서 언급했듯이 SF–소설에서처럼 테크놀로지가 상상의 세계를 벗어나 현실에서 그 구체적인 모습을 보일 때까지 세부 사항이 글로 묘사되거나 스케치로 그려지는 경우, 이미지공간은 상상력의 실험이 이루어지는 공간이 된다. 이때 이미지는 새로운 테크놀로지를 구상하고 서술하는 최종적 표현매체가 된다. 예를 들어, 눈의 결정을 포착한 이미지

(Daston/Galison, 2007, 20)에는 현미경이라는 기술이 내재되어 있을 뿐 아니라 과학적 이미지로 분류되어 객관성을 담보하는 것으로 간주된다. 다시 말해서, 때로는 기술적 변화 또는 테크놀로지 자체가 이미지로 기록되는 내용이 되기도 하는데 우리는 그 사실을 간파하지 못할 뿐이다. 오늘날 우리가 가까이 접할 수 있는 예를 들자면, 증권가의 실시간 변동 상황뿐만 아니라 사운드 정보가 그래픽 정보로 변환되어 스크린에서 시각적으로 형상화되는 경우에서 이러한 사실은 확인 가능하다.[20] 스크린이 정보 교류와 소통의 중심으로 부상하게 되자, 동시에 다양한 정보를 비교 분석하기 위한 멀티스크린의 사용 또한 일상적이 되었다. 20세기 초 영화에서 시도된 이후 다양한 매체와 형식으로 업그레이드된 멀티프레임은 21세기 초 유비쿼터스 미디어에서 반복되고 있다.

4.1 예술/테크놀로지의 피드백

오늘날 TV 드라마에서 멀티프레임이 적극 사용되는 현상은 HD-TV 및 와이드스크린의 대중화의 결과로 해석되기도 한다. 또

20) 모리(Yuko Mohri)의 작품 <성가심 Vexation>(2008)은 그러한 현실이 반영된 미디어아트 작품이다. 전시 공간에서 수집된 소리는 그래픽 이미지로 변환되어 스크린에서 확인 가능하다. 작품에서 나오는 소음에 가까운 소리는 관객의 웅성거림과 반향 등이 악보로 변환되고 다시 악기로 연주되는데, 이는 청각적인 것이 시각화를 거쳐 다시 청각적인 것으로 변환되는 과정을 보여준다.

한 TV나 컴퓨터 모니터의 크기가 커지면서 사용자가 하나의 모니터에 여러 개의 창을 띄워놓고 작업하거나 필요에 따라 불러오는 방식으로 멀티프레임의 효과에 익숙해진 것도 사실이다. 그러나 처음부터 대형 스크린에서 출발한 영화의 역사에서 멀티프레임이 주도적인 편집방식이 아니었던 사실에서 추측해 보건대, 동일한 미디어에서 이미지공간의 구성 형식을 결정하는 제 3의 요소가 있음을 짐작할 수 있다. 물론 무성영화에서 디지털영화로의 변화 등 영화매체 내부에서 이루어진 기술적 변화도 하나의 원인으로 볼 수 있다. 하지만 멀티프레임이 컴퓨터나 웹 등 다른 매체에서 관철된 후 영화나 TV에 삽입될 경우 오히려 새로운 미디어 형식으로 거부감 없이 받아들여졌다는 점에 주목할 필요가 있을 것이다. 시각과 관점, 테크놀로지의 복잡한 관계를 한 마디로 설명하는 것은 어렵겠지만, 원근법의 해체 과정을 살펴봄으로써 그 역학 관계에 대해 추측해 볼 수 있었다. 이 글에서 백남준을 비롯한 여러 예술작품이 분석의 사례로 제시된 이유는 예술가의 아방가르드적 실천이 예술의 영역에 머무르지 않고 정치, 사회, 문화를 거쳐 과학기술의 영역까지도 피드백의 범위에 포함시켰기 때문이다. 원근법의 해체를 주제로 한 미디어아트 작품에서 예술과 테크놀로지의 관계를 살펴보자.

왈리츠키(Tamás Waliczky)의 작품 <정원 The Garden (21st Century Amateur Film)>(1992)은 어린아이가 사물을 지각하는 방식을 시뮬레이션하고 이를 관점으로 형상화시킨다. 이미지는 카메라가 매개하는 관찰자의 시점으로 프레임 안의 공간 전체를 파악하는 통합 관점이 아니라 어린아이의 주관적인 시점으로 서술되어 실제 관찰자의 지각과정을 간섭한다. 원근법적 규칙을 무시하고 어린아이의 시선이 머무는 사물을 확대시킴으로써 홀바인의 <대사들>에 삽입된 왜상처럼 프레임 안에 이질적인 관점을 배치시키는 결과를 얻게 되는 것이다. 이 작품에 대한 설명에 작가는 직접 "물방울 퍼스펙티브 Waterdrop perspective"라는 명칭을 붙이고 있는데, 이는 의도적으로 원근법에 위배되는 관점을 제시하기 위한 것으로 해석된다.[21] 홀바인과 왈리츠키의 두 작품이 원근법에 대항관점을 형성하는 방식의 비교에서 우리는 시각과 관점, 테크놀로지의 관계에 접근할 실마리를 얻을 수 있다. 홀바인의 경우 측면에서 바라보아야 제대로 된 형태를 인식할 수 있는 왜상을 삽입시킴으로써 원근법에 상응하는 관점을 배치시켰다. 이는 방향을 변경했을 뿐 또 다른 원근법적 시선을 첨가한 것으로 그런 점에서 다중관점의 형상화로 설명할 수 있고 멀티프레임으로 수렴 가능하다. 그러나 왈리츠키의 경우 관찰자와 이미지공간과의 관계를 다층화시키는 방식을 통해 원근법에 대항한다. 따라서 멀티프레임의 효과보다는 지각과정의 직접적인 개입으로 인한 착시의 효과에 기대어 관점의 해체를 유도해낸다. 물론 이러한 전략이 가능한 것은 회화가 아닌 디지털 애니메이션이기 때문이며, 두 작품에 내재된 동일한 의도(원근법에 대항)는 상이한 기술적 조건에 의해 각각 서로 다른 결과를 낳게 되

21) 작가 웹페이지(http://www.waliczky.com/waliczky_start.htm)의 설명 참조.

는 것이다. 이와 관련하여 동일한 기술적 조건이 주어지더라도(디지털합성) 왈리츠키의 경우 예술이라는 촉매가 작용함으로써 우리에게 익숙한 헐리우드의 디지털 애니메이션과 다른 매개 방식과 관점의 형성이 가능한 점 또한 고려해야 한다. 결과적으로 예술과 테크놀로지는 새로운 미디어형식의 발생시키는 필요충분조건으로 그리고 그 둘의 결합은 일종의 나선운동 속에서 변주된 형태로 계속된다고 볼 수 있을 것이다.

예술/테크놀로지를 피드백의 관계에서 본다면 서로를 인용함으로써 발생하는 일방적인 영향 외에도 융합 그리고 이질적인 두 영역의 충돌에서 발생하는 중첩과 간섭으로도 설명 가능하다. 오랜 역사를 갖는 멀티프레임의 구상이 유비쿼터스 미디어로 구현되었을 때, 그 구상의 논리적 토대를 제공한 것은 다중관점이지만 미디어와 관점의 구성에 획기적인 전환을 가져온 계기를 제공한 것은 네트워크 시스템이다. 프레임의 네트워크는 이미지공간과 관점의 다층화에 덧붙여 그러한 중층구조를 현재진행형으로 유지시키는 구조이기 때문이다. 중요한 것은 예술/테크놀로지의 결합이나 아르스/테크네의 재결합이 아니다. 또한 기존의 예술 영역에 기술적 요소가 접목되어 새로운 예술 형식을 가능하게 했다는 사실도 중요하지만, 어떠한 경로를 통해 새로운 형식을 얻게 되었는지를 밝히는 것이 더 중요할 것이다. 그 확인 과정에서 예술(또는 테크놀로지)의 자체적 성찰이 이루어진다면, 그것은 예술/테크놀로지의 융합이 양쪽 모두에 일종의 변화 요인으로 작용했기 때문이다. 예술이 테크놀로지에 끼친 영향을 아방가르드적 실천을 통한 새로운 미디어 형태의 제안에서 그리고 새로운 테크놀로지의 구상으로 연결되는 통로를 마련한 것에서 확인할 수 있다면, 테크놀로지는 예술에 새로운 표현수단을 첨가시켰다. 과학/예술의 관계가 최근 들어 연구주제로 부상하고 있는 것은 학문 분야에서도 서로 이질적인 것으로 여겨지던 관점의 융합가능성에 대한 관심이 높아지고 있다는 증거이다. 그래서 20세기 초 아방가르드 예술에서 이루어진 예술과 과학의 만남이 흔히 예술/테크놀로지의 관계를 규명하기 위한 담론의 출발점으로 제시되고 있지만 중요한 것은 이질적인 것의 만남 그 자체가 아니다. 계속 변화하고 있는 미디어 테크놀로지의 조건에서 과학/예술 또는 예술/테크놀로지의 관계를 동일한 구상, 동일한 담론의 반복으로 설명할 수는 없기 때문이다.

5. 맺음말

영화 <웩 더 독 Wag the Dog>(1997)에서 확인할 수 있듯이 미디어는 투명하지 않으나 투명한 효과를 창출해낼 수 있다. 그래서 미디어가 환영을 만들어내는 장치로 사용된다면 미디어 테크놀로지의 발달로 투명함의 환영은 더욱 정교해질 수 있는 것이다. 시각적 사고로서 관점은 관찰자의 시각을 결정할 뿐만 아니라 미디어 테크놀로지와 결합하여 더욱 완벽한 이데올로기로 작용할 수 있다. 그렇다면 문제의 초점은 다시 관점의 주체로 돌아간다. 과거 알베르티의 창으로 객관적 시각을 획득한 대신 관점을 프레임에 가두어 버린 관찰자는 오늘날 스스로를 어떠한 시각적 주체로 인식하고 있는가?

미디어 융합은 디지털 시대를 여는 첫 번째 신호이자 새로운 미디어 환경을 구성하는 조건이었다. 휴대폰에서 잘 관찰할 수 있듯이, 다양한 미디어가 전화기에 융합되는 과정에서 테크놀로지의 진화를 설명할 수 있는 동시에 그 방향 또한 추적 가능하다. 처음엔 다양한 미디어의 기능을 추가하는 것에서 출발한 휴대폰의 진화는 복잡한 재매개의 관계 속에서 새로운 패러다임을 맞이하는데, 무선통신을 통한 네트워크 기능의 강화가 바로 그것이다. 오늘날의 미디어 테크놀로지가 발생시키는 현상을 설명하기 위해서는 하이브리드나 멀티미디어, 하이미디어 등의 단일 개념만으로는 부족하며 개념간의 다차원적인 연계를 출발점으로 삼아야 할 것이다. 그래서 20세기가 멀티미디어에서 시작하여 하이퍼미디어로 마무리되었다면, 21세기는 이제까지 등장한 모든 기술 장치와 그 구성 원칙이 상호 교차 및 중첩되는 과정에 주목할 필요가 있다. 투명한 창과 불투명한 반사면을 가진 거울이 시각문화를 구성하는 상반되는 두 논리, 즉 투명성과 불투명성에 대한 은유로서 이해되었다면,[22] 디지털 미디어 이후 창문과 거울은 겹쳐지고 시각적 사고로서 관점의

22) J. 볼터에 따르면 우리의 시각문화는 투명성과 불투명성의 구성논리 사이에서 끊임없이 진동하고 있다. 그렇다면 이는 원근법과 다중관점 사이의 진동으로도 번역 가능할 것이다(Bolter/Gromala, 2005 참조).

구성은 원근법과 다중관점 사이에서 진동해왔다. 이제 우리의 관점은 단순히 원근법과 다중관점 사이에서 진동하기 보다는 무한히 진동하면서 양 축의 위치를 이동시키는 단계로 접어들고 있다고 보는 것이 더 적절할 것이다. 예술과 테크놀로지, 양쪽에서 진동을 지속시키는 자극이 계속 주어진다면 그 진동의 과정에서 새로운 창조의 순간 또한 포착 가능할 것이다.

|참고문헌|

Bolter, Jay David and Diane Gromala (2005), *Windows and Mirrors: Interaction Design, Digital Art, and the Myth of Transparency,* Cambridge: MIT Press.

Bolter, Jay David and Richard Grussin (2000), *Remediation: Understanding New Media*, Cambridge: MIT Press.

Crary, Jonathan (1988), "Modernizing Vision", 실린 곳: 헬 포스터/최연희 옮김 (2004).『시각과 시각성』, 부산: 경성대학교출판부, 63–88쪽.

Daston, Lorraine and Peter Galison (2007), *Objectivity*, New York: Zone Book, pp. 9–53.

Descartes, Optics, in: Descartes: *Selected Philosophical Writings*, New York: Cambridge University Press, 1988, pp. 57–72.

Friedberg, Anne (2006), *The Virtual Window: From Alberti to Microsoft*, Cambridge: MIT Press.

Jay, Martin (1994), *Downcast Eyes. The Denigration of Vision in Twentieth–Century French Thought*, Berkeley, Los Angeles, London; University of California Press, pp. 21–82.

Jay, Martin (1988), "Scopic Regimes of Modernity", 실린 곳: 헬 포스터/최연희 옮김 (2004).『시각과 시각성』. 부산: 경성대학교출판부, 21–54쪽.

Judivitz, Dalia (1993), "Vision, Representation, and Technology in Descartes", in: *Modernity and the Hegemony of Vision*, edited by D. M. Levin, Berkeley and Los Angeles: University of California Press, pp. 63–86.

Kemp, Martin (1992), *The Science of Art: Optical Themes in Western Art from Brunelleschi to Seurat*, New Haven and London: Yale University Press.

Kittler, Friedrich (1986), *Grammophon, Film, Typewriter*, Berlin, pp. 177–269.

Leonardo da Vinci (1952), *The Notebooks of Leonardo da Vinci. Selections*. 조한재 옮김 (1998).『레오나르도 다 빈치의 과학노트』. 서울: 서해문집.

Manovich, Lev (2001), *The Language of New Media*, Cambridge: MIT Press.

Mirzoeff, Nicholas (1999). *An Introduction to Visual Culture*. 임산 옮김 (2009). 『비주얼컬처의 모든 것』. 서울: 홍시.

Spielmann, Yvonne (1994), *Intermedialität. Das System Peter Greenaway*, München; Wilhelm Fink Verlag.

시각 테크놀로지와 전쟁

|강 철|

영화감독 스티븐 엘리엇의 작품『아이 오브 비홀더 Eye Of The Beholder』(1999)의 오프닝은 재미난 장면으로 시작한다. 주인공 스티븐(이완 맥그리거 분)이 장총의 망원경을 통해 어떤 인물의 뒷모습을 조준한다. 타깃에 정확히 조준되자 주인공은 바로 방아쇠를 당긴다. 총성을 기대한 관객은 약간 의아해한다. 왜냐하면 총알이 발사되지 않고 빈 방아쇠 소리만 나기 때문이다. 주인공은 사람을 죽이려고 한 것이 아니라, 다만 조준된 인물의 이미지만을 촬영하려고 한 것이다. 그 사진은 불륜의 장면이 담겨있다. 그것은 인터넷을 통해 코스텔로 회사 사람들에게 전송된다. 총으로 사람을 직접 죽이는 것이 아니라 그 인물의 약점을 촬영하여 사회에서 매장시켜버리는 간접 살인이라 할 수 있는 오프닝이다.

그런데 이 장면은 주인공 캐릭터의 관음증적 측면을 부각시킨다. 주인공 스티븐은 영국대사관 소속 비밀요원이다. 그는 국장의 아들을 관찰하라는 명령에 따라 감시하던 중 아름다운 여주인공 조안나를 알게 된다. 숨어서 지켜보다가 점차 그녀를 사랑하게 된 스티븐은 그녀가 위험에 빠지면 이를 해결해주는 수호천사가 된다. 이 영화는 주인공의 관음증이 어떻게 진실한 사랑으로 발전해 가는지에 대해 훌륭하게 보여준다. 주인공의 관음증적 성격은 영화 제목의 단어 가운데 하나인 비홀더(관찰자)에서 쉽게 발견된다. 주인공을 관찰자의 캐릭터로 연출하는 것으로 유명한 감독이 바로 알프레드 히치콕이다. 특히, 관음증 3부작이라고 불리는 『이창』(1954), 『현기증』(1958), 『싸이코』(1960) 등과 같은 작품에서 히치콕의 주인공들은 눈앞에 일어나는 사건에 적극 개입을 하지 않고 관찰을 주로 하는 수동적 형태의 인물로 나온다. 이처럼 시선과 관음증[1]이라는 테마는 영화사에서 오래되었지만 중요한 주제이다.

그런데 필자는 이 오프닝에서 관음증보다는 다른 테마에 주목한다. 그것은 시각테크놀로지와, 전쟁의 아이콘이라고 할 수 있는 총이 결합된 점이다. 스티븐은 쌍망원경이나 단안을 가진 망원경이 아니라 총의 형태로 이루어진 망원경을 통해 이미지를 촬영했다.

---

1) 비릴리오는 관음증에서도 전쟁 테마를 찾아냈다. "아득히 먼 곳에 있는 여인의 신체에 던져지는 군사 정복자의 음란한 시선은 그가 전쟁으로 황폐화된 영토적 신체에 던지는 시선과 동일하다. 그것은 호수, 언덕, 계곡이 있는 풍경을 촬영하듯이 스타를 찍는 연출자의 관음증에 직접 선행한다. 그는 카메라를 통해서 그것을 단순히 비추기만 하면 된다. 마를렌 디트리히를 창조해 낸 조셉 폰 스턴버그에 따르면, 그것은 표적 거리에서 총구를 들이대는 것이다"(비릴리오, 2004, 79).

이것은 시각 테크놀로지와 전쟁무기 사이의 근원적 관계를 암시하는 장면이라고 할 수 있다. 물론, 이런 관계를 선구적으로 밝혀낸 학자가 이미 존재한다. 바로 폴 비릴리오이다. 그는 광학 기계와 전쟁 기계가 서로에게 많은 영향을 주면서 상호발전적인 관계에 있다고 주장한다. "눈의 기능과 무기의 기능 사이의 상관관계는 계속해서 필연적인 것으로 드러난다. 이미 카메라를 쓸 때 사용하는 은유적인 표현이나 공식적인 영화 언어에서 시각 행위와 발사 행위의 직접적인 결합이 암시되었으며, 그 결합은 장치를 조준할 때 이루어진다. 좀 더 심층적인 차원에서 보자면 전쟁 도구와 계량 기구 그리고 시각화 과정의 극대화는 지속적인 시각의 확장과 무장과 긴밀하게 결합된다"(메르쉬, 2009, 199–200, 재인용). 이런 그의 주장은 시각 테크놀로지와 전쟁이 밀접한 상관성이 있음을 밝혀주는 것이다.

따라서 이 글은 시각 테크놀로지를 통해 전쟁사를 새롭게 조망하는 것을 목적으로 한다. 정확히 말하자면 시각 테크놀로지의 발전단계에 따른 새로운 전쟁 패러다임을 분석하는 작업이라고 할 수 있다. 물론, 기존의 저서나 논문에도 무기 테크놀로지의 발전에 따른 전쟁의 혁명적 변화에 대해 많이 분석되었다. 이런 예로 좋은 것이 맥스 부트의 저서 『전쟁이 만든 신세계 Made in War』이다. 이 책에서 그는 전쟁 테크놀로지의 변화단계를 4개의 시대구분을 통해 설명했다. 그는 우선 새로운 과학기술이 새 전술과 결합하여 군사변혁 Revolutions in Military Affairs을 성취한다고 주장했다. 또한 이런 군사변혁이 전쟁의 승패를 좌우하며, 그 결과에 따라 역사의 흐름이 뒤바뀐다고 말했다. 그렇기 때문에 군사변혁의 역사를 연구하는 것이 전쟁 기술을 분석하는 데에 가장 중요한 근간이 된다고 할 수 있다. 그는 이 근간이 되는 토대를 다음과 같이 4개의 단계로 나눴다. "제 1단계는 화약무기시대이고, 제 2단계는 1차 산업혁명시대이고, 제 3단계는 2차 산업혁명시대이고, 마지막으로 4단계는 정보화시대라고 했다"(부트, 2007, 18).

그리고 부트는 군사기술의 혁신속도[2)]에도 관심을 가졌다. "혁

2)비릴리오는 눈과 매체의 폭력성뿐만 아니라 매체가 가지는 속도 자체의 폭력성도 분석하였다. 그러한 관점을 디터 메르쉬가 저서『매체이론』에서 잘 설명했다. 특히 전쟁에 대해 따로 할애한 장에서 잘 분석되었다. "세 종류의 드로몰로지 혁명은 전적으로 전쟁의 논리에 따른다. 비릴리오는 자신의 첫 번째 저서『속도와 정치』에서 이미 전쟁과 매체 사이의 관계를 전쟁의 논리로 해독한 첫 번째 이론가이다. 그런 점에서 키틀러는 단지 비릴리오의 뒤를 따랐을 뿐이다. 그에 따르면, 전송 매체와 정보 매체의 가속화는 그 매체들 자체에 드러나 있는 공격적이고 호전적인 핵을 갖는다. 왜냐하면 비릴리오가 설명하고 있듯이, 속도는 그 자체로 이미 폭력이기 때문이다. 속도에는 공격의 욕구, 직접적인 파괴력이 내재되어 있다. "속도는 사냥, 동원, 파괴의 계속적 진행을 의미한다". 그래서 전쟁에서 이루어지는 가속화와 정보의 결합은 말하자면 상호적 상승효과를 가져온다. 비릴리오도 플로리안 뢰처와의 인터뷰에서 내 이론의 근거, 내 주장의 핵심은 항상 전쟁이었다라고 밝히고 있다. 나는 전쟁의 아이이다. 나는 전쟁을 체험했으며, 내게 전쟁은 트라우마로 남았다. 내 모든 작업의 원천은 전쟁이다. 전쟁은 나의 아버지, 어머니이고 내 배움의 장소이다. 내가 지금의 인식에 도달하게 되기까지 마르크스나 데카르트 덕분이라기보다는 전쟁의 체험, 특히『전쟁과 영화』그리고『전쟁과 텔레비전』에 대한 연구에서 이러한 작업을 했다. 전쟁을 모든 인공지능의 시작과 끝이라고 보는 키틀러는 전쟁에 대한 담론의 원천을 제공하였으나 비

신은 점점 더 빠른 속도로 진행되어 왔다. 화약혁명이 결실을 맺기까지 최소 200년(1500~1700)이 걸렸지만, 제1차 산업혁명은 150년(1750년~1900년), 제2차 산업혁명은 40년(1900년~1940년), 정보혁명[3)]은 불과 30년(1970년~2000년)만에 결실을 맺었다. 다시 말해, 변화의 속도를 따라잡는 게 점점 더 어려워지고 있고 그만큼 뒤처질 위험이 크다는 뜻이다(부트, 2007, 61). 그는 이런 가속화를 통해 새롭게 만들어질 미래의 혁명에 대해 조심스럽게 진단했다. 사실상 그는 4단계가 아닌 5단계의 시대구분을 한 것인데, 마지막 5단

릴리오의 경우는 그렇지 않다. 오히려 지식, 시너의 배열, 전쟁터의 통제, 공격수단의 극대화, 정보 수단의 사용 등이 일종의 풀기 힘든 매듭을 만들어낸다. 광학 기계와 전쟁 기계는 서로 견주어 가면서 발전했고 상대방을 강화시켰다. 그래서 비릴리오는 공통된 실마리를 끄집어내어 동일화건 반응이건 간에 상호간의 영향이 이루어짐을 보여준다(메르쉬, 2009, 197–199 참조).

3) 정보기술의 발전에 따라 정밀유도탄, 스텔스기, 위성첩보시스템 등과 같은 기술이 비약적으로 발전하고 그 화력도 증대됨에 따라 이를 정보혁명이라고 부르기도 하며, 군사혁명이라고도 한다. 원래 군사혁명이라는 말은 일찍이 1960년대부터 구소련군의 총참모부가 처음 사용했던 말이다. 처음에는 핵미사일에만 적용되던 말이었으나, 점차 재래식 무기의 화력을 증폭시키는 정보기술을 설명하는 말로 사용되었다. 정보기술의 파급효과를 둘러싼 구소련의 논쟁은 미국에서도 비슷한 논쟁을 촉발시켰다. 1990년대 초 미군 주도의 연합군이 최첨단 무기의 전시장을 방불케 한 걸프 전쟁에서 막강한 화력을 바탕으로 압승을 거둔 이후 미 국방부에서는 군사혁명 RMA, Revolution in Military Affairs에 대한 논의가 활발하게 이루어졌다. 사실 처음에는 군사기술혁명 Military Technical Revolution이라고 했으나, 이 혁명이 단순히 새로운 기술만을 포함하는 혁명이 아니라는 의미에서 군사혁명 이라고 바꿔 부르게 되었다.(부트, 2007, 47)

계라고 할 수 있는 장에서 로봇공학, 광선총, 나노기술, 슈퍼버그와 슈퍼군인 등과 같은 미래의 전쟁 테크놀로지가 지금까지와는 전혀 다른 새로운 유형의 전쟁 패러다임을 만들 것이라고 주장했다.

이와 같이 테크놀로지의 프리즘을 통해 바라본 전쟁사 유형화에 대한 연구들은 많이 행해졌다. 사실 이런 연구들은 기술결정론의 오류에 빠질 수가 있다. 왜냐하면 하나의 기술이 마치 사회 전체를 바꾼 것과도 같은 착각을 불러일으키기 때문이다. 그렇기 때문에 부트는 "우리는 두 가지 위험한 결정론, 즉 '이루어질 수 있는 일은 결국 이루어진다'라는 기술결정론과 '뜻이 있는 곳에 길이 있다'라는 심리결정론 사이에서 올바른 균형을 잡아야 한다(부트, 2007, 45)고 주장한다. 이런 주장은 역사를 더욱 객관적으로 볼 수 있는 시각을 제시한다. 하나의 기술이 사회 전체를 변화시켰다는 일반화의 실수에 빠지지 않게 하는 동시에 인간의 심리에 의해 모든 것이 결정되었다는 주관적 오류에도 빠지지 않게 하기 때문이다.

필자는 이런 객관적 태도를 유지하면서도 시각 테크놀로지에 더욱 초점을 맞추어 전쟁에 대한 새로운 인문학적 관점을 제시하고자 한다. 기존의 시공간적인 분류 방법이나 통사적 흐름에 따라 유형화하는 것과 달리, 이 글은 인문학적 상상력을 동원하여 6개의 서로 다른 눈을 통해 단계별로 논의를 발전시키고자 한다. 그 6단계는 다음과 같다. 메두사의 눈, 악한 눈의 구현, 알베르티의 눈, 키노-아이, 버즈 아이 뷰, 날개 달린 눈의 순으로 논지가 진행된다. 물론 인류의 기나긴 전쟁사를 몇 가지의 시각 테크놀로지로 유형화하여 설명한다는 것이 여러모로 부족한 점과 한계성을 드러낼 수도 있으나, 시각 테크놀로지라는 창문을 통해 바라본 전쟁을 본격적으로 그리고 총체적으로 다루기 시작한 시론적 성격의 글이라는 측면에서 그 나름의 의의가 있다고 할 것이다.

1. 메두사의 눈

메두사는 그리스 신화에 나오는 괴물이다. 그 괴물의 눈이나 얼굴을 보면 모두가 돌로 변한다. 따라서 메두사를 가지고 있는 사람은 전쟁에서 무조건 승리할 수 있었다. 그래서 아테네 여신이 자신의 방패에 메두사를 걸어두었다고 한다. 메두사는 완벽한 방어의 상징물이었다. 그렇지만 역설적으로 해석하면, 메두사의 눈은 가장 훌륭한 공격무기이다. 그것을 보는 상대는 돌이 되기 때문이다. 또한 돌이 되지 않기 위해서는 상대방이 눈을 감고 싸워야 하는데, 즉 장님이 전투에서 이길 수 있는 확률은 거의 없는 것이다. 이처럼 싸움에서 눈의 중요성은 무척 크다. 메두사의 방패를 가졌다는 것은 상대가 눈을 감고 싸우게 만들기 때문에 승리를 위한 보증수표라고 할 수 있다. 어쩌면 메두사는 인류 역사에서 시각 테크놀로지를 이용한 최초의 전쟁기계라 할 수 있다.

이처럼 신화에 나오는 대표적인 눈이라고 할 수 있는 메두사의 눈은 폭력성을 상징적으로 보여준다. "인간의 눈은 좋은 눈의 흔적은 어디에도 없는 악한 눈이라는 라캉의 주장이야말로 모든 대상을 타자화하고 폭력을 유도하는 파괴적인 인간의 눈에 대한 가장 정확한 규정이 아니겠는가. 타자화는 인식의 주체가 자의적으로 휘두르는 폭력과 다름없다"(임철규, 2004, 39, 재인용). 폴 비릴리오가 눈과 무기를 연결시켰듯이, 고대 신화는 이미 오래전에 눈의 폭력성을 밝힌 것이다. 메두사 눈의 공격성은 다음과 같이 설명된다. "악한 눈에 해당하는 고대 그리스어는 바스카노스(baskanos), 로마어는 파스키누스(fascinus)다. 이는 '호리는 이'라는 의미, 즉 인간을 포함하여 모든 종류의 생명을 호리어 '죽이는' 힘을 가진 이를 의미한다. 사실 이 '호리는 이'의 궁극적 실체는 바로 메두사다. 그녀의 머리카락, 즉 뱀에 의해 흘린 한 방울의 피, 또는 그녀의 무서운 눈과 마주친 한 번의 시선은 죽음을 의미했다. 이 공포는 '이차적인 것, 즉 어떤 위험에 대한 의식이 초래한 두려움이 아니라 일차적인 것', 베르낭의 말을 빌리면 '초자연적…… 원초적인 두려움의 차원으로서 느끼는 공포', '순수 공포' 그 자체다. 그녀의 시선을 최초로 남성의 거세공포와 동일시했던 프로이트의 입장을 따른다면, 메두사의 악한 눈은 남성들을 성교불능 상태로 만든 순수 공포 자체, 남성을 거세하는 '죽음의 얼굴 그 자체'다. 여기서 악한 눈은 또 다른 생명의 원천인 정액을 고갈시키는 독약이기 때문이다"(임철규, 2004, 64–65, 재인용). 메두사와의 마주침, 순수 공포, 거세, 정액의 고갈 등은 결국 죽음을 초래하는 눈의 폭력적 공격성을 말해준다. 그렇지만 거세 테마와 연결되면서 절묘하게도 눈의 방어적 측면이 부각된다. 이것은 눈을 여성의 성기로 상징하는 신화에서 찾아

볼 수 있다. “메두사의 머리가 남성 성기를 거세하려는 여성 성기를 상징한다는 점은 프로이트가 제기했다. 그러나 프로이트가 ‘우리는 한 여성이 악마에게 자신의 음문을 보여주었을 때 악마가 어떻게 도망쳤는가를 라블레의 작품에서 읽는다’고 지적했을 때 그는 다른 각도에서, 즉 악한 눈에 대한 음문의 방어적인 기능을 강조한 것이다(임철규, 2004, 71, 재인용). 여기에서 메두사 눈이 가지는 방어적 폭력성이 드러난 것이다. 따라서 신화적 콘텍스트에서 눈이 가지는 양가적 폭력성은 현대시대의 시각 테크놀로지와 전쟁이 긴밀하게 결합될 수밖에 없음을 알려주는 훌륭한 근거라고 할 수 있다.

2. ‘악한 눈’의 구현

메두사의 눈처럼 공격무기나 방어무기로 쓰이는 시각 테크놀로지가 고대와 중세 시대에는 그리 많지 않다. 물론 시각 테크놀로지의 개념을 확장하면, 군대의 눈 역할을 하고 있는 정찰병, 척후병, 관측병과 같은 시스템이 언급될 수 있고, 원시적 형태의 지도 및 작전배치도도 될 수 있고, 봉화 및 연락망과 같은 체계도 분석될 수 있다. 몸의 확장이란 맥루한의 개념처럼 눈의 확장을 통해 다양한 시각 테크놀로지에 대해 연구할 수 있겠다. 그러나 시각 테크놀로지를 광학 기계와 같은 좁은 범주에서 논의를 한다면 사진 및 동영상을 촬영할 수 있는 카메라 기계로 논의가 한정될 수밖에 없을 것이다. 그런 한계성을 극복하기 위해 필자는 시각 테크놀로지의 개념을 확대하여 논의가 풍성하게 되도록 하였다. 물론, 고대에 광학 테크놀로지를 이용해 전쟁에 승리한 사례가 있긴 하다. 욕조에서 뛰쳐나와 맨몸으로 유레카를 외친 아르키메데스가 승리로 이끈 전쟁이 바로 그것이다.

"오늘날의 시칠리아에 위치한 그리스의 식민지 시라쿠사는 지중해의 무역로를 가로지르는 곳에 위치해 있으므로 핵심적인 전략 요충지나 다름없는 곳이었다. 그런데 그만 시라쿠사는 로마가 카르타고와 전쟁을 치를 때 카르타고를 지원하는 실수를 저지르고 말았다. 카르타고가 패배하자 이제 로마군은 카르타고의 동맹국인 시라쿠사를 치려고 했다. 80척으로 이루어진 로마의 침략군 함대는 시라쿠사의 항구에 모습을 드러내자마자 항구를 봉쇄하기 시작했다. 그런 한편 5만 명의 로마 병사들은 상륙하여 도시를 공략할 준비를 갖추었다. 국가 병기창의 책임자로 임명된 아르키메데스는 작업에 나섰다. 그는 수많은 진보적인 전쟁병기를 고안해냈다. 그 중에는 600파운드의 납덩어리를 투척할 수 있는 거대한 기중기, 그리스 화약 다발을 발사할 수 있는 속사식 캐터펄트가 있었다. 그리고 만일 몇 가지 사료들이 믿을 만한 것이라면, 햇빛을 반사시켜 한곳에 집중시킴으로써 배를 불태울 수 있는 거대한 거울도 있었다. 로마의 포위군은 3년에 걸쳐 혼신의 노력을 다했지만 이런 일련의 첨단 군사기술 앞에서는 아무런 효과가 없었다. 로마의 전함은 기중기에서 발사한 납덩어리 포탄을 맞고 산산조각으로 파괴되었고, 로마 병사는 아르키메데스가 도시의 방어 성벽 꼭대기에 설치한 캐터펄트에서 쏟아지는 고속의 불화살 때문에 원거리에서도 안전하지 못했다”(볼크먼, 2006, 76–77).

아르키메데스의 거대한 거울은 메두사 눈의 광학적 구현, 즉 메두사식 광학기계라고 할 수 있다. 이 광학기계는 단지 눈과 마주치기만 했는데 치명적 죽음을 적에게 안겨주었다. 물론 아르키메데스의 거울은 논란의 소지가 있긴 하다. 기중기에서 발사된 납덩어리 포탄이나 캐터펄트의 불화살이라는 무기가 아르키메데스의 거울이라는 이야기 속에서 광학무기로 둔갑했을 수도 있다. 왜냐하면 거울에서 반사된 빛처럼 납덩어리와 불화살은 멀리 있는 적을 제압하기 때문이다. 따라서 활과 대포를 메두사의 눈길이 변형된 무기로 간주하는 것이 가능해졌다. 치명적인 죽음을 부르는 메두사의 시선은 바로 화살과 포탄이 될 수 있기 때문이다. 즉 메두사의 눈길이 확장된 형태가 바로 화살과 포탄인 것이다.

메두사의 눈길인 화살을 말할 때, 전쟁사적 측면에서 중요한 의의를 가지는 것은 장궁과 석궁이라고 할 수 있다. 그 가운데에서 우선 장궁을 먼저 이야기하자. 장궁이 과학적 군사무기로 탈바꿈하게 된 계기를 마련한 사람은 에드워드1세이었다. 그는 웨일스 반군과의 전투에서 당시 사냥도구로 쓰이던 장궁을 군사무기로 적극적으로 활용하려는 아이디어를 얻었다. “장궁은 엄청난 운동 에너지를 지녔고 따라서 엄청난 타격을 발휘했다. 운동에너지에 대한 현대의 연구에 따르면 인간의 피부 가죽을 관통할 수 있을 정도의 힘을 화살에 실리게 하려면 활에서 약 75피트 파운드의 힘이 필요하다. 그리고 사람에게 매우 심각한 부상을 입히기 위해서는 약 150피트 파운드의 힘이 필요하다. 13세기의 장궁을 현대에 검증한 결과 그것은 최대 1400피트 파운드에 달하는 힘을 뿜어낼 수 있음이 드러났다"(볼크먼, 2006, 95). 그는 이런 강력한 신무기를 조직화하기 위해 장궁수 부대를 창설하였다. 그 부대는 당시 가장 효율적인 다목적 개인무기로 무장되었다.

동서양 역사에 있어 커다란 영향을 미친 활은 장궁보다 석궁이었다. 석궁은 특히 윌리엄 맥닐이 말하는 '중국 우위의 시대'를 대표하는 무기 가운데 하나이다. 석궁의 장점은 다루기 쉬운 무기라는 것이다. 그러나 제작하는 데에 고도의 기술이 필요하며 제작비가 많이 드는 단점이 있다. 중국에서 석궁에 관한 역사기록이 정확하게 알려진 것은 없다. 다만, "후한시대에 쓰인 『오월춘추』에 따르면 석궁의 발명자는 친씨라는 인물이며, 이 신무기는 발명자의 손을 떠나 세 곳의 소국을 전전하다가 마지막으로 중국 중남부에 있던 초나라 영황의 손에 들어갔다고 한다. 영왕의 치세는 기원전 541~529년이다. 고고학적 증거도 이 발명연대를 뒷받침하는 것같다. 기원전 5세기와 4세기의 몇몇 무덤에서 석궁이 출토된 것이다. 11세기에 석궁설계에서 최초로 큰 개량이 일어났다. 1068년쯤에 리딩이 석궁의 가로대 끝부분에 장착하여 발을 걸고 버틸 수 있는 등자 모양의 부품을 발명함으로써 시위를 당기는 데 등과 다리의 근육을 사용하게 했고 이에 따라 그만큼 강력한 활을 사용할 수 있게 되었다"(맥닐, 2005, 61). 이런 강력한 석궁은 중국에서 중기갑기병 전술의 맥이 끊기는 데에 결정적 역할을 했다. 한편, 서구의 석궁은 정확도가 떨어지고 발사속도가 느리고 제작비가 매우 비싼 무기였다. 그렇지만 석궁이 계속적으로 전쟁에 쓰일 수 있었던 것은 적의 기사들을 효율적으로 죽일 수 있었기 때문이다. "석궁수들은 보통 기사가 타고 있는 말을 맞혀 넘어뜨렸는데, 그렇게 기사가 땅에 떨어지면 다른 보병들이 달려들어 잘 움직이지 못하는 기사들을 난도질해 죽이곤 했"(맥닐, 2005, 112)다. 기사단을 죽이는 메두사의 눈이라고 할 수 있는 석궁은 아이러니하게도 1139년에 개최된 공의회에서 금지 무기로 낙인찍힌다. "제 2차 라테라노 공의회에서 터져나온 우려의 목소리는 반기독교적 무기인 석궁에 저주의 형벌을 내리면서 전쟁에서 그 무기의 사용을 금지시키라는 결론을 내리게 되었다. 그러나 한 가지 덧붙이자면 거기에는 단서 조항이 있었다. 즉 이슬람교도와 같은 이교도들에게는 그 무기를 사용할 수 있다는 것이다"(맥닐, 2005, 112). 이것은 평민인 석궁수가 아무리 적대진영이지만 귀족계급인 기사들을 죽임으로써 발생할 수 있는 사회적 문제를 제거하려는 시도이었다.

이처럼 장궁과 석궁은 적에게 타격을 주는 악한 눈의 구현체라고 할 수 있다. 물론 이것은 화약의 도입으로 인해 자연스럽게 대포와 총에게 그 자리를 넘겨주었다. 장궁과 석궁은 사거리가 짧고 대포보다는 장전시간이 짧기 때문에 정확성이 그다지 중요하지 않으나 대포와 총은 상대적으로 장전시간이 길고 한 번 사격시 드는 비용도 크기 때문에 점차 정확도를 높이는 방향으로 시각 테크놀로지가 발전했다.

3. 알베르티의 눈

알베르티는 "주체와 대상의 우연한 차이에 상관없이 보편적이며 객관적인 재현을 가능하게 해주는 필연적 원리를 소개"(진중권, 2008, 89)했다. 단안 중심주의인 알베르티의 눈은 그가 개발한 그리드라는 테크놀로지에 의해 원근법의 효과를 가지는 시각모델을 창출했다. "우리는 그 같은 시각 모델을 시각 예술에서의 르네상스적 원근법 개념과, 그리고 철학에서는 주체의 합리성에 대한 데카르트 사상과 동일시할 수 있다. 따라서 우리는 또한 그 모델을 편리하게 데카르트적인 원근법주의(Cartesian Perspectivalism)라 부를 수 있을 것이다"(제이, 2004, 24). 이런 원근법주의는 주체의 위치를 강조하며 시선의 대상을 폄하하는 인식론을 유발한다. 그렇기 때문에 감상자는 초월적인 눈을 가진 특권자로 격상되지만, 그 시선의 대상은 하나의 표적으로 격하된다. 비록 그 표적이 살아있는 인간이라고 할지라도, 그 죽음은 타깃의 적중을 의미할 뿐이다. 인간이 다른 인간을 대량으로 살상할 수 있게 만드는 인식론적 밑바탕이 바로 데카르트적인 원근법주의에서 비롯되었다고 할 수 있다. 한마디로 말하자면, 시각의 피라미드 안에 있는 표적은 사격의 대상인 것이다. 더구나 칼이나 창을 통해 직접 죽이는 것이 아니라 포탄이나 총알이라는 매개, 즉 메두사의 시선을 통해 살해하기 때문에 인간적 고뇌는 훨씬 격감된다.

알베르티의 단안 투시법이 회화사에서 양안 투시법이나 망막 중심주의와 같은 대안 시각체제들의 도전을 받게 되었듯이, 시각 피라미드 안에서 표적을 향해 달아가는 포탄의 직선운동은 의심을 받게 되었다. 베네치아군 포병들이 대포를 가지고 사격훈련을 하던 모습을 주의 깊게 관찰하던 타르탈리아는 표적에 정확히 잘 맞추지 못하는 병사들의 문제점을 분석하였다. "대포의 사수가 목표물까지의 거리를 계산하는 장면을 관찰한 타르탈리아는 문제의 원인을 곧 파악해냈다. 문제는 바로 모든 물체의 운동을 지배하는 근본 법칙에 있었다. 거의 2000년 전에 아리스토텔레스가 명료하게 진술한 바 있는 그 법칙은 지상에서의 모든 운동은 직선적이라는 것이었다. 내던져진 물체 혹은 대포에서 발사된 물체는 엄격하게 직선으로 움직이다가 마침내 추진력을 소모하고 곧장 땅으로 떨어지게 된다는 것이었다. 이 불변의 법칙은 모든 중세 과학의 토대였다. 그러나 타르탈리아는 그 위대한 아리스토텔레스가 틀렸다는 사실을 깨달았다. 관찰을 통해 그는 공중을 날아가고 있는 어떤 물체도, 그것이 화살이건, 돌멩이건, 포탄이건 상관없이 직선으로 움직이지 않는다는 사실을 발견했다. 실제로 날아가는 모든 물체들은 수학자들이 이른바 포물선이라고 부르는 기하학적인 형태의 곡선을 그리면서 움직인다. 비행물체의 진로가 포물선을 그리는 것은 공중을 날아가는 모든 물체를 끌어당기는 일정한 중력이 작용한 결과이다.

그리고 비록 타르탈리아가 중력을 알고 있었던 것은 아니지만 그는 포탄이 포물선의 진로를 따라 날아간다는 사실만큼은 반박할 수 없다는 것을 알았다. 아리스토텔레스의 법칙을 고수했던 대포의 사수들은 최대 사거리를 대포가 완벽하게 직선인 방향으로 움직이다가 갑자기 추진력이 소진되어 수직으로 땅으로 떨어지게 되는 바로 그 지점이라고 계산했다. 베네치아의 포병들뿐 아니라 다른 그 누구라도 명중률에 문제가 생길 수밖에 없었다는 것은 놀랄 일이 아니었다. 자신의 관찰만으로는 만족하지 못한 타르탈리아는 그 사실을 수학적으로 증명하기 위해 씨름을 하기 시작했다. 그런 과정에서 그는 과학이 거둔 가장 위대한 승리에 속하는 전적으로 새로운 분야, 즉 탄도수학(the mathematics of ballistics)을 개척하게 되었다. 그러나 그 학문이 갖는 군사적인 의미는 실로 중대한 것이었다. 타르탈리아는 포탄이 실제로 어떻게 공중을 날아가는지 보여주었을 뿐만 아니라 그가 고안한 수학공식으로 포병들에게 훨씬 높은 명중률을 보장해주었다. 포병들은 이제 수학적인 정확성을 가지고 자기들이 쏜 포탄이 어디까지 날아갈 것인지 가늠할 수 있게 되었다"(볼크먼, 2006, 164–165). 타르탈리아의 탄도수학은 비유적으로 말하자면 알베르티의 외눈박이 원근법 세계를 무너뜨리고, 두 눈에 보이는 대로 사실을 관찰함으로써 현실을 재현하려는 망막주의의 세계를 열었다고 말할 수 있다. 또한 탄도수학은 대포사격의 정확성을 높여주었기 때문에 진정한 의미에 있어 메두사의 눈이 현실적으로 구현될 수 있는 기술을 제공했다고 평가할 수 있다.

4. 키노-아이(Kino-Eye)

전쟁과 가장 관련이 있는 시각 테크놀로지는 무엇인가? 그것의 정답은 카메라라고 해도 그리 크게 틀린 말은 아니다. 비릴리오가 저술한 책 제목『전쟁과 영화』에서도 알 수 있듯이, 전쟁과 밀접한 광학기계는 역시 카메라라고 할 수 있다. 카메라는 세계를 있는 그대로 보여준다는 데에 커다란 장점을 가진다. 이런 특성 때문에 카메라 옵스쿠라, 다게로 타입, 시네마토그라프 등으로 기술적 발전을 거듭하면서 현실을 있는 그대로 재현하고 더구나 이를 동영상으로 볼 수 있게 만드는 데에 인류는 많은 노력을 기울였다. 특히 촬영 이미지는 인간이 관심을 가지지 않던 부분도 정확히 재현하기 때문에 세부 디테일을 재고할 수 있는 기회를 제공했으며, 이를 통해 군사작전의 정확성을 높일 수 있었다. "시민들은 자신들의 눈을 믿을 수 없게 된다. 확실히 사람들은 자신들의 지각을 신뢰하기보다는 시각기계를 더 신뢰하는 쪽으로 변해왔다"(비릴리오, 2004, 27).

이제 정찰병의 이야기보다 카메라로 촬영한 사진이나 동영상이 더 확실한 정보가 되었다. 더욱이 간편하게 들고 움직일 수 있는 이동성의 테크놀로지가 발전하게 되자, 그야말로 카메라의 눈은 그 어느 곳에 있는 대상이든지 포착할 수 있게 되었다. 즉 영화 감독의 눈과 카메라의 눈이 일치되는 데에 있어 그 한계가 없어졌다. 이제 감독의 눈과 카메라의 눈은 어떠한 물리적 장벽 없이 쉽게 일치된 것으로 간주되었다. "1918년 최초의 레닌의 선전대 일원이었던 지가 베르토프는 무장한 영화 감독의 눈에 대해서 다음과 같이 선언했다. 나는 카메라의 눈이다. 자신에게만 보이는 세계를 사람들에게도 보이도록 해주는 기계이다. 오늘부터 나는 내 자신을 인간적 부동성에서 영원히 해방시킨다. 나는 영속적인 운동 속에 존재한다. 나는 사물에 다가가서 사물에서 멀어진다. 나는 그 밑에서 포복한다. 나는 그 위로 기어오른다. 나는 달리는 말의 머리 위에 있다. 나는 전속력으로 군중 속으로 침입한다. 나는 달리는 군인들 앞에서 달린다. 나는 등을 바닥으로 하고서 몸을 날린다. 나는 비행기들과 함께 상승한다. 나는 대기에서 낙하하거나 상승하는 물체들과 보조를 맞추어 낙하하거나 비행한다......"(비릴리오, 2006, 73–74). 촬영기의 이동성이 자유로운 것은 타깃의 정확한 위치를 관측하고 전열을 배치하고 작전을 구상하는 데에 많은 도움을 주었다. 즉 카메라의 기록성이 전쟁계획과 작전구상에 막대한 영향을 끼쳤다. 이런 광학기계의 발전은 전쟁수행의 효율성을 극대화시켰다. 이제 메두사의 눈은 적 위치에 대한 정확한 정보를 제공하는 관측기계로 변환된 것이다.

그러나 시각 테크놀로지의 발전이 단순히 관측의 엄밀성이나 대상의 기록성으로 그친 것이 아니다. 광학 기계의 발전은 전쟁을 하나의 파노라마로 만들었다. 만약 시네마라는 어원이 영화의 공간과 관련이 있다면, 전장이 바로 전쟁 시네마인 것이다. '카메라를 든' 촬영감독은 전장을 돌아다니면서 다양한 전투 장면을 촬영한다. 그리고 그 필름을 일반 시민에게 상영한다. 이런 과정을 통해 일반 시민은 전투에 참여하는 관찰자가 된다. 실제 전투에 참여한 병사보다 더욱 사실적인 장면을 볼 수 있도록 만들어주는 것이다. 이처럼 이상적 관찰자는 전투에 참여하지 않으면서 전쟁에 참여하는 관객이 된다. "이보 몬태규는 영화가 관객을 이상적인 관찰자로 만들며 이러한 관객은 실생활의 관찰자라면 보통은 볼 수 없을 양상들을 볼 수 있다고 말한다. 어떤 할리우드 관계자는 카메라를 일컬어 개개의 모든 면, 각도, 거리에서 사물이나 사건을 볼 수 있는 관찰자라고 쓴다. 그리하여 보이지 않는 관찰자는 마찬가지로 어디나 존재하는 자, 유령처럼 도처에 존재할 능력을 부여받은 존재가 된다(보드웰, 2007, 39, 재인용).

도처에 편재하는 관객은 마치 전쟁터에 있는 것과 같은 착각을 불러일으킨다. 그리고 그 전장은 하나의 극장이 되고 스펙타클이 된다. 1차 및 2차 세계대전 중에 전쟁장면을 보고 있는 후방의 시민들이 전투에 참여하는 병사와 같은 감정 상태에 빠졌다고 한다. 이것은 전장이 극장화 되고, 후방이 가상적 전장이 되는 현상을 잘 보여준다. 한마디로 총체적 전쟁 상태에 놓인 것이다. 이런 상황을 연출하는 데에 영화예술, 특히 시각 테크놀로지가 절대적 역할을 했다. 또한 영화 예술은 놀라운 비주얼화의 시각테크놀로지를 통해 시민의 감정을 자극했으며, 애국심 및 민족주의를 고취했다. 그런 목적에 영화 예술이 많은 봉사를 했다. 영화는 몽타주를 통해 그 사실이 조작될 수 있거나 일방적 사실을 주입하는 곳으로 자주 변질되었다. 전시상황이라는 특수성 때문에 영화는 국가의 독백적 목소리에 더욱 더 봉사하게 되었다. 드보르는 이런 스펙타클의 일방성을 지적했다. "이는 이 의사소통이 본질적으로 일방적인 것이기 때문이라고 우려를 표명하고 있다. 다른 말로 하면, 그것은 국가로부터 우리 모두에게로의 일방적인 의사소통이다. 드보르에 따르면, 스펙타클은 대화를 허용치 않을 뿐더러, 바로 '대화의 대립물'이다. 그것은 '기존질서가 아무런 방해도 받지 않고 행하는 자신에 관한 담화'이다"(드보르, 1996, 190). 이런 측면은 영화사에서 잘 나타난다. 나치가 독일 영화를 어떻게 발전시켰고 레닌이 소비에트 영화를 어떤 식으로 지원했고 또한 무솔리니가 이탈리아 영화에 얼마나 많은 영향을 미쳤는가에 대한 살펴본다면, 이런 영화들이 얼마나 일방적이고 독선적인 스펙타클이었는지가 쉽게 이해된다.

이처럼 시각 테크놀로지의 혁명이라고 할 수 있는 키노-아이는 전쟁에서 정확한 관측의 기술적 뒷받침을 제공했을 뿐만 아니라, 영화 예술을 통해 국민의 감정을 일방적으로 유도하여 이데올로기를 조작했다고 할 수 있다. 즉 시각 테크놀로지가 키노-아이의 단계에서는 단순한 관측 및 정밀기록기계가 아닌 심리조작기계로까지 확장되었다. 전쟁과 시각 테크놀로지의 역사적 관계에서 실로 혁명적 전환이 일어난 것이다.

5. 버즈 아이 뷰(Bird's eye view)

키노－아이 단계의 시각 테크놀로지는 정밀한 기록성, 전장의 극장화, 대중심리의 조작성 등과 같은 특징들이 발전하였다면, 버즈 아이 뷰의 단계에서는 새로운 시점이 기술적으로 특화하였다고 말할 수 있다. 이것은 주로 유무인 비행기나 인공위성과 같은 비행체에서 지상을 어떻게 정밀하게 바라보는가와 연관된다.

사실, 버즈 아이 뷰는 카메라 앵글의 부감이 극대화된 형식이다. 이것은 새의 눈에서 세계를 바라본다고 해서 조감 시선이라고 한다. 그러나 영화 예술 이전에 문학에서도 그런 시점이 이미 행해졌다. 아마도 작가의 놀라운 상상력 덕분에 위에서 아래를 내려다보며 조망하는 시점이 창조된 것으로 보인다. 문학에서 이런 시점을 조감 시점이라고 부른다. 우스펜스키는 『소설구성의 시학』에서 문학에서의 조감 시점에 대해 자세히 분석하였다. "하나의 특정한 대상의 포괄적인 묘사에 대한 요구가 있을 때, 우리는 종종 연쇄적인 개관이라든가 이동하는 서술자를 발견하는 것이 아니라, 어떤 단일한, 매우 일반적인 하나의 시점으로부터 행해지는 그 장면에 대한 총괄적인 묘사를 발견하게 된다. 그러한 공간적 위치는 일반적으로 매우 폭넓은 지평을 상정하는 까닭에, 우리는 그것을 조감 시점이라고 부를 수 있다. 전체 장면을 내려다보는 그러한 광대한 범위에 걸치는 시점을 상정하기 위해서는, 관찰자는 그 행위보다 훨씬 위에 있는 지점에 자리를 잡아야 한다"(우스펜스키, 1992,

112–113). 이처럼 조감 시점은 작품의 앞, 뒤 부분에서 전체적 배경을 제시할 때 주로 쓰인다. 이런 점은 영화에서도 유사하다. 영화의 아버지 그리피스도 전쟁 장면을 보여줄 때 버즈 아이 뷰 앵글을 활용했다. “1차 세계 대전 중 D.W. 그리피스는 미국 영화 감독으로서는 유일하게 연합군을 대상으로 한 선전 영화를 찍을 수 있는 허가를 받아 전선에 갈 수 있었다. 남북 전쟁 퇴역 노병의 아들이자 연극계 출신이었던 그리피스는 실제로 유럽에서 전쟁이 발발한 바로 그 시점(1914년 여름)에 미국에서『국가의 탄생』을 감독하였다. 이 영화에서 전장은 언덕에서 찍은 롱 숏에서 드러나며, 감독은 킹 비더와 마리오 솔다티의 <전쟁과 평화>(1955)에서 주인공인 피에르 베주코프가 직접적 시각의 전반적 우연성을 지닌 채 보로디노 전투를 관망한 것과 같은 위치에 놓인다. 그리피스는 서사시를 화폭에 담는 화가로서보다는 연극 무대 위에서 실행될 극히 사소한 동작도 세밀하게 주시하는 무대 감독으로 자신의 전쟁을 촬영하였다”(비릴리오, 2006, 47).

여기서 재미난 것은 비릴리오가 그리피스를 화가가 아닌 무대 감독으로 비유한 점이다. 즉 전쟁 장면을 촬영한 감독을 연극무대 감독으로 본 것이다. 그 이유는 움직임의 포착 때문일 것이다. 화가는 정지된 순간을 그려내지만, 연극무대감독은 미장센을 통해 움직임을 만들어내고 관객이 볼 수 있게 무대배치를 하기 때문이다. 이처럼 적의 움직임을 촬영하여 그대로 볼 수 있다면, 더욱이 항공기를 통해 위에서 아래로 조망할 수 있다면, 게다가 그 조망의 결과물인 사진이나 영화를 다시 볼 수 있다면, 바로 그 자체가 작전배치도가 되는 것이다. 이 작전배치도는 포병과 같은 화력부대에게 많은 효율성을 증대시켰다. 또 거기에서 만족하지 않고 보는 즉시 타격을 가하는 형태로 발전한다. 즉, 비행체에서 직접 적에게 공격을 가하는 것이다. 이러한 시각 테크놀로지와 전쟁기계의 발달은 병참의 개념을 바꿨다. 기존의 요새는 수평으로 이동하는 적을 막는 것이었다면, 현대로 다가올수록 요새는 수직으로 공격하는 적을 방어하는 것으로 변했다. 이것은 현대의 전쟁영화에 잘 나타나있다. "미국 영화감독 프랜시스 포드 코폴라가 『지옥의 묵시록』에서 보여준 헬리콥터 공격 같은 것(위로부터의 죽음)을 피하려고 군대의 최고지휘자는 지하 벙커 같은 깊은 곳에 숨어 있"(비릴리오, 2004, 26)다. 지하 벙커에 숨는다는 것은 비릴리오에게 있어 독특한 저항으로 인식되었다. "미국이 베트남 인민들을 상대로 전개한 생태전쟁은 또 다른 저항 형태를 낳았다. 이제 파괴된 한 지점에서 파괴되지 않은 지점으로 신속하게 움직이며 저항을 한다는 것 자체가 불가능해진 것이다. 그러므로, 베트남 인민들의 생존은~아래에 존재하는 것을 지속과 동화시키는 데 달려 있었다. 이런 상황에서 베트남 인민들이 창안한 것이 신체 없는 저항이다. 그들은 땅을 파고 들어갔다. 즉, 자신들의 신체를 적들의 시야에서 완전히 사라지게 만들어버린 것이다. 이것이 사라짐(소멸)의 저항이다"(비릴리오, 2004, 286).

그렇지만 새의 눈높이, 또는 상공이라는 특화된 시선이 단순하게 기지나 병참의 위상을 바꾼 것으로 그친 것은 아니다. 그것은 전쟁에 대한 인간의 인식 자체를 전환시켰다고 볼 수 있다. 이런 측면은 비릴리오가 주장한 '지각의 병참학'이란 개념에서 잘 나타나 있다. "전투의 역사는 무엇보다도 그 지각장의 형태 변환의 역사이다. 다시 말해서, 전쟁은(영토적인, 경제적인......) '물질적' 승리를 쟁취하는 문제이기보다 지각 장들의 비물질성을 전유하는 문제이다. 그리고 현대의 교전자들이 이러한 장 전체를 침략하기로 결심하는 한 진정한 '전쟁영화'는 반드시 전쟁이나 전투 장면을 보여 줄 필요가 없다는 생각이 일반화되었다. 영화가 (기술적, 심리적......) 놀라움을 창조하는 데 적합한 것이 된 시점부터 영화는 사실상 무기의 범주 속으로 들어갔기 때문이다"(비릴리오, 2006, 35–36). 이 인용문은 시각 예술의 한 형태인 영화가 어떻게 전쟁기계 또는 무기 테크놀로지로 전환되었는가에 대한 놀라운 통찰력을 제공하는 글이다. 키노-아이는 전쟁이 하나의 극장으로 변하는 통로를 제공했다면, 버즈 아이 뷰는 전쟁이 물질성에서 벗어나 비물질적 가상현실로 들어갈 수 있는 문을 열었다고 할 수 있다.

6. 날개 달린 눈: 시선 없는 시각

날개 달린 눈은 원래 신의 눈을 의미한다. "고대인들은 신을 전체와 개별을 두루 보는 눈에 비유했다. 우리 역시 신은 어느 곳에나 존재하시고, 그 앞에서는 우리의 모든 행위와 생각을 감출 수 없다고 믿는다. 그러므로 우리는 늘 깨어서 살펴야 할 의무가 있다"

(진중권, 2008, 88). 전체와 개별을 함께 볼 수 있다면, 그것은 과연 신의 눈이라고 할 만하다. 인간은 숲과 나무를 동시에 보기 어려운데, 두 개를 함께 본다는 것은 신의 영역에 속하는 일이라고 해도 지나친 말은 아니다. 그렇다면 어떻게 전체와 개별을 함께 볼 수 있는가? 그것을 어떻게 구현할 수 있는가? 재미나게도 이런 시각 장치는 게임에서 나타난다.

게임은 원래 전쟁과 많은 관련을 갖는다. "우리가 현재 떠올리는 게임들의 효시는 대부분 간단한 전쟁의 형태를 취하고 있다. 이것은 다시 말하자면 인류의 삶에서 끊임없이 계속되어 왔던 전쟁, 그리고 그 전쟁을 통해서 생존해야 했던 모든 이들에게 게임은 실전에 앞서 중요한 전략을 연구, 개발하고 실습할 수 있는 중요한 도구였던 것이다. 대표적인 전쟁 게임이라 한다면 역시 체스와 장기를 들 수 있을 것이다(김원보. 최유찬, 2005, 449)". 체스와 장기와 같은 원시적 형태의 게임은 전체와 개별의 시각을 제시할 수 없다. 전체와 개별을 함께 볼 수 있는 시선은 비디오 게임, 컴퓨터 게임 등과 같이 게임 테크놀로지가 상당히 진척된 곳에서 나타난다. 이런 최신의 게임을 보면, 일반적으로 2개의 프레임이 기본적으로 배열된다. 우선, 전체를 볼 수 있는 프레임은 버즈 아이 뷰의 카메라 앵글로 익스트림 롱 쇼트 또는 롱 쇼트의 유형의 쇼트로 되어 있는 경우가 많다. 이 경우는 보조적인 시각 정보를 제공해주는 역할을 하고 있으며, 내비게이션과 같이 자신의 위치와 적의 위치를 객관적 정보로 제공한다. 그리고 2번째 프레임은 주로 모니터 전체와 일치한다. 이 프레임은 상당히 근접한 거리에서 타깃을 볼 수 있는 미디엄 또는 클로즈업 쇼트의 형태로 나타난다. 이를 명확히 한다면, 버즈 아이 뷰의 앵글은 전체를 객관적으로 조망하는 시선을 가지는 객관적 촬영의 형태를 띠고, 미디엄 또는 클로즈업 쇼트는 아이 레벨 뷰, 즉 인간의 눈높이에 해당하는 정도의 높이에서 바라본 형태를 띠면서 주관적 촬영의 형태로 보이게 된다. 덧붙여 말하자면, 주관적 촬영은 유저의 시선과 일치감을 주기 때문에 게이머가 더욱 영상 속에 몰입할 수 있는 것이다. 이처럼 게임의 화면에서는 주, 객관의 촬영 형태가 결합하여 모든 상황이 일목요연하게 나타난다고 할 수 있다. 바로 이것이 날개 달린 눈의 실현이라고 할 수 있다. 즉 전체와 개별을 동시에 볼 수 있는 특권을 부여받은 게임-유저 game-user[4]는 첨단의 전쟁기계를 사용하여 무수한 적들을 제압할

4) 게임-유저의 시지각은 스캐닝과 같은 것이라는 주장이 있다. 또한 보는 것만이 중요한 것이 아니라 뇌와 손의 빠른 반응을 더욱 중시하는 의견이 있다. 최유찬의『컴퓨터 게임의 이해』에서 눈, 뇌와 손의 삼박자에 대해 이야기한다. "게임은 흔히 안수협응(eye-hand coordination)의 감각운동이라고 한다. 안수협응이란 눈과 손이 잘 조응해야 효과적으로 게임을 진행할 수 있다는 개념이다. 어린이는 손이 발달해야 생각이 발달한다는 이야기가 있지만 게임에서는 특히 생각과 눈, 그리고 손이 하나처럼 일치해서 움직여야 한다는 개념이 안수협응이라는 낱말로 표현된다. 매우 간단하면서도 흥미진진한 게임인 <팩맨>은 이 안수협응의 개념을 설명하는 데 좋은 재료이다. 게이머가 자신을 쫓아오는 두 악마를 피하면서 주어진 과제를 달성하기 위해서는 눈으로는 각 요소들이 이루고 있는 복잡한 유형의 관계들을 검토해야 하고 손으로는 기민하게 표적을 이동시키면서 길에 놓여 있는 먹이를 먹어치

수 있는 것이다.

이처럼 게임-유저는 눈의 편재성, 즉 신의 눈을 지닌 것처럼 속속들이 적의 위치와 동태를 파악할 수 있는 능력을 부여받은 것 같다. 마치 푸도프킨의 이상적 관찰자가 바로 게임-유저가 된 것이다. 그러나 게임-유저가 무한정 자유로이 타깃을 볼 수 있는 것은 아니다. 바로 그 점이 게임-유저가 가지는 시선의 한계성이라고 할 수 있다. 사실 게임-유저의 시선은 일정한 촬영 문법, 또는 영상문법의 법칙 안에서 시선이 제한된다. 일례로 게임-유저의 시선은 되도록 180도의 법칙에 어긋나지 않는다. 180도 법칙의 파괴는 배경의 혼란, 적 위치의 혼동을 일으킨다. 이런 혼란은 신의 눈이 아닌 인간의 눈으로의 추락을 의미할 뿐이다.

전쟁사에 있어 날개 달린 눈의 실현은 모니터의 시각 테크놀로지를 지향하는 게임뿐만 아니라, 실시간 방송인 TV와 컴퓨터 및 인터넷 등과 같은 정보 미디어들과도 상당한 관련이 있다. 전쟁과 정보 미디어 테크놀로지와의 상관성은 역사를 통해 자주 입증된다. 전보와 같은 미디어가 1870–1871년 독일–프랑스전에 엄청난 영향

워야 한다. <스타크래프트>에서도 마찬가지다. 게임이 시작되면 게이머는 자세를 바로 하고 오른 손으로는 마우스를, 왼손으로는 키보드를, 눈으로는 미니맵과 국부 지도, 인물창과 유니트, 게임메뉴를 번갈아 보아야 한다. 눈이 두 개뿐이라는 사실이 원망스러울 정도로 눈동자를 바삐 움직여야 하고 눈이 가는 곳마다 손이 재빨리 따라주어야 한다. 누군가는 컴퓨터식 지각을 가르켜 세계의 사물을 보는 것이 아니라 관계들을 검토하게 하는 일종의 스캐닝이라고 말한 적이 있는데 꼭 들어맞는 말이다”(최유찬, 2002, 153–154).

을 미쳤고, 전화기와 라디오를 이용하여 전시 네크워크를 구축한 괴벨스는 전쟁을 효율적으로 승리했고, 앨런 튜링이 창조한 가상의 계산기계, 즉 컴퓨터의 전신이라고 할 수 있는 튜링 머신은 독일군의 암호를 해독하여 영국군의 승리를 이끌었다. 이처럼 미디어 테크놀로지는 전쟁의 승패에 결정적 역할을 했다. 이 가운데에서 특히 TV, 컴퓨터와 인터넷은 전쟁에 있어 새로운 국면을 제시했다.

우선, TV는 기존의 영화 매체와 달리 실시간으로 영상을 시청자에게 전달한다. TV의 실시간성이 왜 중요한 것인가? 다음과 같은 사례를 본다면 이해될 것이다. "1960년대의 베트남전이 이미 텔레비전에 의한 전쟁이었으나 그 전쟁이 어떻게 진행되었는지는 나중에야 보도가 되었다. 사건과 사건에 의한 보도가 분리되어 있었던 것이다. 추측컨대 이것이 미국의 동아시아 전쟁에 대한 비판과 그 종식에 지대하게 기여했다. 왜냐하면 사건과 보도의 분리는 관찰에 여유를 주고 관찰이 성찰로 이해할 수 있는 거리를 만들기 때문이다. 하지만 이는 걸프전 이래 바뀌었다. 이제 실시간으로 보도된다. 다시 말해서 텔레비전 시청자는－적어도 잠재적으로는－사건현장에 있는 것이다. 텔레비전 영상을 통해 순항미사일이 목표들을 알게 되고, 치명적인 포탄들이 뒤를 이으며, 폭음을 보고, 그로 인해 나타나는 영향력을 알 수 있다. 전쟁은 시청자가 참여하는 스포츠 같은 사건이 된다"(슈넬, 2005, 318). 전쟁 다큐멘터리가 전장이 하나의 극장으로 변하는 착각을 불러일으켰다면, 텔레비전의 전쟁 보도는 전장을 경기장으로 변모시켰다. 전투에 관한 저녁 뉴스는 전쟁의 실재성[5)]을 느끼지 못하게 하고 하나의 비디오 극이라는 인상을 주기 때문에 가상적인 하이퍼리얼리티 생성에 기여하는 것이다. 마치 축구 경기에서 멋진 골처럼 타깃에 적중하는 미사일이나 포탄을 보면서 우리는 '예술이다'라는 칭찬을 한다. 전쟁의 잔인함이나 비극은 사라지고 예술 작품을 보듯이 그 전쟁 테크놀로지에 감탄한다.

또한 전쟁의 시각 기술은 인공위성과 첨단통신시설 덕분에 신의 눈에 한층 가까워졌다. "최초의 전면적인 전자 세계 전쟁으로서 걸프전은 지리적 지평의 전선에서만 입증된 것이 아니라 무엇보다도 전 세계의 모니터들과 텔레비전에서 입증되었다. 전장의 조망은 더 이상 소실점의 조망이 아니며 오히려 모든 점들, 즉 픽셀의 동시

5) 텔레비전에서 실재성은 그다지 의미가 없다. 클라우스 크라이마이어가 텔레비전의 구조에 내재하는 역동성에 대해 연구하면서 이를 증명한다. "우리는 클라우스 크라이마이어가 텔레비전의 구조에 내재하는 역동성에 대해 간명하게 언급한 것을 인용할 수 있다. 즉 텔레비전은 존재하는 것이 아니라 발생한다. 그러나 이는 바로 크라이마이어의 텔레비전 – 에세이가 시사하는 바와 같이 정밀한 서술을 요한다. 다시 말하면 텔레비전은 단순히 발생하는 것이 아니라 실재성을 생성함으로써 발생한다. 텔레비전은 현실을 제작하되, 하나의 현실이 아니라 여러 가지, 즉 단면, 소립자, 부분조망의 형태로 된 다양하고 다층적인 현실을 색채가 있고 평면적이고 다차원적으로 제작한다. 우리는 이러한 신빙성 있는 영상세계로 텔레비전에 나타나는 것에서, 세계의 모든 프로그램이 동시에 24시간 동안 계속해서 방영되는 것을 경험하게 된다면, 그 순수한 잠재적 가능성을 힘들이지 않고 현상학적으로 인식할 수 있을 것이다. 이때 진리 같은 전통 개념은 모사 개념이나 진리가 아직 그곳에 존재한다는 실제 개념과 마찬가지로 급속히 설득력을 상실하게 될 것이다"(슈넬, 2005, 319–320).

적 연속선인데, 겨누게 될 목표의 영상이 이런 픽셀들로 합성되어 있으며 픽셀의 파괴를 통해 적이 절멸될 수 있는 것이다. 과다 노출되고 시선들에 내맡겨진 이러한 전쟁은 위성을 통해 가능해진 유비쿼터스와 군사 원거리 의사소통기술로 가능해진 순간성에 힘입어 전통적인 신적인 특징들을 스스로 갖추고 있다"(슈넬, 2005, 318). 실시간 방송을 가능하게 한 텔레비전이야말로 진정한 신의 눈의 탄생을 알리는 축포인 것이다. 이제 영상정보를 수집하여 실시간으로 본부와 연락하고 바로 현장에서 타격을 가한다. 텔레비전의 시각기술이 전쟁에 적용되면서 이제 전쟁은 실시간의 총체적 전면전 형태로 전환된다. 텔레비전의 영상은 전방과 후방의 경계를 파괴하고 현실과 가상현실의 경계를 무너뜨린다. 기 드보르의 말처럼 현실은 환상의 시간이며, 스펙타클의 시간은 현실의 시간인 것이다. "순환적 시간은, 실제로 체험되는, 부동적인 환상의 시간이었던 반면, 스펙타클적 시간은, 환상 속에서 체험되는, 자기변화하는 현실의 시간이다"(드보르, 1996, 130). 실시간으로 전송되는 영상 이미지는 현실을 픽셀 이미지로 대체하며, 적의 픽셀은 버튼 하나로 제거된다. 즉 현실이 환상, 또는 가상현실로 뒤바뀌는 것이다. 이와 달리 환상이 현실로 바뀌는 경우도 있다. 그것은 팔레스타인 해방기구가 TV를 활용한 투쟁 형태에서 엿보인다. PLO는 전세계 사람에게 자신들의 투쟁을 알리고 있으며, 그런 소식을 접한 사람들을 통해 팔레스타인의 정체성을 보장받으려 했다. 비릴리오는 이것을 "환영적 정체성(Phantasmal)의 저항"(비릴리오, 2004, 287)으로 간주한다.

지구촌 사람들에게 각인된 TV속의 팔레스타인 해방기구의 이미지, 즉 PLO의 환상을 토대로 하여 진정한 해방이라는 현실을 만들어보려는 것이다. 이처럼 전쟁의 시각 테크놀로지는 관측 무기를 벗어나 극장용 무기로 확장되고 있으며, 그 무기를 통해 환영과 환상을 만들어내는 것이다. 여기에 텔레비전이 많은 영향력을 끼쳤다고 할 수 있다. 그리고 컴퓨터와 인터넷은 시각 없는 시선[6]이라는 더욱 완벽한 형태의 시각 테크놀로지를 창조한다. 컴퓨터는 사이버네틱스, 가상현실의 공간 창조, 전쟁 시뮬레이션 등과 같은 분야에 많은 공헌을 했으며, 하이퍼미디어라고 할 수 있는 인터넷은 각 개별의 컴퓨터를 연결하여 시공간의 한계를 극복하는 정보슈퍼하이웨이를

---

6) 비릴리오의 시선 없는 시각 개념은 다음과 같다. "사이버네틱스의 승천과 더불어, 우리는 군사적 영화 기술의 기원으로부터 명백히 멀어졌다. 그럼에도 불구하고 이러한 시선 없는 시각의 혁신은 조준계보사의 직접적 후예이다. 실제로 조준 행위는 시선의 기하학화이며, 상상적인 축, 즉 예전에 사람들이 믿음의 선이라고 부른 바 있는 관념적 선 위에서 시각을 기술적으로 정렬시키는 방식이다. 이러한 조준선은 형태 인지 컴퓨터로 계산되는 디지털 광학의 예시로서 지각의 자동화를 예견하였다. 그러한 이유에서 눈에서 출발해 가늠 구멍을 관통하여 표적 및 그 너머의 과녁과 목표물에 도달하는 시선의 관념적 정렬선을 가리키기 위해 의무적으로 믿음과 신념이라는 준거가 제시되었던 것이다. 이 믿음이라는 개념이 오늘날의 일상어에서는 별로 사용되지 않은 것은 시사적이다. 이 시선의 관념적인 선은 완전히 객관적인 것이 되어 시선의 작용에서 언제나 작동하고 있는 해석적 주관성의 부분을 사실상 망각으로 이끌어 의미론적 상실을 초래할 정도가 된 것이다"(비릴리오, 2006, 21–22). 필자는 이와 달리 리좀의 개념을 통해 시선 없는 시각을 논한다.

구축하는 데 커다란 역할을 했다. 컴퓨터와 인터넷이 결합된 네트는 들뢰즈와 가타리가 말한 리좀의 형태를 띤다. 리좀은 지하에 서식하는 뿌리와 같이 가변적이고 그물망처럼 퍼져나가는 네트의 다른 이름인 것이다. 마치 신경망처럼 퍼져있어 눈이 없어도 현지 사정을 알 수 있는 연결망이 바로 네트인 것이다. 이런 네트는 날개 달린 눈 또는 시선 없는 시각의 진정한 실현이라고 할 수 있다. 현대전에서의 네트는 일종의 판옵티콘으로 상징화된다. 이 곳에서 적들은 마치 죄인들처럼 간수의 시선에서 벗어날 수 없는 상황에 처하는 것이다.

현대의 전쟁기계 가운데에서도 시각 없는 시선을 구체적으로 구현하는 것이 있다. X선을 통한 전기 시선이 대표적 예인데, 이것은 광학적 시선을 대체하여 현실적으로 볼 수 없는 것을 가상적인 것으로 보여줌으로써 타깃의 위치를 알려준다. 또한 저광도 텔레비전과 같은 시각 테크놀로지도 언급할 수 있다. 이것은 야간의 어둠을 뚫고 볼 수 있는 새로운 시선을 제공한다. 이외에도 열카메라, 레이더 영상과 같은 간접광선을 통해 전지전능한 눈이 창조되고 있다. 이와 같이 하이퍼정보 전쟁시대에는 "이미지들과 음향들의 전쟁이 물체들의 전쟁을 대체하여, 순간마다 모든 곳에서 모든 것을 보고 알 수 있게끔 하는 일반화된 광명에의 의지가 대두하게 된다. 그것은 우연과 뜻밖의 기습을 영원히 금지하는 신의 눈의 기술자적 버전이다"(비릴리오, 2006, 25). 대안적 시선의 군사적 개발과 초고속의 연결망은 전체와 개별을 볼 수 있을 뿐 아니라, 인간의 한계를 뛰어넘어 신의 영역에 도달할 수 있는 가능성을 보여주었다. 이런 놀라운 눈은 물리적 파괴의 극대화로 인해 전쟁을 억제하는 핵 억제력과 같은 전쟁 억제력을 보여준다. 어떤 의미에서는 비릴리오의 말처럼 날개 달린 눈이 전쟁이 존재하지 않는 순수전쟁을 만들어내는 것일 수도 있다.

결론

이 글은 인문학적 상상력을 발휘하여 물리적, 역사적, 사회적 흐로노토프의 엄격한 경계를 넘어 시각 테크놀로지의 다양한 유형을 연구하면서 전쟁사의 여러 단계를 살펴보았다. 필자는 전쟁사라는 통사적 흐름을 시대별 대표적 유형의 눈으로 나누어 각 단계의 특징과, 시각 테크놀로지와 전쟁 사이의 상관성을 분석하였다. 제1장 메두사의 눈에서는 신화적 관점에서 인간의 눈에 대해 연구하고, 특히 메두사 신화와 전쟁과의 연관성이 어떻게 형성되었는지에 대해 말했다. 제2장 악한 눈의 구현에서는 메두사의 눈길과도 같은 고대 및 중세 무기들에 대해 분석하였다. 제3장 알베르티의 눈에서는 원근법과 타르탈리아의 탄도수학을 통해 르네상스 시대의 시각 테크놀로지를 연구하였다. 제4장 키노-아이에서는 시각 테크놀로지가 영화와 전쟁 사이에서 어떤 역할을 했는가에 대해 분석하였다. 제5장 버즈 아이 뷰에서는 시각의 수직성과 전쟁 양상의 변화에 대해 논했다. 제6장 날개 달린 눈에서는 신의 눈에 도전하는 최첨단의 현대 전쟁 테크놀로지를 소개하면서 현대 미디어와 전쟁과의 관계를 총체적으로 조망하였다. 이와 같이 이 논문은 조준계보학을 탐구하면서 주체와 대상의 이분법적 관계가 만들어내는 시선의 기하학과 현대적 시각 테크놀로지의 대안적 특징에 대해 새로운 시론을 제시했으며, 전쟁기계 및 전쟁사의 놀라운 측면을 소개했다.

|참고문헌|

가타리, 펠릭스(윤수종 옮김). 2003.『카오스모제』. 서울(동문선).

김원보, 최유찬. 2005.『컴퓨터 게임과 문화』. 서울(이룸).

드보르, 기(이경숙 옮김). 1996.『스펙타클의 사회』. 서울(한영문화사).

맥닐, 윌리엄(신미원 옮김). 2005.『전쟁의 세계사』. 서울(이산).

메르쉬, 디터(문화학연구회 옮김). 2009.『매체이론』. 서울(연세대학교출판부).

몽젱, 올리비에(이은민 옮김). 1999.『이미지의 폭력』. 서울(동문선).

버거, 존(이용은 옮김). 2005.『시각의 의미』. 서울(동문선).

보르샤이트, 페터(두행숙 옮김). 2008.『템포바이러스』. 파주(들녘).

보드웰, 데이비드(오영숙 옮김). 2007.『영화의 내레이션』. 서울(시각과 언어).

볼크먼, 어니스트(석기용 옮김). 2006.『전쟁과 과학, 그 야합의 역사』. 서울(이마고).

부트, 맥스(송대범, 한태영 옮김). 2007.『전쟁이 만든 신세계』. 서울(플래닛미디어).

비릴리오, 폴(권혜원 옮김). 2004.『전쟁과 영화: 지각의 병참학』. 서울(한나래).

비릴리오, 폴(김경온). 2004.『소멸의 미학: 시간과 속도의 여행』. 서울(연세대학교출판부).

비릴리오, 폴(배영달 옮김). 2002.『정보과학의 폭탄』. 서울(울력).

비릴리오, 폴(배영달 옮김). 2006.『탈출속도』. 부산(경성대학교출판부).

비릴리오, 폴(배영달 옮김). 2007.『동력의 기술』. 부산(경성대학교출판부).

비릴리오, 폴(이재원 옮김). 2004.『속도와 정치: 공간의 정치학에서 시간의 정치학으로』. 서울(그린비).

슈넬, 랄프(강호진 외 옮김). 2005.『미디어미학: 시청각 지각형식들의 역사와 이론에 대하여』. 서울(이론과 실천).

임철규. 2004.『눈의 역사 눈의 미학』. 서울(한길사).

우스펜스키, 보리스(김경수 옮김). 1992.『소설구성의 시학: 예술텍스트의 구조와구성적 형식의 유형학』. 서울(현대소설사).

워커, 존. 채플린, 사라(임산 옮김). 2007.『비주얼 컬처: 이미지시대의 이해, 비너스에서 VR까지』. 서울(루비박스).

최유찬. 2002.『컴퓨터게임의 이해』. 서울(문화과학사).

포스터, 핼(최연희 옮김). 2004.『시각과 시각성』. 부산(경성대학교출판부)

플랙스먼, 그레고리(박성수 옮김). 2003.『뇌는 스크린이다: 들뢰즈와 영화철학』. 고양(이소출판사).

Bonnell, Victoria E. 1999. *Iconography of Power: Soviet Political Posters under Lenin and Stalin*. Berkeley, Los Angeles & London(University of California Press).

Daston, Lorraine. Galison, Peter. 2007. *Objectivity*. New York(Zone Books).

Kitter, Friedrich(Trans. Geoffrey Winthrop–Young, Michael Wutz). 1999. *Gramophone, Film, Typewriter*. Stanford, California(Stanford University Press).

Daston, Lorraine(Edited). 2008. *Things That Talk: Object Lessons from Art and Science*. New York(Zone Books).

디지털 예술과 욕망하는 시각주체의 탄생

|박영욱|

1. 들어가는 말

예술과 관련하여 서구근대의 주체를 논할 때 빠지지 않는 것은 르네상스기의 선형원근법과 관련된 시각주체에 관한 문제이다. 주지하다시피 재현의 논리 혹은 원근법과 관련된 근대 서구의 시각주체는 몸으로부터 분리된 관념적이고 탈신체화된(추상된, disembodied) '눈'이 중심이 되며, 이는 곧잘 데카르트의 '코기토'와 비교된다.

마틴 제이(Martin Jay)는 근대적 시각주체와 관련하여 망막중심주의라는 표현을 사용한다. 물론 근대의 시각주체 전체를 단순히 원근법적 주체로 규정할 수는 없을 것이다. 가령 이탈리아의 원근법적 시각주체와 달리 재현(representation)이 아닌 묘사(description)에 바탕을 둔 북구적인 경험주의적 시각주체 혹은 왜곡된 이미지를 통해 시각적 광기를 표현한 바로크적 시각주체도 존재한다. 하지만 이러한 세부적인 편차나 진동에도 불구하고 근대적 시각주체의 일반적인 특징을 잘 드러내는 것은 바로 탈신체화된 눈으로서의 시각주체이다.

예술에서 이러한 탈신체화된 시각주체의 논리는 역설적이게도 근대 재현의 논리를 극복하고자하였던 추상회화로 대표되는 20세기 모더니즘 회화에서 가장 첨예하게 드러난다. 모더니즘 회화의 이론적 대변가인 클레멘트 그린버그(Clement Greeberg)는 아예 회화의 이미지가 평면성에 입각하여 다른 감각을 배제하고 오로지 눈을 위한 이미지가 되어야한다는 주장을 통해서 탈신체화된 눈을 진정한 회화적 시각주체로 내세운다.

포스트모더니즘의 경향을 띠는 핼 포스터(Hal Foster)나 로잘린드 크라우스(Rosalind Krauss)와 같은 이론가들은 그린버그의 주장을 정면으로 반박하며 20세기 이후 회화의 본질을 모더니즘적인 시각주체가 아닌 그와의 단절에서 찾아야한다고 주장한다. 이들이 말하는 새로운 시각주체란 에로티시즘적인 시각주체이며, 이는 탈신체화된 '눈'의 시각주체가 아닌 몸의 시각주체이다. 왜냐하면 대상에 대한 에로티시즘적인 시선은 시각적 자료에 의해서만 주어지지 않으며 촉각 및 미각과 같은 다양한 감각의 공존에 의해서만 발생하기 때문이다. 20세기 회화는 이미 시각적 이미지를 넘어서서 촉각과 미각 혹은 청각적 이미지를 추구하며, 이는 곧 새로운 공감각적인 주체인 몸의 주체를 요구하는 것이다. 말하자면 새로운 시각주체의 시선은 이제 단순히 눈에 의한 '시선'이 아닌, 욕망의 시선이 되는 것이다.

시각주체와 관련한 매체예술 특히 디지털 예술의 의미는 바로 이러한 맥락에서 발견될 수 있다. 조나단 크래리(Jonathan Crary)는 카메라 옵스큐라가 탈신체화된 눈과 관련한 시각매체였다면, 1830년 이후 페나키스티스코프를 비롯한 일련의 시각매체들은 몸의 개입을 요구하는 시각매체라는 점을 지적한다. 그에 따르면 이러한 새로운 시각매체는 새로운 시각주체의 탄생을 예고한다. 오늘날 디지털 시각매체는 이러한 새로운 시각주체를 테크놀로지를 통해서 구현한다. 디지털 예술이미지의 가장 근본적인 특성이 변형가능성에 있다는 사실을 전제하면, 가상현실 예술과 같은 디지털 예술은 수동적으로 시각적 정보만을 전달받는 시각적 주체를 요구하지 않는다.

디지털 예술의 많은 사례들을 살펴보면 이들 작품은 디지털 시각매체와 맞물린 시각주체의 변화를 보여준다. 새로운 시각주체란 단순히 시각정보를 받아들이는 탈신체화된 수동적 눈(시선, le voir)이 아닌 능동적으로 몸이 개입하는 욕망의 시선(즉, le voir désirant)의 주체를 말한다. 이때 수동적 눈(시선)과 욕망적 시선은 다분히 라캉의 '시선'과 '응시'(le regard)의 구분을 떠올리게 하며, 몸의 개입은 메를로퐁티의 '몸'의 개념을 연상시킬 것이다. 따라서 이 글은 라캉과 메를로퐁티의 철학적 개념을 빌어 디지털 예술에서 시각매체가 가져온 시각적 주체의 변화를 개략적으로 살펴볼 것이다.

2. 탈신체화된 시선 vs 욕망하는 몸의 시선 : 라캉과 메를로퐁티의 시각적 주체

프랑스 작가 펠리체 바리니(Felice Varini)는 눈의 착시현상을 이용하여 환영의 공간을 만든다는 점에서는 르네상스의 원근법과 비슷하다. 하지만 그의 작업은 근본적으로 르네상스 원근법 자체를 대상화하고 있다.

이 그림은 바리니가 직접 현실의 3차원 공간에 작업한 작품을 찍은 사진이다. 얼핏 보면 마치 파란색 나무나 철재를 방안에 세워둔 것처럼 보인다. 그러나 실제로는 하얀 벽과 천정, 그리고 나무색 바닥, 투명한 유리창에 모두 페인트로 칠해 놓은 것이다. 바리니는 매우 정밀한 계산을 통해서 3차원적인 공간에 존재하는 평면을 활용하여 3차원적인 환영을 만드는 독특한 작

업을 하고 있는 것이다.

그런데 이 작품은 위의 그림처럼 3차원적 환영을 나타내기 위해서는 하나의 절대적인 조건을 필요로 한다. 다름 아닌 이 작품을 제대로 감상하기 위해서는 관객은 반드시 공간의 어느 특정한 한 지점에 서야 한다는 조건이다. 그렇지 않을 경우 3차원적 이미지는 아래 그림처럼 망가지고 만다.

이 그림에서 나타나듯이 관객이 공간의 어느 한 특정 지점을 벗어날 경우 파란색 선은 더 이상 3차원적 이미지의 환영을 만들지 못하고 벽에 칠해진 단순한 선으로 보일 뿐이다. 이 그림이 안티 다빈치의 특성을 갖는 이유는 바로 여기에 있다. 르네상스 시기의 회화는 원근법을 이용하여 완벽한 3차원적 환영을 만들었다. 그리고 3차원적 환영을 만든 비밀의 열쇠는 바로 소실점(vanishing point)에 있다. 소실점이란 대상이 눈으로부터 점점 멀어질 때 한 순간 시야에서 사라져버리는 지점을 의미한다. 원근법에서 소실점은 화면을 구성하는 중심화된 특권적 지점(spot)이면서 동시에 관객의 눈을 자연스럽게 유도하는 특권적 시점(point of view)이기도 하다. 원근법을 이용한 르네상스 회화의 비밀은 소실점을 자연스럽게 감춤으로서 화면에 나타난 이미지의 인위성을 제거하는 것이다. 그림을 보는 관객의 눈은 거의 무의식적으로 화면의 소실점에 맞추어진다. 마치 전혀 몸의 개입이 없이 눈의 망막에 맺혀지는 것처럼 느껴진다.

이에 반해서 바리니의 작품은 3차원적인 환영을 만들기 위해서 우리의 몸이 개입해야 함을 일깨워준다. 눈은 우리의 몸에 정박해있기 때문에 몸을 정확하게 공간의 한 지점에 두지 않으면 환영은 깨지고 말기 때문이다. 바리니의 작품은 바로 르네상스 회화가 드러내지 않았던 몸의 개입을 보여주며, 이미지의 수용을 향한 우리의 시선은 항상 우리 몸의 개입에 의해서 이루어진다는 것을 말한다. 바리니의 작품을 감상하는 우리의 눈은 더 이상 탈신체화된 눈이 아닌 몸에 정박된 눈이다. 더군다나 3차원적인 환영을 만들기 위해서 몸을 움직이는 것은 그러한 환영을 포착하기 위한 우리의 욕망이 개입하는 것을 의미한다. 따라서 몸이 개입하는 시각은 욕망하는 몸의 시각이라고 할 수 있다.

라캉에 따르면 원래 '본다는 것'은 신체적 욕망을 전제하는 것이다. 고대 제욱시스와 파라시오스에 관한 라캉의 독특한 해석은 그가 '본다는 것'의 의미를 근본적으로 욕망과 관련짓고 있음을 잘 보여준다. 서로 자신의 그림 실력을 뽐내던 제욱시스와 파라시오스는 대결을 펼쳤다. 제욱시스가 그린 포도나무의 그림은 진짜 포도나무와 너무 흡사해서 비둘기가 그림으로 날아들어서 머리를 부뒷쳤다. 의기양양한 제욱시스는 파라시오스에게 그의 그림을 보여 달라고 하였다. 파라시오스가 제욱시스에게 보여준 그림은 천으로 둘러싸여 있었다. 그림을 보기 위해서 천을 벗기려한 순간, 제욱시스는 그 천이 바로 파라시오스의 그림이었다는 사실을 깨닫는다.

우리는 대부분 이 일화가 화가의 재현 능력에서 파라시오스의 승리를 나타내는 것이라고 생각한다. 라캉은 이러한 통념과는 정반대의 해석을 내린다. 라캉에 따르면 엄밀히 말해서 파라시오스는 제욱시스의 순수한 눈을 속인 것이 아니다. 천 뒤에 숨어있는 파라시오스의 그림을 보려는 제욱시스의 욕망하는 눈을 속인 것이다. 제욱시스는 파라시오스의 그림을 보겠다는 욕망에 사로잡힌 나머지 눈이 먼 것이다. 여기서 순수한 눈에 의한 단순한 시선을 라캉을 그냥 '시선'(le voir)이라고 표현하고 있다면, 욕망하는 시선을 '응시'(le regard)라고 표현한다. 라캉에 따르면 이 일화는 회화의 본질이 '시선'이 아닌 '응시'의 표현과 관련이 있다는 것을 나타내며, 시선에 대한 응시의 승리를 말하는 것이다.[1]

라캉에 따르면 단순히 보이는 것(시선) 속에는 항상 '보도록 주어진 것'(un donné–à–voir)이 미리 앞서서 존재한다.[2] 여기서 보

1) Jacques Lacan. 1973."Qu'est–ce qu'un tableau", *Le Seminar, XI, Les quatre concepts fondamentaux de la psychonalyse*. Seuil. 103.

2) Jacques Lacan. 1973. "La schize de l'œil et du regard", *Le Seminar, XI, Les quatre concepts fondamentaux de la psychonalyse*. Seuil. 71.

도록 주어진다는 것은 곧 우리가 눈으로 어떤 것을 바라볼 때 눈은 마치 카메라처럼 기계처럼 외부의 사물을 보고 있지 않다는 것을 뜻한다. 우리가 어떤 것을 볼 때 우리 자신도 모르게 어떤 이끌림에 의해서 보게 되는 것이다. 이러한 이끌림은 곧 자신의 밑바닥에 존재하는 욕망에서 비롯된다. 그렇기 때문에 본다는 것은 단순한 시선이 아니라 항상 욕망하는 시선일 수밖에 없다.

라캉은 이러한 욕망의 시선을 '응시'라고 부르는데, 응시란 바로 우리의 시각적 체험이 무의식에 바탕을 두고 있다는 것을 나타낸다. 욕망이 의식의 차원이 아닌 무의식의 차원에서 형성되어 우리의 의식차원을 은근히 통제하듯이, 무의식적인 시선인 응시가 우리의 의식적 시선을 은근히 통제하고 있는 것이다. 따라서 얼핏 보면 회화는 우리의 시선을 유혹하는 것처럼 보이지만 알고 보면 우리의 응시를 기대하는 것이다. 말하자면 회화가 유도하는 것은 우리가 그것을 보려는 욕망인 것이지 단순한 눈이 아니다.

흥미로운 점은 라캉이 원근법에 바탕을 둔 르네상스 시기의 회화의 독특한 특성에 관해서 암시적으로 언급하고 있다는 사실이다. 그는 사실적 재현을 목표로 르네상스 이후 근대 회화가 응시가 아닌 시선의 패러다임에 기반하고 있음을 지적한다. 왜냐하면 르네상스 회화는 관객으로 하여금 어떠한 눈의 교란도 발생시키지 않는다. 마치 현실의 한 장면을 보는 듯 편안하게 그림을 바라보기 때문이다. 이러한 그림 역시 화가가 관객의 눈을 유혹하고 있지만 결코 욕망의 시선, 즉 응시를 드러내는 것은 아니다. 라캉의 표현에 의하면 화가가 관객의 눈을 충족시킬 경우 오히려 관객은 응시를 놓친다. "화가는 눈을 유혹하는 것을 제공하지만, 자신의 그림이 거꾸로 관객이 마치 무기를 내려놓듯이 응시를 내려놓도록 제시되게 한다." [3] 사실적 재현의 회화는 인간의 눈을 그저 기하학적인 한 점에 위치시킬 뿐이며, 그러한 기하학적 주체는 마치 데카르트의 코기토처럼 모든 신체적 정감으로부터 분리된 추상적인 주체일 따름이다.

라캉은 시선의 주체인 '나'(Je)가 결코 원근법을 이루는 기하학적 점(point géométral)으로 수렴될 수 없다고 말한다.[4] 그는 원근법을 이용하여 응시의 흔적을 지워버리는 것이 유행하던 바로 그 시기에 원근법을 이용하여 '왜곡된 형상'(anamorphose)을 만드는 것이 동시에 유행하였던 사실은 이를 예증하는 것이라고 생각한다. [5]원근법에 의해서 재현된 세계는 안정된 세계처럼 보인다. 우리의 시선은 정상적인 상태에서 어떠한 교란도 없이 세계를 평온하게 바라본다. 하지만 한스 홀바인의 '대사들'에 있는 해골의 모습처럼 우리의 시선을 교란하는 왜곡된 형상들이

---

3) Jacques Lacan. 1973. "Qu'est–ce qu'un tableau", *Le Seminar, XI, Les quatre concepts fondamentaux de la psychonalyse*. Seuil. 93.

4) Jacques Lacan. 1973. "Le ligne e la lumière", *Le Seminar, XI, Les quatre concepts fondamentaux de la psychonalyse*. Seuil. 103.

5) Jacques Lacan. 1973. "L'anamorphose", *Le Seminar, XI, Les quatre concepts fondamentaux de la psychonalyse*. Seuil. 75.

이 당시에도 끊임없이 만들어지는 것은 안정된 시선의 밑바닥에 있는 욕망의 시선인 응시를 드러내고 있는 것이다.

한스 홀바인, 대사들

라캉의 응시는 우리가 본다는 것이 단순히 눈의 활동이 아닌 보이지 않는 보다 심층적인 무의식의 개입에 의해서 이루어지고 있다는 것을 말한다. 그러나 안타깝게도 라캉은 이러한 무의식적 욕망이 근본적으로 눈의 차원이 아니라 몸의 차원에서 이루어지는 것이라는 사실을 명확하게 지적하고 있지는 않다. 그가 응시 개념에서 가장 주목하는 것은 인간의 욕망이 '(대문자) 타자에 대한 욕망'(le désir de l'Autre)이듯이 응시란 타자화된 자신의 시선이라는 사실이다. 응시는 사르트르의 『존재와 무』에 나타난 것처럼 자신이 타자가 되어 자신을 바라보는 시선이다.

그러나 응시와 관련하여 시각이론을 논하는 세미나에서 라캉은 시선과 응시에 대한 구분이 메를로퐁티에게서 암시를 받았다는 사실을 분명하게 밝히고 있다. 라캉은 『보이는 것과 보이지 않는 것』(Le visible et l'invisible)이라는 메를로퐁티의 미완성 저서를 인용하면서, 시선과 응시의 개념이 바로 메를로퐁티가 말하는 '보이는 것'과 '보이지 않는 것'에 상응한다고 말한다.[6] 메를로퐁티가 말하는 '보이는 것' 배후에 있는 '보이지 않는 것'은 현상학적 지향성(l'intentionalité)의 개념이다. '보이는 것'이 우리의 시선이나 의식에 떠오르는 표층의 세계라면, '보이지 않는 것'이란 무의식처럼 우리의 눈에 드러나지 않지만 우리의 표층을 통제하는 지평을 뜻한다.

그런데 메를로퐁티의 경우에 '보이지 않는 것'은 우리의 지성이나 의식 작용에 의해서 형성되는 것이 아니라 '몸'(le corps)에 의해서 형성되는 것이다. 라캉이 말하는 무의식적 층위는 메를로퐁티의 경우에는 몸의 층위에 해당된다. 우리의 지성이나 의식적 판단 밑에는 우리를 그렇게 판단하고 사유하게 만드는 몸이 도사리고 있는 것이다. 이점에서 메를로퐁티는 라캉의 무의식적 욕망을 몸에 의한 체화과정으로 구체화하고 있는 셈이다. 메를로퐁티가 말하는 몸은 의식적 주체가 아닌 세상 혹은 타자와 나의 접촉으로부터 나도 모르게 무의식적으로 축적된 근원적인 지평이다. 따라서 메를로퐁티가 말하는 주체는 결코 데카르트식의 사유하는 주체(코기토)가 아닌 몸으로서의 주체이다.

이 말의 뜻은 인간은 결코 중립적으로 세상을 보거나 사유할 수 있는 자립적인 주체도 아니며 자신을 명증적으로 들여다 볼 수

---

6) Jacques Lacan. 1973. "La schize de l'œil et du regard", *Le Seminar, XI, Les quatre concepts fondamentaux de la psychonalyse*. Seuil. 69.

있는 자의식을 가진 주체도 아니라는 것이다. 데카르트의 코기토는 마치 원근법 화가들이 모든 공간을 기하학적으로 투명하게 지배하듯이 자신을 투명하게 들여다볼 수 있다. 메를로퐁티는 이러한 데카르트의 코기토를 강하게 거부한다. 만약 인간의 의식이 코기토라면 그것은 몸과 분리된 지성적 사유 능력으로서의 코기토가 결코 아니다. 사유하는 인간의 주체 또한 몸의 일부분이며, 몸의 지향적 작용에 의해서 이끌린다. 그런데 몸은 사유와 의지의 차원에 앞서 형성된 근원적인 영역이므로 결코 투명하게 사유될 수 없다. 메를로퐁티가 말하는 주체는 데카르트적인 사유하는 코기토가 아닌, 완전히 투명하게 사유될 수 없는 '시간적 두께'(une épaisseur temporelle)를 지닌 모호한 코기토이다.[7)]

시각과 관련하여 코기토적 주체와 메를로퐁티의 몸적 주체가 어떤 차이가 있는지 하나의 사례를 들어보자. 색과 관련해 볼 때 시각적 주체는 색을 구별하는 주체일 것이다. 이때 색을 구별한다는 것은 시각에 의해서 감각적으로 색을 구별하는 것을 의미하지만 코기토적 주체는 바로 감각적 구별을 지성적 사유작용에 의존하고 있다. 가령 파란색과 노란색을 구분할 경우 그것은 마치 색상환(le plages colorées) 표에서 구분되는 것처럼 두 개의 색이 별개의 색임을 구별하는 것으로 생각한다. 이때 색을 구별하는 것은 우리의 감

7) "요약하자면 우리는 코기토에게 시간적 두께를 돌려준다." Maurice Merlo–Ponty. 1945. *Phénoménologie de la perception*. Édition Gallimard. 456.

각 기관인 눈을 통해서이지만, 궁극적으로는 파란색과 노란색이 다르다는 지성적 작용과 다르지 않다.

사실 색상환표상의 색은 감각적인 구분이라기보다는 지성적인 구분에 불과하다. 왜냐하면 현실적으로 색은 항상 각도에 따라 변화하며 고정되어 있지 않기 때문이다. 가령 투명한 창의 조명을 받은 실내의 하얀 벽면은 하얗게 보이지만 창에 가리개가 씌워져 조금만 어두워져도 벽면은 청회색을 띤다.[8] 색상환표의 색은 가장 이상적인 조명의 상태에서 매우 완전하게 편편한(plane) 표면을 전제할 경우에 나타나는 색일 뿐이다.

메를로퐁티에 따르면 우리에게 색은 색상환표에서 구별되는 것처럼 구별의 체계로서 주어지지 않는다. 그러한 구별은 비록 우리의 눈이 하는 것처럼 보이지만 사실은 색의 구분을 지성의 작용으로 보는 것이다. 즉 시각은 세상을 정확하게 보는 능력일 뿐이고 그러한 시각적 주체는 우리의 몸과 상관없는 코기토적인 주체일 뿐이다. 메를로퐁티는 이를 반박하기 위해서 우리가 색에 대한 말을 습득하게 될 때 그것은 단순히 지성적인 구분의 능력이 생기는 것이 아니라고 말한다. 말의 습득은 곧 어떤 행동(une certaine conduite)을 수반하며 그 말과 관련하여 용모(physionomie)를 갖게 되는 것이라고 주장한다.[9] 가령 빨간색 혹은 더 정확히 '빨갛다'라

8) 같은책, 354.

9) 같은책, 273.

는 말을 습득하는 것은 빨간색과 관련된 어떤 느낌 혹은 그에 대한 몸적 반응과 함께 형성된다. 빨간색이 난색으로 지각되고 파란색이 한색으로 지각되는 것은 인지능력과 무관하다. 그것은 애초에 우리의 몸으로 체험되는 어떤 용모나 느낌과 함께 주어지는 것이다.

그런 점에서 시각은 청각이나 후각 등과 같은 다른 감각과 애초에 분리되어 존재하지 않는다. 왜냐하면 몸은 하나의 기관으로 분리되는 것이 아닌 애초에 총체적인 덩어리이기 때문이다. 메를로 퐁티에 따르면 애초에 모든 현상들은 소리의 시각이나 색의 청각(la vision des sons ou l'auditon des couleurs)이라는 공감각적 현상으로 존재한다.[10] 이러한 공감각적 현상은 단일한 감각기관이나 지성적 사유로 결코 파악될 수 없다. 공감각을 수용할 수 있는 것은 개별적 감각기관이 아닌 몸이다. 코기토적인 주체는 이러한 감각을 모두 개별적인 기관으로 분리시켜서 그것을 지성적 사유와 연결시킨다. 그러다보니 그러한 감각적 주체는 오로지 개별적 감각기관에 주어지는 정보를 받아들이는 수동적인 주체에 지나지 않는다. 원근법으로 집약되는 근대의 재현주의적 시각의 패러다임이 수동적인 시각의 주체로 전락할 수밖에 없는 이유가 여기에 있다.

10) 같은책, 265.

3. 디지털 예술과 새로운 시각주체

디지털 매체를 활용한 매체 예술은 전통적인 예술과 달리 몸의 개입이 절대적으로 전제된다. 물론 그렇다고 해서 오늘날의 디지털 매체 예술이 전통적인 예술과의 급진적인 단절을 가져왔다고 단정을 짓는 것은 무리가 있다. 가령 페터 바이벨(Peter Weibel)이 기술미학(die Techno–Ästhetik)의 계보를 20세기의 아방가르드 예술운동에서 찾듯이,[11] 몸에서 분리된 눈을 위한 시각예술이 아닌 몸의 예술은 이미 20세기의 예술적 관행으로 자리 잡았다고 보는 견해도 있다.

특히 20세기 초반부터 중반까지 미술비평계를 주도한 클리멘트 그린버그(Clement Greenberg)의 모더니즘을 회화의 평면성으로 나아가는 추상미술과 동일시하였다.[12] 이러한 견해는 곧 회화가 절대적으로 시각만을 위한 예술이 되어야 한다는 전제를 깔고

---

11) 그는 기술미학이 근대적 미학의 규범을 위반(transgression)하는데서 그 의미를 찾는데, 이러한 위반은 바로 20세기 아방가르드 예술의 공통적 특징이기도 하다. Peter Weibel. 1991. "Transformation der Techno–Ästhetik", *Digitaler schein*, hrsg. von Florian Rötzer, Suhrkamp. 223.

12) 자신의 비평작업이 추상미술에 대한 변론이라는 사실을 그린버그는 결코 감추지 않는다. "더 새로운 라오쿤을 위하여"라는 그의 대표 글에서 "추상미술이 현재 누리고 있는 우월성을 설명하려다 보니 지금까지 나는 다름 아닌 추상미술의 역사적 정당성을 제시하게 되었다."는 고백을 서슴치 않는다. 클레멘트 그린버그. (조주연 옮김). 『예술과 문화』. 경성대학교 출판부. 342쪽.

있는 것이다. 로잘린드 크라우스(Rosalind Krauss)나 핼 포스터(Hal Foster)는 결코 그린버그의 이러한 입장에 동의하지 않는다. 그들은 오히려 20세기 예술에 시각을 고립시킨 시각만을 위한 예술이 아닌 몸의 예술로의 전환과정의 역사로 보았다. 그린버그가 20세기의 회화를 근대적인 시각주체를 정점으로 몰고 간 것으로 해석하는 반면, 이들은 20세기의 회화가 근대적 시각주체가 아닌 몸적인 시각주체를 형성하는 과정으로 본 것이다.

다음의 작품은 크라우스가 들고 있는 자코메티의 작품 '떠도는 공'이다.[13)]

자코메티, 떠도는 공, 1913.

이 작품을 보면 두 개의 독립된 돌조각이 중첩되어 있다. 두 개의 돌조각 중 위에 놓인 원형의 돌조각은 만약 끈으로 고정되어 있지 않으면 굴러서 떨어질 것이다. 이 작품은 사람들에게 불안감과 긴장감을 준다. 이 긴장감은 운동감에서 비롯된 것

13) 이 작품에 대한 크라우스의 설명은 로잘린드 크라우스. (핼 포스터 엮음. 최연희 옮김). 2004. "보려는 충동".『시각과 시각성』. 경성대학교 출판부. 116–7을 참조.

이며 이러한 긴장감은 결코 시각에만 의존한 것이 아니다. 크라우스는 이 작품에서 느끼는 긴장감을 일종의 '비트'(beat,동요)로 표현하고 있는데, 이러한 비트는 몸의 전율을 통해서 얻어지는 것이다. 그리고 이러한 전율은 곧 성적인 욕망과 관계가 있다.

그러나 예술에서 코기토적인 시각 주체에서 새로운 시각적 주체로 전환되는데 매체가 결정적인 기여를 했음을 지적한 사람은 조나단 크래리(Jonathan Crary)이다. 그는 19세기 초 다양한 시각매체의 발명으로 인간의 시각적 주체에 단절적인 변화가 생겼다는 것을 주장한다. 1830년대 초 플라토가 만든 페나키스티스코프(phenakiscope)나 슈탐퍼가 발명한 스트로보스코프(stroboscope), 그리고 호너가 만든 주트로프는 기존에 존재하지 않았던 움직이는 이미지들을 만들어냈다. 이러한 장치들이 시각적 주체에 가져온 결정적인 변화는 잔상을 이용함으로서 우리의 눈을 적극적으로 개입시킨다는 사실이다.[14] 말하자면 이전의 카메라 옵스큐라나 원근법 회화에서 눈이 수동적으로 주어진 시각 이미지를 받아들였다면, 이제 잔상의 효과를 이용한 움직이는 이미지는 눈의 개입을 필요로 한다. 이때 중요한 사실은 이렇게 눈의 개입에 의해서 만들어지는 움직이는 이미지는 기존의 정적인 이미지와 달리 크라우스가 말한 '비트', 즉 몸적인 동요를 유발한다는 것이다.

14) 조나단 크래리. (임동근, 오성훈 외 옮김). 『관찰자의 기술』. 1999. 문화과학사. 167.

디지털 시각매체의 발명과 예술에서의 활용은 이러한 몸적인 동요와 시각적 무의식의 영역을 확장할 가능성이 훨씬 더 높다. 디지털 시각 이미지는 단순히 움직이는 이미지일 뿐만 아니라 변형이 매우 자유로운 이미지이기 때문이다. 전통적 이미지와 달리 디지털 이미지가 갖는 가장 큰 특징은 변형가능성이며, 이 변형가능성은 디지털 매체 일반의 특성에서 비롯되는 것이다.

디지털 카메라와 전통적인 아날로그 카메라를 비교해 보아도 이러한 특성은 분명하게 드러난다. 아날로그 카메라와 디지털 카메라의 차이는 렌즈를 통해서 들어온 빛을 필름의 화학작용에 의해서 이미지화 하는가 아니면 알고리즘에 의한 정보로 기록되느냐 하는 방식의 차이에만 주목한다. 이미지를 저장하는 두 방식의 차이는 사진 자체에 대한 결정적인 차이를 담고 있다. 아날로그 사진은 변형의 가능성이 거의 없는데 반해서 디지털 사진은 툴만 있다면 얼마든지 변형이 가능하다.

물론 아날로그 사진 또한 네거티브 필름에 리터치 작업이나 화학적 변형을 가할 수는 있지만 그 범위는 매우 한정되어 있으며 효과 또한 크지 않다. 디지털 사진의 경우에는 누구든지 쉽게 사진의 변형이 가능하다. 이러한 변형가능성의 차이는 사진을 찍는 행위로부터 변형의 행위로 옮겨놓았다. 말하자면 과거 아날로그 카메라를 사용하던 때는 수정이 불가능하므로 사진을 찍는 순간 자체를 중요시 하지만 디지털 카메라가 일반적으로 사용된 이후에는 변형이 가능하므로 순간 자체의 의미가 점점 덜 중요시해진다. 따라서 디지털 사진에는 롤랑 바르트가 말한 '푼크툼'(punctum)이 더 이상 존재하지 않는다는 것을 알 수 있다.[15]

디지털 이미지가 변형가능성을 지니는 이유는 디지털 이미지가 이중적 특성을 지니기 때문이다.[16] 이때 이중적이라 함은 디지털 이미지가 표면적으로는 우리가 시각적으로 식별할 수 있는 이미지로 나타나지만, 심층적으로는 디지털 데이터에 의해서 이루어져있다는 것을 뜻한다. 따라서 데이터 수치만 바꾸면 표층적으로 나타나는 이미지의 변형은 매우 자유롭게 발생할 수 있다.

디지털 이미지의 이러한 변형가능성은 시각 주체의 문제와 관련한 현재 논의의 맥락에서 큰 의미를 지닌다. 과거의 아날로그 시각매체에서도 가능하였던 이미지의 단순한 운동성을 넘어서 디지털 이미지는 인터페이스 장치를 통해서 관객의 반응에 따라 상호작용이 가능하다. 말하자면 관객은 이미지를 수동적으로 보거나 단순히 수동적으로 몸을 개입시키는 차원을 넘어서, 이미지를 창출하는 주체가 되기도 하며 이미지를 직접 선별하거나 변형하는 역할을 하게 된다. 이때 관객의 눈은 무기력한 시선이 아니며 자신의 욕망을

---

15) Jay Bolter and Richard Grusin. 1999. *Remediation – Understanding New Media*. The MIT Press. 110−111.

16) 디지털 이미지의 이중적 특성은 에드몽 쿠쇼(Edmond Couchot)의 La Technologie dans l'art–De la photographie à la réalité vituelle, Édition Jacqueline Chambon. 1998. 134–5에 언급되어 있으며, 보다 자세한 논의는 박영욱. "디지털 예술에서 몰입의 의미–재현가능성에서 변형가능성으로". 『인문콘텐츠』. 2008년 봄호. 인문콘텐츠학회를 참조할 것.

체화하는 몸의 일부로서 기능한다.

핸슨(Mark B. N. Hansen)은 베르그송의 '지각'(perception)이론을 수용하면서 디지털 예술에서 몸의 개입이 어떻게 이루어지는지를 설명한다. 주지하다시피 베르그송은 이 세계를 이루고 있는 물질을 이미지의 총합으로 간주한다. 그에게 이미지는 어떤 실체의 가상이나 단순히 주관적으로 떠오르는 심상을 의미하는 것이 결코 아니다. 가령 어떤 물체가 있다고 치자. 이 물체는 딱딱하고, 입방체이며, 희고, 짠 맛을 지닌다. 우리는 이 물질을 소금이라고 부를 것이다. 딱딱함, 입방체, 흼, 짬 등은 모두 이 물질의 성질, 즉 이미지로 생각하기 쉽다. 하지만 이 이미지들을 제외하고 나면 소금에서 남는 것은 무엇일까? 베르그송이 보기에 이 네 가지의 이미지로 소금이라는 물질을 모두 설명할 수 없다. 소금이라는 물질은 우리에게 드러나는 이 네 가지 이미지 외에도 엄청나게 많은 무수한 이미지들로 이루어져 있을 것이다. 따라서 베르그송은 물질이란 무수한 이미지의 총체라고 생각한 것이다.

이제 어떤 물질이 우리에게 소금으로 지각된다면, 우리가 지각하는 소금은 소금이라는 무수한 이미지들의 총합에서 일부의 이미지만을 떼어내서 종합한 것에 불과하다. 이렇게 보자면 지각이란 물질의 무수한 이미지들 중 일부만을 떼어낸 것에 불과하다. 여기서 물질이 갖는 무한한 이미지들 중 일부를 떼어내는 작업을 하는 주체는 바로 인간의 몸이다. 몸은 물질 자체가 갖는 무수한 이미지들 중 일부를 잘라내는 프레임으로 비유할 수 있으며, 지각활동이란 바로 무수한 이미지들을 프레이밍(framing)하여 하나의 정돈된 이미지를 만들어내는 과정이라 할 수 있을 것이다.

무수한 이미지로서의 물질은 잠재적인 상태의 이미지이므로 이러한 잠재적인 상태의 이미지의 일부를 도려내어서 하나의 통합된 이미지로 만드는 지각의 작용을 핸슨은 동시에 '구현'(embodiment)이라고 부른다.[17] 이때 구현이라는 말은 중의적이다. 무한한 이미지로서의 물질 자체는 지각이 될 수 없으므로 지각작용을 위해서는 이미지의 일부를 도려내어 물질을 구체화하여야 한다는 의미를 지니는 한편, 이미지의 일부를 도려내는 프레임의 역할을 하는 것이 바로 몸이라는 점에서 구현은 '신체화'의 뜻도 갖기 때문이다.[18] 몸은 지각의 조건이다.

그런데 여기서 여전히 하나의 문제가 남게 된다. 지각활동이 무수한 이미지들 중 일부를 선별하고 도려내는 것이라면 이미지들 중 어떤 일부를 선택하고 다른 것을 배제하는 근거나 기준은 어디

17) Mark B. N. Hansen. 2004. *New Philosophy for New Media*. The MIT Press. 3.

18) 핸슨은 '구현'과 '프레이밍'을 동일시하고 있는데, 이러한 동일시는 지각에서 프레임을 만드는 주체가 어디까지나 몸에 제약되어 있다는 범위에서만 가능하다. 따라서 핸슨은 들뢰즈의 '프레임'이론을 비판한다. 왜냐하면 들뢰즈의 '프레임'이론은 그의 『시네마 I,II』에서 나타나듯이, 인간의 몸으로부터 벗어난 프레임의 역할, 즉 '기계 눈'(das Kino–eye)을 전제하기 때문이다. 핸슨은 들뢰즈의 탈육체화된 지각이 불가능한 것으로 보며, 지각의 주체는 항상 인간의 몸일 수밖에 없다는 사실을 강조하면서 들뢰즈와 베르그송의 철학을 구분한다.

에 있는 것일까? 이에 대한 대답은 바로 '정감'(la affection)에서 찾아진다. 말하자면 지각의 배후에는 지각작용을 가능하게 하는 정감의 차원이 존재한다. 이 정감이란 바로 우리의 몸과 밀접한 관련이 있다. 베르그송에 따르면 지각은 우리의 몸에 대해서 외적인데 반해서, 정감은 우리의 몸에 대해서 내적이다. 가령 어떤 사람이 피를 흘리고 쓰러지는 모습을 본다고 치자. 이때 지각은 그 광경을 눈에 담는 감각적 처리과정이다. 하지만 정감이란 그 사람이 피를 흘리는 장면이 내게 내적으로 느껴지는 신체적 반응이다.

정감에 따라서 지각은 다르게 나타날 것이다. 가령 외과의사가 그 장면을 본다면 그에게 별다른 고통과 연민의 정감이 발생하지 않을 것이며, 그의 지각은 매우 객관적으로 사건의 장면을 담아낼 것이다. 반면 피를 무서워하는 사람의 경우 그 장면에서 자신이 피를 흘리는 것처럼 공감하게 되어 그 장면에 대한 지각은 매우 불명료하고 극히 제한적일 것이다. 이렇게 정감에 의해서 지각된 이미지는 크게 달라진다. 그런데 정감이란 우리의 몸에 자신도 모르게 습득된 것이며, 이미 언급하였던 메를로퐁티를 인용하자면 겉으로 드러나지 않고 시간의 두께에 의해서 형성된 우리의 심층적인 영역인 것이다.

핸슨은 디지털 예술이야말로 이미지를 통해서 단순한 지각이 아닌 정감의 세계를 표현할 수 있다고 본다. 디지털 이미지란 더 이상 우리가 단순히 바라보는 이미지가 아니라 관객 혹은 사용자가 클릭하거나 줌 인(zoom in)하여 능동적으로 개입할 수 있는 이미지

샤 데이비스, 오스모스

라는 마노비치의 말을 인용하며, 핸슨은 디지털 이미지야말로 단순히 이미지의 표층에 국한되지 않고 구체적인 경험을 통하여 지각되는 이미지 정보라고 말한다.[19] 핸슨의 생각을 집약하자면 이러하다. 디지털 이미지는 쿠쇼가 말한 대로 단순한 표층의 차원이 아닌 심층의 정보적 차원을 지닌다. 이러한 정보적 측면 때문에 디지털 이미지는 변형이 자유로우며 이러한 변형가능성은 이미지가 정감을 지닌 몸에 직접 반응할 수 있는 가능성이 높다는 것이다. 따라서 디지털 이미지는 수동적인 시각의 주체가 아닌 정감하는 몸의 주체를 형성하는 것이다.

샤 데이비스(Char Davies)의 작품 '오스모스'(Osmose, 1995)의 예를 들어보자. 이 작품을 감상하기 위해서는 관객이 디지털 인터페이스 장치인 HMD(머리에 차는 디지털 안경)과 디지털 장치가 내장된 조기를 착용해야 한다. HMD를 통해서 디지털 정보로 처리

19) 같은책, 10.

된 가상의 화면들이 나타난다. 관객은 숲, 연못, 지하세계 등 12개의 영역을 여행할 수 있는데, 숨을 들이키면 가상적 화면에서 몸이 떠오르는 경험을 하며 반대로 숨을 내쉴 경우 몸은 수직으로 하강한다. 관객은 현실 공간이 아닌 마치 물속이나 우주공간을 떠도는 듯한 몸의 느낌을 체험한다.

베르그송에 의하면 정감은 익숙한 지각작용으로부터 벗어날 때 발생한다. 익숙한 지각은 이미 몸에 베어버린 운동도식만을 재생산할 뿐이기 때문이다. 예를 들어 공중 점프를 할 경우 예전과 똑같은 방식으로 몸이 떨어진다면, 당연히 우리는 지금까지의 경험을 통해서 몸에 축적된 도식에 따라서 착지를 할 것이며 이러한 점프와 착지의 행위는 아무런 정감도 발생시키지 않을 것이다. 말하자면 몸의 어떠한 변화도 일어나지 않을 것이다. 하지만 점프를 했을 때 마치 몸이 떠오르는 느낌을 받는다면 이는 기존의 운동도식과 충돌하는 것이며, 몸의 다른 반작용을 유발할 것이다. 오스모스가 기존의 운동도식과 다른 공간 체험을 통해서 정감을 발생시킨다면 이는 디지털 이미지가 갖는 장점과 미덕을 충분히 활용한 결과이기 때문이다.

핸슨이 들고 있는 사례만 하나 더 들어보자. 그는 발리츠키(Tamás Waliczky)의 '정원'(The Garden, 1992)이라는 작품을 들면서 디지털 예술이 과거의 원근법적 주체를 어떻게 암묵적으로 해체시

키는지에 대해서 설명한다.[20]

이 작품은 관객이 화면의 위치를 조정할 수 있는 간단한 조작도구와 스크린으로 이루어져있다. 화면에는 3D의 이미지들이 나타나는데, 어린아이와 주변의 사물세계로 이루어져 있다. 관객이 화면을 조정할 경우 화면 속의 어린아이가 움직이며 어린아이를 기준으로 주변의 사물세계 또한 자연스럽게 방향이 바뀐다. 따라서 관객은 자연스럽게 화면 속의 어린아이 시점에 자신의 시점을 맞춘다. 관객은 어린아이의 시선과 자신의 시선을 동일시하는 것이다. 물론 이때 어린아이의 시선은 곧 카메라의 시선이기도 하다.

Tamás Waliczky, The Garden, 1992

그런데 흥미로운 사실은 관객이 이미지 공간을 움직이며 배회할 경우 그 움직임에 따라서 주변의 사물들은 크기가 변하지만 정작 어린아이의 크기는 변하지 않고 고정되어 있다는 것이다. 이러한 불변성은 원근법으로부터의 일탈을 의미하며, 어린아이와 자신을 동일시하는 관객은 “자신의 관습적인 기하학적 원근법을 탈영토화하는” 것이다.

20) 같은책, 108–10.

더군다나 이미지를 보면 알 수 있듯이, 주변의 사물들은 하나의 구를 형성하고 있는 듯 동그랗게 휘어져있다. 그래서 어린아이의 시선은 마치 물방울 속에 들어가 있는 것처럼 휘어져 있다. 발리츠키는 이를 '물방울 시각'(water drop perspective)이라고 부르는데, 우리는 이것이 원근법적 시각을 대체하기 위한 장치임을 쉽게 예측할 수 있다. 여기서 '물방울 시각'은 코기토적 시각 주체가 지니는 관습적인 시각과 전혀 다르다. 이러한 시각은 한편으로는 모든 것을 신체적 감정에 바탕을 두고 바라보는 어린아이의 전형적인 '자아중심적' 시각이기도 하다. 정상적인 질서로부터 일탈된 어린아이의 시각적 경험은 우리를 기존의 시각 양태와 다른 보다 참여적이고 정감적인 양태로 바꾸어 놓는다.

여기서 예를 든 두 작품이 디지털 예술이 갖는 시각적 주체의 변화를 모두 다 설명할 수 있는 것은 아니다. 그러나 이 작품들을 통해서 디지털 예술이 갖는 일반적인 특징과 변화의 가능성을 충분히 가늠할 수는 있다. 디지털 이미지는 그 매체적 특성상 몸의 개입을 요구하며, 그 과정에서 수동적인 시각적 주체가 아닌 욕망하고 정감을 지닌 몸적 주체를 불러일으킨다는 것이다.

|참고문헌|

박영욱. 2008. "디지털 예술에서 몰입의 의미 – 재현가능성에서 변형가능성으로". 『인문콘텐츠』, 2008년 봄호. 인문콘텐츠학회.

클레멘트 그린버그. (조주연 옮김). 2004. 『예술과 문화』. 경성대학교 출판부.

로잘린드 크라우스. (핼 포스터 엮음, 최연희 옮김). 2004. "보려는 충동", 『시각과 시각성』. 경성대학교 출판부.

조나단 크래리. (임동근, 오성훈 외 옮김). 1999. 『관찰자의 기술』. 문화과학사.

Jay Bolter and Richard Grusin. 1999. *Remediation–Understanding New Media*, The MIT Press.

Edmond Couchot. 1998. *La Technologie dans l'art–De la photographie à la réalité vituelle*. Édition Jacqueline Chambon.

Mark B. N. Hansen. 2004. *New Philosophy for New Media*. The MIT Press.

Jacques Lacan. 1973. *"Qu'est–ce qu'un tableau", Le Seminar, XI, Les quatre concepts fondamentaux de la psychonalyse,* Seuil.

Jacques Lacan. 1973. *"La schize de l'œil et du regard", Le Seminar, XI, Les quatre concepts fondamentaux de la psychonalyse,* Seuil.

Jacques Lacan. 1973. *"Le ligne e la lumière", Le Seminar, XI, Les quatre concepts fondamentaux de la psychonalyse,* Seuil.

Jacques Lacan. 1973. *"L'anamorphose", Le Seminar, XI, Les quatre concepts fondamentaux de la psychonalyse,* Seuil.

Maurice Merlo–Ponty. 1945. *Phénoménologie de la perception,* Édition Gallimard.

Peter Weibel. 1991. *"Transformation der Techno–Ästhetik", Digitaler schein,* hrsg. von Florian Rötzer, Suhrkamp.

과학기술을 통한 새로운 시각이미지에 관한 고찰

추상예술과 나노아트를 중심으로

|허정아|

1. 해체를 넘어 융합으로 – 컨버전스 시대의 새로운 시각성

21세기 문화의 핵심 키워드로 떠오르고 있는 융합은 후기구조주의의 해체 개념에 그 토대를 두고 있다. 서구의 이성중심 문화의 비판으로부터 나온 후기구조주의는 그동안 서구의 사상사를 지배해온 이원주의적 형이상학을 해체시킴으로써 중심과 주변, 이성과 감성, 지배와 피지배, 정신과 물질을 연계시키고 나아가 구체적으로 인문학과 자연과학, 시각과 청각, 과학과 예술을 통합시키는 단초를 마련해주었다. 데리다, 푸코, 들뢰즈를 위시한 후기구조주의자들은 서구 2천년 동안의 전통적 사상체계에 대한 비판을 통해 학문과 사상, 문화에 뿌리박힌 이분법을 해체한 대표적 예들이다. 20세기 후반부터 오늘날 21세기에 이르기까지 모든 분야에서 공감대를 형성하고 있는 주된 움직임들은 근대를 거치면서 극단적으로 전문화되고 세분화된 각 학문 분과들의 한계를 극복하고 경계넘기를 통하여 통합적 사유를 지향하고 그것을 통해 세계를 총체적으로 파악하자는 것이다. 이런 맥락에서 미셸 세르는 인류의 문화 지식의 통합을 통하여 '제3의 교양인 Le Tiers Instruit'을 주창하기도 한다.[1)]

이러한 융합적 사고를 촉진시킨 것은 무엇보다도 디지털기술이라고 할 수 있다. 모든 지식과 이미지를 0과 1의 조합을 통해서 정보화시킨 디지털기술은 포스트모더니즘 및 후기구조주의가 지향했던 각 영역들의 네트워크를 구체적으로 실현시킨 하드웨어이다. 이미지가 정보화됨으로써 이미지는 무한한 변형가능성을 갖게 된다. 이미지디자인은 곧 정보디자인이 되는 것이다. 이러한 기술적

※본 글은 한국디자인문화학회지 Vol.15,No.2(2009)에 실린 내용이다. 507–518쪽.

1)1950년대 말, P. 스노우는 과학과 인문학 사이의 단절에 대해 '두 문화'라는 용어를 사용한 바 있다. 세르의 '제 3의 교양인'은 이에 대해 화합과 중재의 의미로 제 3의 학문태도, 지식인의 태도를 말한다. 그는 "기술과 과학을 통한 생산이 인류에게 이바지하던 프로메테우스의 세상이 지나가고 과학과 지식과 기술을 전하고 나누는 일이 더욱 중요한 커뮤니케이션의 시대"라고 하며, 과학과 인문학의 기존 담론 체제를 뛰어 넘어 이제까지 각각 분리되어 생각되어 왔던 것을 연속체로 생각하고 그 속에서 서로 교류되고, 유통되고, 실천하는 것을 강조한다. 이런 맥락에서 양성 동체, 기식자, 혼혈 등의 개념을 사용하기도 한다. Michel Serres with Bruno Latour(Translated by Roxanne Lapidus). 1995. 「Conversations on Science, Culture, and Time」, The University of Michigan Press. 21–34쪽.

요인은 디자인 미학에 있어서도 획기적인 패러다임 전환을 가져오게 된다. 이미지에 대한 전통적인 재현의 개념이 더 이상 유효하지 않고 이제는 원본이 없이 이미지를 창조하는 '시뮬라크르'가 미학의 핵심개념으로 떠오르고 있다. 이로써 시각디자인을 위한 상상력의 개념 역시 바뀔 수밖에 없다. 이미지를 표상하는 능력으로서의 전통적인 상상력의 개념은 이제 정보들을 조합하는 능력으로서의 네트워크 상상력으로 바뀌어가고 있으며 따라서 새로운 디자인미학을 정립할 것을 요구하고 있다.

21세기, 예술과 비예술 사이의 경계가 사라졌다. 나노아트, 바이오아트 등 과학기술의 주제와 요소, 산물이 예술이 되고, 예술과 과학의 협업이 필수적 요소가 되기도 한다. 시간과 공간을 초월하여 전 지구가 하나의 네트워크로 연결되고 있는 가운데, 과학, 예술, 정신, 테크놀로지, 문화, 종교 등 모든 분야의 경계들이 허물어지며, '제 3의 하이브리드 문화'[2)]가 형성되고 있다. 21세기의 패러다임으로 자리잡고 있는 이러한 경계들의 해체와 융합에는 비가시적인 것에 대한 과학적 탐구와 첨단 테크놀로지에 의한 비가시적인 것의 가시화작업이 크게 작용하고 있다. 과학적 이미지가 예술이 되고,

---

2) 빅토리아 베스너는 UCLA에서 예술과 과학의 융합에 선두적 역할을 하고 있는 미디어아티스트이다. 그녀 역시 스노우의 '두 문화'에 대해 언급하며 예술과 과학, 테크놀로지의 삼각다리를 세워야함을 강조한다. Vesna, Victoria. 2000. "Towards a Third Culture/ Being in between". 「Art, Technology, Consciousness」, Intellect. 7–12쪽.

테크놀로지가 예술창작의 중요한 요소가 되고 있는데, 이것은 과연 무엇을 의미하는 것일까? 그것은 예술과 과학이 분리된 별개의 것이 아니고 결국 한 몸이라는 것이다. 예술적 표현과 과학적 증명, 예술적 영감과 과학적 성찰 사이의 경계는 불확실하다. 예술은 과학을 필요로 하고, 과학 역시 예술적 감성, 예술적 표현, 예술적 소통을 필요로 하는 것이다. 스티븐 윌슨은 예술로 전환될 수 없는 과학기술은 없을 정도로 과학의 모든 분야가 예술과 접목될 수 있음을 주장한다.[3)]

21세기 과학은 가시적 물리세계를 움직이는 보다 심층적인 원리를 밝혀가고 있다. 첨단 테크놀로지는 이제까지 육안으로 볼 수 없었던 것을 가시화시킴으로써 가시성의 영역을 확장시키고 있다. 비가시적 세계를 탐구하는 과학과 테크놀로지는 의식과 물질, 이성과 감성, 인간과 자연 등 이분법적으로 나뉘어있던 것들을 통합시키고 있으며, 물질주의에 기반하고 있는 가시성의 개념을 획기적으로 바꾸고 있다. 특히 나노와 양자분야의 과학이 밝혀내고 있는 극

---

3) Wilson, Stephen. 2002. 「Information Arts: Intersections of Art, Science and Technology」. The MIT Press. 8–17쪽. 또한 루트 번스타인은 과학자와 예술가의 사고과정이 놀라울 만큼 흡사하며, 그들이 상상력과 직관이 동일하다는 점을 지적하며, “모든 과학은 예술에 닿아 있다. 모든 예술에는 과학적인 측면이 있다. 최악의 과학자는 예술가가 아닌 과학자이며 최악의 예술가는 과학자가 아닌 예술가이다”라는 아르망 트루소(프랑스의 물리학자)의 말을 인용한다. Root–Bernstein, Robert and Michele(박종성 옮김). 2007. 「생각의 탄생」. 에코의 서재. 31쪽.

미세계는 가시적인 물리적 현실 이외에 다른 차원의 현실을 재고하도록 하고 있다.

본 글은 컨버전스 컬처라는 21세기 문화적 맥락에서 과학과 예술의 융합현상에 주목하고, 시각기계를 중심으로 한 과학기술과 시각이미지와의 상관관계에 대해 고찰하고자 한다. 이를 위하여 20세기 전반부 과학기술이 시각이미지에 미친 영향 그리고 오늘날 나노아트, 바이오아트 등 과학과 예술의 융합을 통한 시각이미지의 특성에 대해 살펴보고, 이로써 디자인미학과 디자인 상상력 개념정립에 기여하고자 한다.

2. 과학과 예술의 상호작용과 시각이미지

예술과 과학의 융합은 비단 오늘날에만 국한되는 현상은 아니다. 레오나르도 다빈치가 활약했던 르네상스시기, 과학혁명이 일어났던 18세기, 생물학적 발견들과 시각기계의 발명으로 과학기술이 예술에 많은 영향을 미쳤던 19세기, 산업혁명 이후 과학문명이 한창 꽃피었던 20세기 전반부에 걸쳐 예술과 과학은 서로 영향을 주고받아왔다. 이러한 영향 속에서 시각성을 중심으로 한 시각이미지 역시 다양하게 변화되어 왔다. 핼 포스터는 시각적 경험이 직접적이고 보편적인 것이 아니라, 언제나 우리의 지식이나 믿음과 같은 것에 의해 매개된 것 즉 사회적, 역사적이라는 점을 강조한다.[4)]

4) 포스터 핼(최연희 옮김).「시각과 시각성 2004」. 경성대학교 출판부. 7–12쪽.

마틴 제이 역시 "인간의 시각은 그 자체가 다른 인위적인 것들, 특히 그림 이미지에 의해 만들어지는 인위적 것 artefact이다"라는 바르토프스키 Wartofsky의 말을 인용하며, 인간의 모든 인식은 각 시대마다의 재현의 양식에 영향을 받는다는 사실을 강조한다.[5] 즉 시각은 그 자체로 자연적이거나 절대적인 것이 아니며, 특정시대, 특정 사회에 세계를 바라보는 일정한 시각양식이 존재한다는 것이다. 이러한 관점에서 본 글은 한 시대를 특징짓는 시각문화, 시각이미지의 형성에 결정적인 역할을 하는 것이 무엇인지에 초점을 맞추어, 20세기 초부터 과학이나 첨단테크놀로지가 시각예술의 상상력과 창의성에 미친 구체적인 보기들을 중심으로 논의를 전개하고자 한다.

20세기 초 과학과 테크놀로지의 발달은 전통적 세계관에 획기적인 변화를 가져왔다. 과학자들이 밝힌 새로운 사실들은 절대적으로 생각되었던 개념들에 대한 인식을 전환시켰다. 또한 사진기, 영사기, 현미경, 망원경과 같은 시각기계의 발명은 시각성에 획기적인 변화를 가져왔다. 1900년 막스 플랑크의 양자가설이 물질을 구

그 외에도, 조나단 크래리 역시 시각과 그 역사적 형성과정에 관심을 가지며, 시각의 역사의 변화 과정에서 중요한 요인 중의 하나가 관찰자의 개념이라고 주장한다. 특히 19 세기 초 고전적 시각모델의 붕괴는 단순히 재현체계의 변화 그 이상의 것으로서, 인간의 인식과 욕망의 패러다임을 변화시켰던 시대적 배경과 밀접한 관계가 있다는 논지를 편다. 크래리 조나단(임동근, 오성훈 외 옮김). 1998.「관찰자의 기술」. 문화과학사. 11–19쪽.

5) Jay, Martin.「Downcast Eyes」. 1994. University of California Press. 2–5, 240쪽.

성하고 있는 구조가 불확실하고 불안정한 것이라는 것을 밝히고, 1905년 아인슈타인의 상대성이론이 물질 개념에 대한 획기적인 인식의 전환을 가져오면서, 당시까지의 가치관과 세계관을 크게 변화시켰다. 이와 함께 1895년 엑스레이, 1896년 방사능, 1897년 전자가 발견되면서, 눈에 보이는 것이 전부가 아니라는 것과 인간의 시각과 지각에 한계가 있다는 것이 인식되기 시작했다.[6] 1900년 당시 공중에 알파선, 방사선, 베타선, 엑스레이와 같은 광선들이 다니고 있다는 사실은 사람들에게 새로운 상상력을 불러일으켰고, 시간과 공간에 대한 경험과 개념을 획기적으로 바꾸었다. 과학이 밝혀낸 비가시적 세계의 존재는 서구의 실증주의, 물질주의, 합리주의의 기반을 뒤흔들며, 이후 20세기 전반에 걸쳐 시각성의 패러다임을 전환시키게 된다. 보는 것이 곧 아는 것이라는 서구의 시각중심주의가 균열되기 시작한 것은 이때부터이다. 20세기 초 과학자들이 발견한 것은 물질을 구성하는 원자가 견고한 것이 아니라, 텅 빈 것이며, 영원히 고정적인 것이 아닌 변화할 수 있다는 것이었다. 시각중심주의의 근간이 되는 것은 확실하게 눈으로 확인할 수 있는 물질주의인데, 이러한 물질의 견고한 시각성이 흔들림으로써, 서구의 시각중심주의가 해체되기 시작한 것이다.

20세기 초 예술가들은 이러한 시대적 분위기 속에서 가시적

6) 엑스레이를 발견한 빌헬름 뢴트겐은 "나는 눈에 보이지 않는 것, 눈으로는 접근할 수 없는 것들을 보게 해주는 광선을 발견했다"라고 했다. 밀러, 아서(정영목 옮김). 2002.「아인슈타인과 피카소」. 작가정신. 60쪽.

세계 너머의 현상들을 새로운 방식으로 표현하는 것에 관심을 기울이게 되었다. 입체파, 야수파, 미래파, 추상회화, 초현실주의회화와 같은 새로운 예술을 추구한 다양한 유파들이 전통적 재현의 개념을 벗어나 새로운 시각이미지를 창조하는 데 있어서 과학적 발견과 시각기계의 발명은 결정적 영향을 미쳤다. 20세기 초 유럽의 시각예술에서 가장 큰 쟁점이 되었던 것은 재현 대 추상의 논쟁이었다.[7] 린 갬웰 Lynn Gamwell은 19세기 말 추상미술의 등장배경으로 두 가지 요인을 꼽는데, 그 하나는 1859년 다윈의 <종의 기원> 이후 과학적 세계관의 영향이고, 다른 하나는 그로 인하여, 종교적, 계몽주의적 세계관으로부터 벗어난 '정신에 대한 세속적 개념'[8]의 대두라고 본다. 즉 전통적 세계관에서는 정신을 과학의 대상으로 보지 않고, 신의 절대적 영역에 속한 것으로 보았던 반면, 다윈의 진화론 이후 정신 역시 몸의 일부로서, 감각, 감정과 연결된 과학의 대상이 될 수 있다는 인식이 대두되었다. 그리고 정신에 대한 이러한 '세속적인' 관점은 예술가들에게는 정신이 예술적 대상이 될 수 있는 가능성을

---

7) University College London의 과학철학 및 과학사 교수로 재직하고 있는 저자 아서 밀러는 20세기 초 유럽에서의 가장 큰 변화가 재현과 추상에 관한 논쟁이었으며, 그 논쟁을 유발시킨 근본적인 요인들로 과학과 테크놀로지의 발달이라고 한다. 속도기계, 시각기계를 비롯한 과학의 혁명적 발견들이 시각예술에 결정적인 영향을 미쳤다는 것이다. 그는 회화와 과학의 상호작용, 미술과 과학의 창조성에 관심을 가지고, 19세기 말과 20세기 초의 현대미술과 과학의 발전양상이 놀라울 만큼 유사하다는 것을 지적한다. 위의 책, 17–23쪽.

8) Gamwell, Lynn. 2002. 「Exploring the Invisible」. Princeton University Press. 9쪽.

주었다.

추상회화의 핵심은 바로 눈에 보이는 가시적인 것 너머의 정신성에서 출발한다. 시각예술의 이미지가 가시적인 물리세계를 재현하는 것보다 가시적 현상 너머의 정신, 감정을 표현해야한다는 점이 19세기 말부터 대두된 추상화의 경향의 출발점이었던 것이다. 우리는 이러한 시각예술에서의 정신성이 자연과학자들의 연구와 그 보급에 기인하고 있다는 점을 상기할 필요가 있다.[9] 이점에서 19세기 초 낭만주의적 경향이 예술가들에 의해서가 아니라, 자연철학자, 과학자들의 실험실에서 출발하였다는 사실은 상당히 흥미롭다.[10] 왜냐하면, 당시의 이러한 과학과 예술, 정신과 물질의 상호적 영향관계가 오늘날 과학과 예술, 테크놀로지와 정신의 융합현상을 조명하는 데 있어서도 유용한 정보가 될 수 있기 때문이다.

---

9) 칸트와 데카르트의 계몽주의적 물질주의에서는 정신과 물질을 이분법적으로 나누어 정신이 과학적 원인을 따르지 않는다고 본다. 반면 자연철학자 쉘링은 마음이 과학의 영역에 속하는 것임을 주장하는데, 이것이 이후의 새로운 과학의 방향에 영향을 미치게 된다. 쉘링은 "자연은 보이는 정신이고, 정신은 보이지 않는 자연이다"라고 말하며, 자연과 정신의 일치를 강조한다. 오귀스트 콩트를 필두로 하는 실증주의적 관점은 감각적 지각으로 환원될 수 있는 현상만이 물리적으로 실재한다는 주장을 하는데, 이는 다시 말해 눈에 보이는 것이 전부이고 진리라는 주장이기도 하다. 이러한 관점이 바로 서구의 이분법적 시각중심주의의 근간을 이루는 사상이다. 밀러는 19세기 말 과학적 발명과 함께 시각성의 전환의 계기가 된 것은 1830년대의 실증주의가 가졌던 유물론적 이분법을 해체시킨 점이라는 것을 상기시킨다.

10) 위의 책, 13–20쪽.

2.1 생물형태적 이미지

본 글은 19세기 후반부터 20세기 초 추상화의 과정에 생물학 및 과학이론, 시각기계가 크게 영향을 미쳤다는 점에 주목하고자 한다. 이러한 관점을 잘 보여주는 것이 생물형태 이미지 Biomorphic image 또는 생물형태주의 Biomorphism이다. 생물형태주의가 대두된 배경에는 위에서 언급한 바와 같이 다윈의 <종의 기원> 이후 생물학의 영향이 결정적이었다. 생물학적 진화론은 성서적, 종교적 세계관으로부터 과학적 세계관으로의 전환을 가져왔고, 그러한 전환은 생명에 대한 관심으로 이어졌다. 이와 더불어 과학저널리즘은 일반대중에게 과학에 대한 관심을 이끄는데 큰 역할을 했다. 멋진 삽화와 이미지가 들어간 과학정기간행물들은 지식인은 물론 일반대중이 과학지식에 친숙하게 해주었으며, 예술가들에게 역시 새로운 시각이미지에 대한 영감의 원천을 제공하였다. 요컨대 과학 지식에 대한 시각화가 과학지식의 보급에 큰 기여를 하였고, 이것이 시각이미지의 패러다임 전환에 영향을 끼쳤다 하겠다.[11]

이러한 과학지식의 시각화를 통하여 일반 대중에게 새로운 생물학의 유포에 기여를 한 대표적 인물로 해켈 Ernst Haeckel을 들 수 있다. 그는 예술과 자연의 추상적 유사성에 주목하고, 해저생태계

11) 위의 책, 9쪽.

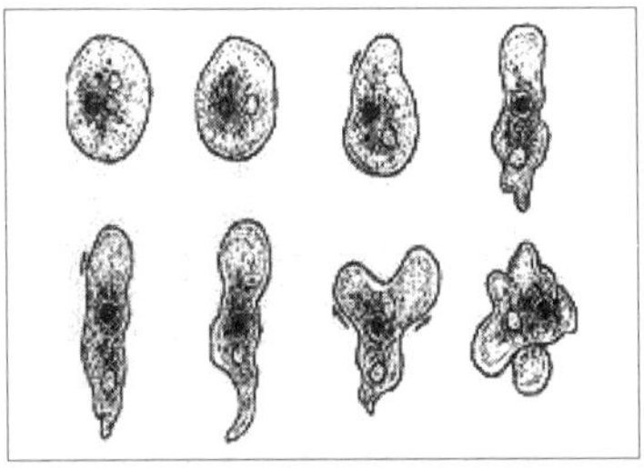

|그림 1| 〈일반생물학(1935)〉에 실린 아메바의 형태

|그림 2| 〈현대의 문화 동물편(1913)〉의 삽화 도룡용 유충

에 존재하는 다양한 변종들의 삽화를 드로잉 하였는데, 특히 그의 <자연에서의 예술형태 Art Forms in Nature>(1904)는 생물형태주의의 형성에 중요한 역할을 했다. 그의 드로잉 작품들은 육안으로 쉽게 관찰할 수 없었던 유기적 생물형태가 예술적 미와 상상력의 원천이 될 수 있음을 보여주는 것이었다. 이처럼 생명형태주의는 생명현상과 시각적 이미지의 긴밀한 관련성에서 비롯되었다. 광학기기를 통하여 이제까지 상상의 영역에 속했던 생명체의 모습을 볼 수 있게 됨으로써, 새로운 시각이미지의 양식의 출현이 촉발되었던 것이다. 1890년대 아르누보[12]와 유겐트슈틸 디자인 양식은 이러한 생명형태주의에 영향을 받은 대표적 양식들로서, 미시적 하등생물,

12) 아르누보는 1890년대 자연주의적이고 유기적인 형태를 구사했던 미술사조로서, 회화뿐만이 아니라, 건축과 디자인도 포함된다. 이것은 전통적 양식으로부터 벗어나 새로운 상징적 형태를 구사함과 동시에 미술을 생활에 실용화하려는 시도가 큰 특징이다. 건축, 공예, 수공예장식 등을 통합한 미술공예운동으로서, 이는 바우하우스의 전신이라 할 수 있다.

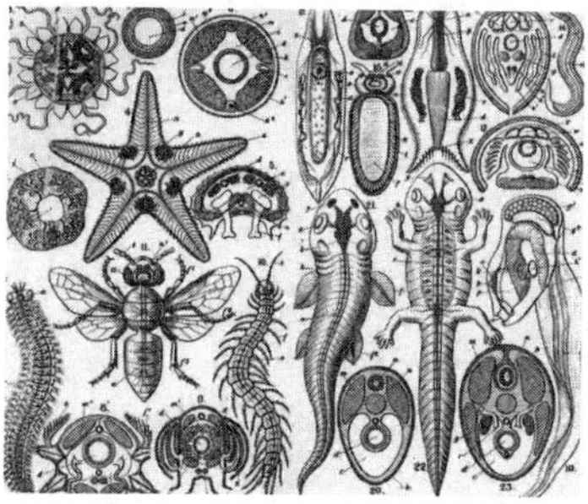

|그림 3| Ernst Haeckel 〈Natural history of creation(1868)〉의 삽화

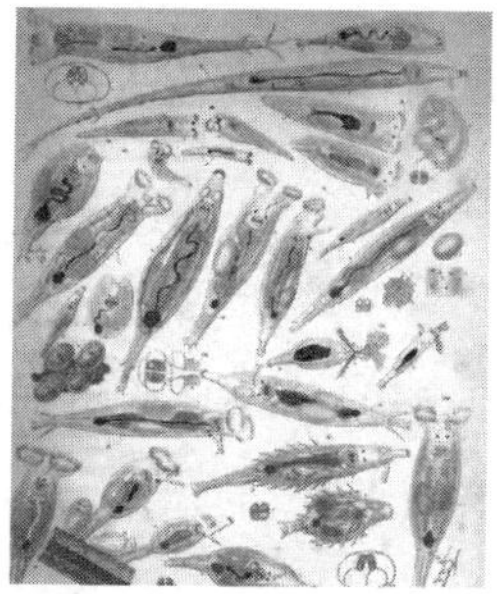

|그림 4| Ehrenberg 〈Infusion animals as complete organisms(1838)〉의 삽화

광학기기를 통해 투시된 생명체의 내부구조 등에서 새로운 미적 가능성을 찾아내었다.[13] 전통적 양식에서 탈피하려는 예술가들은 유기체의 생명형태에서 새로운 돌파구를 찾았고, 이와 함께 첨단시각기계의 발달로 인한 새로운 시각경험이 생물형태를 통해 새로운 이미지 양식을 탄생시켰던 것이다.

사유할 수 없고 볼 수 없었던 미시세계의 생명체의 모습은 합리적이고 이성적인 시각체제에 변화를 야기시켰다. 미완결적인 미생물의 형태는 모호하고 상징적이었고 또한 상상적이었기 때문에, 예술가들에게 전통적으로 구사해오던 재현적 이미지보다 훨씬 매

13) 갬웰은 유겐스틸 디자인 양식이 독일에서 발전되었던 것은 독일이 1860년 다윈의 <종의 기원>이 번역된 이후, 다른 나라와는 달리 독일에서는 상대적으로 다양한 종교가 있었기 때문에, 종교와 과학의 융합이 비교적 자유로웠으며, 이러한 자유로운 종교적 분위기 속에서 다윈의 생물학이 그대로 받아들여진 결과라는 것을 강조한다. 위의 책. 94쪽.

력적인 상상력을 제공하였다. 유기적인 생물형태, 생물실험실의 미생물, 세포, 아메바와 같은 생물형태적 이미지는 예술가들의 상상력과 무의식과 깊은 관련을 가지며 이후 기하학적 추상과 초현실주의로 이어졌다. 칸딘스키와 살바도르 달리의 작품들은 생물형태적 이미지 또는 과학적 시각이미지가 어떻게 추상회화와 초현실주의 회화에서 어떻게 작용하였는지를 잘 보여준다.

칸딘스키의 경우, 특히 파리시기(1933년에서 1944년 사이)의 작품들은 자연과학과의 깊은 관련성을 보인다. 이 시기의 작품들에는 아메바, 태아, 바다 무척추동물과 같은 생물형태적 이미지들이 주를 이루며, 자연의 생명현상에 근거한 새로운 추상적 이미지를 보인다. 주로 생물학, 동물학, 발생학에서 유래하고 있는 작품의 모티브들에는 플랑크톤이나 규조류의 미세 이미지, 아메바와 유충의 다양한 변형 형태, 척추동물의 진화 과정 등의 영향을 쉽게 찾아볼 수 있다. 이러한 모티브들은 후에 <점, 선, 면>에 이르러 완전한 추

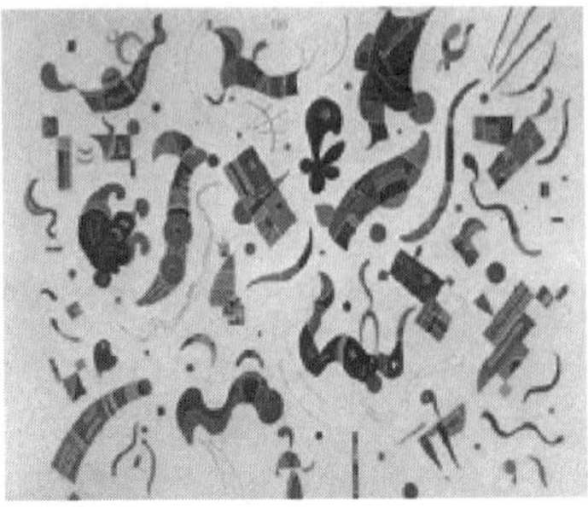

|그림 5| Kandinsky 〈관계〉 1934

|그림 6| Miro 〈Constellation〉 1940

상의 형태로 자리잡게 된다.

<관계>에서 나타나는 형상들은 현미경을 통해 볼 수 있는 원생동물이나 세포의 이미지들을 연상시키는 기하학적 요소들과 생물형태적 형상들인데, 이것은 마치 무중력의 공간을 떠돌아다니는 상상 속의 생명체의 이미지를 연상시킨다. 자유로운 형상들은 서로 얽힌 상호적 관계들을 형성하며, 회화 공간을 환영적 공간으로 탈바꿈 시킨다. 이러한 형태들 간의 관계는 생명현상에 대한 상상적인 시각 이미지, 직접적인 재현 대신 은유적이고, 추상적인 이미지들을 표현한다. 이러한 추상성은 칸딘스키가 밝히고 있듯이, 회화적 이미지를 물질적인 것으로부터 해방시켜 비물질적이고 정신적인 것으로 전환시키고자 하는 의도를 함축한다.

칸딘스키의 추상적 경향은 분명 그가 뮌헨에서 활동하던 시기에 유겐트슈틸의 영향을 받은 것이라 할 수 있다. 유겐트슈틸이 유기적 형태에서 발견한 상징성과 장식적 요소, 자연과 생명체의 선이 지닌 역동적이고 생명적인 힘은 칸딘스키를 통해 20세기의 새로운 추상으로 발현되었다 하겠다. 이는 생물학을 비롯한 과학, 테크놀로지가 가져다준 미시세계의 시각적 이미지에 대한 관심을 반영하는 것이었다. 칸딘스키를 비롯한 당시의 예술가들이 자연이나 생물체에 관심을 가지고 조형예술적 이미지의 원천으로 삼은 것은 육안으로 볼 수 없었던 미시세계가 가시화됨으로써 나타난 영향을 반영하는 것이었다.

유겐트슈틸 디자인에서 추구하는 것은 결국 자연을 관찰하여 그 자연이 가지고 있는 힘, 즉 보이는 대로가 아닌 보이지 않는 추상적인 힘을 찾는 것이었다. 엔델 Endell은 1898년 유겐트슈틸 디자인 매거진 『Dekorative Kunst』에서 생물형태적 이미지가 "감정을 일깨우는 형태의 파워"를 가지고 있음을 강조한다.[14] 유겐트슈틸과 칸딘스키가 구사한 생물형태 이미지는 자연에서 빌려온 것이기는 하지만 비재현적 이미지이다. 유기적 생물체의 이미지는 생명체의 비가시적 이미지로서 자연에 대한 모방이나 재현이 아니다. 생물형태 이미지의 선을 통해 가시화되는 것은 자연의 형태가 아니라 예술가의 내적 감정과 내적 감응이었다. 엔델은 "1898년 형태의 아름다움과 장식예술 The Beauty of forms and decorative Art"에서 다음과 같이 피력한다: "이제 완전히 새로운 예술이 시작되고 있다. 그것은 아무 것도 의미하지 않으며 아무 것도 상기시키지 않고 아무 것도 재현하지 않는 예술, 하지만 이전에 음악이 그러했던 것처럼, 우리의 영혼을 아주 깊이, 아주 강하게 감동시킬 수 있는 예술인 것이다"라고.[15] 1935년 <콘크레이션>지에 실린 칸딘스키의 글은 이러한 유겐트슈틸의 영향을 잘 나타내준다. 그는 "육안이나 현미경 또는 망원경을 통해 보여지는 모든 사물 속에 내재된 숨겨진 영혼을

---

14) "(...) If we can learn how to look at the nature this way, a totally new, unknown universe emerges.... This is the power of forms. They awaken our inner feelings directly and it is not necessary to posit any other psychological process between forms and feelings." 위의 책, 102, Endell, <Dekorative Kunst> 75–76쪽, 재인용.

15) 위의 책, 93쪽.

경험하는 것이 소위 '내면적인 눈'이다. 이러한 눈은 딱딱한 표면, 외부의 형태를 침투하여 사물 안으로 깊이 들어가 우리로 하여금 모든 감각을 통해 내면의 맥박소리를 느끼게 한다"[16] 고 말한다. 칸딘스키의 <관계>는 시각성을 중심으로 한 과학과 예술, 추상과 자연의 관계이다. "예술의 해방이란 자연으로부터 완전히 자유로워지는 것을 뜻하지는 않는다. 추상적인 예술에서는 자연과의 연관성이 오히려 지대하고 강력하지만, 이 연관성은 사실 더 이면적으로 감추어져 있을 뿐이다. 추상적인 예술은 이른바 자연의 표피로부터 벗어나지만, 우주적인 법칙인 자연법칙을 떠나지 않는다. (...) 이와 같이 예술과 자연은 상호밀접하게 유대를 맺고 있으며, 내적으로 연결되어 있다"고 한 칸딘스키의 말은 20세기 전반부의 추상화의 과정이 예술과 자연, 과학과의 관계 속에서 진행되었음을 뒷받침해준다.[17]

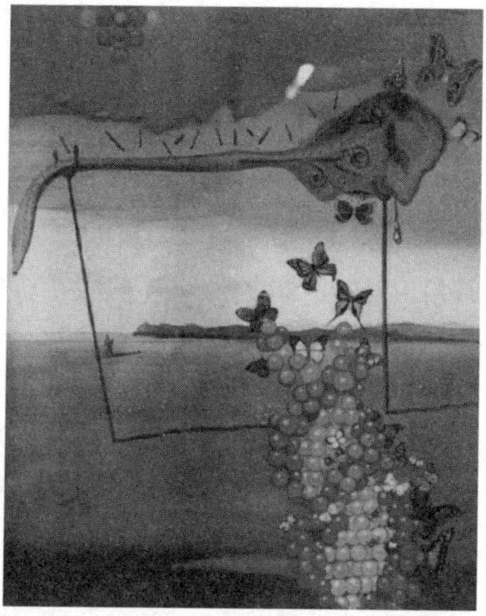

|그림 7| Dali 〈Butterfly Landscape, theGreat Masturbator in Surreal Landscape with DNA〉 1957-1958

16) Linsay, Kenneth C. and Vergo, Peter, 「Kandinsky, 1994, Complete Writings on Art」. Da Capo Press. 779쪽.

17) Wassily Kandinsky(차봉희 옮김). 1979. 「점, 선, 면: 칸딘스키의 예술론 II」.

1930년대 초현실주의는 예술 및 문화 전반에 폭넓게 풍미하고 있었다. 1차 대전이라는 인류의 가공할 참상 앞에서 초현실주의는 서구의 전통이 표방하였던 이성중심주의와 합리주의에 대해 정면 도전을 하였고, 예술창작에 있어서도 이성의 지배로부터 떠나 자유로운 연상기법이나 자동기법 automatism을 도입하였다. 초현실주의의 이러한 탐구에 있어서 생물형태적 이미지나 과학적 시각 이미지는 상상력의 주요한 원천으로 작용하였다. 초현실주의의 대표주자들인 호안 미로, 앙드레 마송, 막스 에른스트는 무의식적 자동기술법을 구사함에 있어서 자연과학에 관심을 가지고 이를 적극적으로 수용하여 생물형태를 단순화시켜 환상적이고 자유로운 이미지를 구사하였다. 호안 미로는 무의식적 자동기술법을 구사함에 있어서 우주적 생명력의 원형을 상징하는 생물형태 이미지를 활용하였고, 앙드레 마송은 인간과 동물이 상호침투 되어 융합된 에로틱한 생물형태적 이미지를, 막스 에른스트 역시 무의식적 자동기술에 의한 생물형태를 구사하였다. 초현실주의자들 중에서도 특히 달리는 과학에 지대한 관심을 가지고, 새로운 과학이론을 그의 작품에 적극 활용하였다. 그는 1945년 히로시마 원자폭탄에 영감을 받아 이를 작품화하였고('라파엘풍의 머리,폭발한 후'(1951)), 1953년 왓슨과 크릭이 네이처지에 DNA 이중나선구조에 관한 논문을 발표

열화당. 192쪽.

이후 DNA를 작품의 모티브로 적극 영입하였다.[18] 달리가 DNA를 비롯하여 과학이론 및 과학적 시각이미지에 관심을 가졌던 것은 이 시각이미지가 단순히 과학에 머무는 것이 아니라, 생명과 삶의 보이지 않는 진실을 담고 있다고 믿었기 때문이다. DNA의 이중나선 구조 속에 삶과 죽음, 죽음 후의 또 다른 세계를 표현하는 상징성을 발견하였던 것이다. 달리의 <나비가 있는 풍경 Butterfly Landscape, the Great Masturbator in Surreal Landscape with DNA>(1957–1958)은 그의 그림에 자주 등장하는 무의식의 세계를 나타내는 사막, DNA의 이중나선 구조로부터 나오는 성적 욕망을 상징하는 갖가지 형상의 나비들, 성기와 기이한 얼굴로만 묘사된 인체, 이러한 이미지들이 병치되어 있다.[19] 달리가 DNA와 과학에 많은 관심을 가졌던 것은 그것이 우주와 삶의 신비로운 진리를 간직하고 있으며, 이를 표현하는 시각이미지는 이 신비의 세계를 매개할 수 있다고 믿었기 때문이다.

생물형태 이미지가 추상과 초현실주의적 경향으로 이어졌다는 사실이 의미하는 바는 무엇인가? 그것은 현미경과 망원경을 통해 본 비가시적 생명의 이미지가 상상적이고 추상적이었으며, 이것

---

18) 'Desoxyribonucleic Acid Arabs'(1963년경) 'Hommage a Crick et Watson'(1963) 'Deowyribonucleic Acid and Jacons Ladder' 등이 있다. Kemp, Martin. 2003. "The Mona lisa of Modern Science". Nature, Vol. 421. 420쪽.

19) Guardiola, Elena, Banos Josep E.. 2003. "Dali and the double helix". Nature, Vol. 423. 917쪽.

이 당시 전통적 재현체계로부터 벗어나려는 예술가들에게 새로운 돌파구를 마련해주었다는 점이다. 육안으로 볼 수 없었던 생명의 미시세계에 대한 발견은 이처럼 추상적 모티브도 되었지만, 동시에 초현실주의에서 새로운 상상력의 형태를 제공하였던 것이다. 요컨대 합리성을 근간으로 하는 과학과 테크놀로지가 예술에 영입되면서, 오히려 예술가들에게는 현실 재현적인 전통적 예술기법으로부터 벗어나 무의식, 환상, 상상의 모티브로 작용했다는 사실에 주목할 필요가 있다. 이와 함께 과학과 기술은 예술과 자연이 긴밀한 상호작용을 하도록 함으로써, 20세기 추상예술의 진행에 직접적인 영향을 끼쳤다는 점 또한 간과해서는 안 될 것이다. 생물형태주의에서 강조해야 할 또 다른 사실은 생물형태 이미지가 통합적 이미지라는 것이다. 그것은 비재현적이며 이미지 너머 작가의 내면적 감정과 감응, 자연의 형상 뒤에 숨겨진 비가시적 내적 생명력을 소통시키며, 인간과 자연, 생물과 무생물 사이의 경계를 없애기 때문이다. 생물형태 이미지는 거시적 현상계와 미시적 현상계의 벽을 허물고, 추상과 구상의 구분을 융합시키는 조형적 이미지이다.[20]

20) 루트 번스타인은 과학적 관찰과 미술 사이의 경계선이 추상을 거치면서 사라진다는 점을 강조한다. Root–Bernstein, Robert and Michele(박종성 옮김). 2007. 『생각의 탄생』. 에코의 서재. 130쪽.

2.2 나노기술과 시각성의 패러다임 전환

생물형태주의를 통해서 20세기를 전후한 시각이미지의 패러다임이 어떠한 시대적 배경 속에서 진행되었으며, 그러한 패러다임의 전환이 과학기술과 어떠한 영향을 주고받았는지를 살펴보았다. 첨단 기술을 통하여 생명의 비가시적 세계를 볼 수 있다는 사실은 시각이미지에 획기적인 전환점을 가져왔다. 그렇다면 오늘날 시각적 패러다임의 가장 획기적인 변화를 일으키고 있는 것은 무엇이며, 그 변화가 야기하는 의미는 무엇일까? 본 글은 이러한 시각의 문제를 예술과 과학의 협업이 가장 활발하게 이루어지고 있는 나노 분야에 초점을 맞추어 살펴나가기로 한다. 20세기 초 생명형태 이미지가 첨단 광학기기를 통해 가시화된 이미지를 시각예술에서 모티브로 활용하여 시각화 하였다면, 오늘날의 나노아트와 바이오아트에서는 첨단기술이 극미세계의 이미지를 그대로 예술화하고 있다.

오늘날 가시성의 탐구가 가장 획기적으로 일어나고 있는 분야는 나노기술 분야이다. 이라는 극미세계를 다루는 나노기술은 이제까지 우리가 가지고 있었던 물질세계에 대한 인식에 큰 변화를 가져오고 있다. 상상할 수 없을 정도의 극미세계를 다루는 나노기술은 단지 과학의 영역뿐 아니라, 예술, 인식론, 의식, 나아가 사회 전반에 영향을 미치고 있다. 나노과학자 짐쥬스키 James K. Gimzewski는 나노테크놀로지가 물질주의의 종말이라는 점과 인류의 미래를

결정하는 핵심 분야임을 강조한다.[21)]

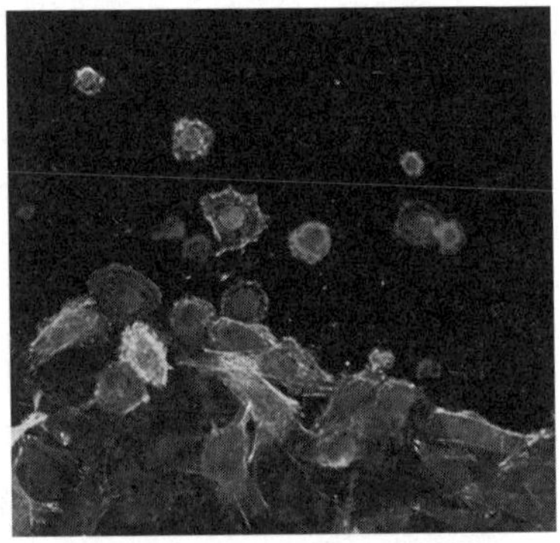

|그림 8| 〈Colon cancer cells〉 Colour-enhanced scanning electron micrograph by Dave McCarthy and Annie Cavanagh.

본 글이 나노기술에서 주목하고자 하는 것은 상상할 수 없을 정도의 작은 크기와 시각성의 의미이다. 극미세계를 시각화하는 나노기술은 본다는 것의 의미를 재고하도록 하고 있다. 나노기술은 물질을 이루고 있는 원자atom의 차원에서 물질의 비가시적 형태를 볼 수 있게 해준다. 나노기술에 획기적인 전환점을 가져온 것은 1983년의 STM(scanning tunnelling microscope)이다. STM은 원자를 개별적으로 다루게 해 주는 기술인데, 이것은 20세기 초 양자물리학에서는 불가능한 것이었다. 1980년대 중반까지 과학자들은 원자를 개별적으로 다룰 수 있다는 상상을 하지 못하고, 원자나 분자를 전체적으로 파악하는 데 주력하였다. 반면 이 기술은 원자를 하나하나씩 보고 다룰 수 있게 함으로써, 원자들을 전혀 다른 차원의 새로운 물질로 만들 수 있는 획기적인 가능성을 열어주었다. 이

21) "In many cases, "nanotechnology" is used to invoke an imagined future that may or may not come into being." James K. Gimzewski. 2008. "Nanotechnology and The Endgame of Materialism". Leonardo, Vol. 41, No. 3. 259쪽.

러한 획기적 차원의 기술의 주요쟁점은 '보는' 방식의 변화에서 비롯되었다. 전자탐침현미경을 통해 본다는 것은 우리가 생각하는 것과 같은 '봄'이 아니다. 그것은 탐침으로 원자들이 반응하는 것을 터치를 통해 느끼고 만지는 것이기 때문이다.[22] 물질을 이루는 기본 입자는 그 실체가 단단한 것이 아니라, 에너지 덩어리인 동시에 파동이기 때문에, 이곳에서 자극을 가하면 그 자극이 전달되는 것은 저곳일 수 있다. 나노분야가 획기적으로 발전하게 된 계기는 바로 이러한 '보는' 방식의 변화에서 온 것이다. 원자를 개별적으로 만지고 소리를 들을 수도 있게 됨으로써, 원자들의 조합을 새롭게 하여 새로운 물질을 창조할 수도 있게 되었다. 나노기술은 "보는 것이 곧 아는 것"이라는 서구의 전통적 시각중심주의를 해체시킨다. 로이 에스콧은 서구의 예술과 문화가 시각중심적이었는데, 나노기술은 이러한 시각중심문화에 큰 변화를 야기시키고 있음을 강조하며, "보는 것이 곧 아는 것"이었던 시각 패러다임으로부터 "터치가 곧 아는 것"이라는 패러다임의 전환이 이루어지고 있다는 사실을 강조한다.[23]

---

22) Gimzewski, James, Vesna Victoria. 2003. "The Nanoneme Syndrome: Blurring of fact and fiction in the construction of a new science". Technoetic Arts, Vol. 1, Intellect. 10–15쪽.

23) "Nano –watching changes the ratio of the senses: to touch is to know": Ascott, Roy. 2006. "Technoetic Pathway toward the Spiritual in Art: A Transdisciplanary Perspective on Connectedness. Coherence and Consciousness", Leonardo, Vol. 39, No. 1. 65쪽.

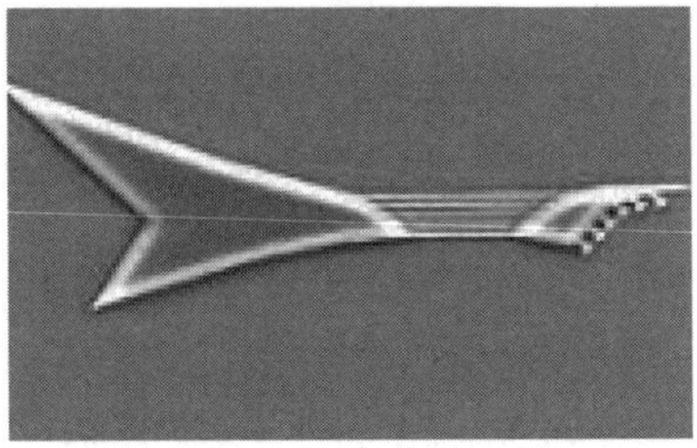

|그림 9| Dali 코넬대학에서 개발한 나노기타(2003)

나노기술의 가장 중요한 핵심은 극미세계의 엄청나게 작은 크기의 문제이다. 너무 작아서 우리의 경험과 감각으로는 상상할 수 없는 크기의 문제가 가장 핵심적인 사안이다. 2003년 미국 코넬대학의 <나노스케일 과학기술학부NanoScale Science and Technology Facility>에서는 100 만분의 10미터(10㎛) 크기의 보이지 않는 아주 작은 나노기타를 만들었다. 이 기타의 줄은 굵기가 50 나노미터(2,000 만분의 1미터)로서, 이것은 원자 100개의 두께이다. 이 나노기타 한 개의 줄은 인간 머리카락 한 올의 수천 분의 일의 크기에 해당한다.[24] 하지만 이러한 비유적 설명이 나노크기를 정확하게 전달하지는 못한다. 나노크기는 이처럼 우리에게 익숙한 머리카락이나 미터 단위로 비유하여 그 크기를 설명할 수밖에 없다. 나노학자들은 나노의 세계를 상상하는 것보다 우주를 상상하는 일이 훨씬 쉽다는 점을 상기시킨다.[25] 1나노미터가 얼마나 작고 얼마나 큰가를 묻는다는 것은 무

24) 나노기타는 불가능할 정도로 작아 보이지만 그 무언가 다른 사물과 연관된 상호 의존적인 물건이다. 자세히 보면 이 나노기타는 그저 가만히 있는 것이 아니다. 언저리 근처로 선회하며 날라 다니는데, 그 곳은 바로 우리가 이해할 수 없는 문지방 같은 것으로 이곳에는 바로 양자효과가 지배하는 곳이다.

25) Schummer, Joachim, Baird, Davis Ed.. 2006.「Nanotechnology Challenges」.

의미하다는 것이다. 그 극미세계는 우리가 볼 수도 없고 상상할 수도 없으며, 모든 비유적 표현으로 우리가 말할 수 있는 것은 단지 그것이 얼마나 작은지를 상상하기가 불가능하다는 사실이라는 것뿐이다. 우리의 감각세계와 멀리 떨어져 있는 탄소나노튜브로 만들어진 나노기타를 상상한다는 것이 무엇을 의미하느냐이다. 원자와 분자의 세계는 미지의 세계로서 우리의 몸과 마음이 갈 수 없는 극미세계이다. 그런데 극미세계에 대한 발견은 이제까지 인류가 경험한 그 어떤 세계보다 더 많은 상상력을 요한다. 경험의 대상이 아니고, 경험적으로 알 수 있는 범주를 벗어나기 때문에 우리는 비유와 상상을 통해서만 이해할 수밖에 없는 것이다.[26] 전자탐침 현미경으로 개별 원자들이 움직이는 것을 느낄 수 있을 뿐, 그 원자들이 얼마나 작은지는 상상할 수 없다.

양자상태에서 입자들은 고정되어 있지 않고 둥둥 떠나기 때문에, 정확하게 어느 위치에 있는지를 설명할 수 없다. 나노기타는 가만히 있는 것이 아니라 어느 지점을 선회하며 날아다닐 뿐이다. 이러한 수 십 개조(이것 역시 상상의 한계를 넘어서는 것이다)의 원자를 함께 합성하여 우리의 육안으로 볼 수 있는 고체덩어리 기타를 갖게 되는 것인데, 이것 역시 우리의 눈에 비치는 현상일 뿐 실제로 그 물질의 구성이 단단하고 고정되어 있는 것은 아니다. 바로 이러

World Scintific Publishing Co. Pte. Ltd.. 59쪽.

26) 위의 책, 59–64쪽.

한 맥락에서 나노의 세계는 물질과 비물질, 생물과 무생물, 생명현상과 물리적 현상의 구분이 없어지게 된다.[27] 로이 에스콧은 나노세계에 대한 발견이 우리의 의식과 인식에 큰 변화를 가져오고 있다고 본다. 그는 "나노분야는 순수물질과 순수의식 사이를 매개한다"고 하며, 나노세계에서는 테크놀로지와 의식이 만나고 있다는 점을 강조한다.[28] 나노기술이 가져온 가장 큰 변화 중의 하나가 바로 이제까지 합리적 이성주의, 과학주의가 배척했던 정신세계, 마음, 상상세계가 과학의 반대항이 아니라 오히려 과학과 이성의 보완점이 된다는 사실이다. 요컨대 나노기술을 비롯하여 보이지 않는 세계를 시각화함으로써 인식하게 되는 것은 우리의 시각이 절대적인 것이 아니라 상대적이고 임의적이라는 사실이다. 인간의 가시화에 대한 욕망이 끊임없이 시각기계를 만들어냈고, 그 시각기계가 보이지 않는 세계에 대한 인식을 바꾸고, 그 변화된 인식이 다시금 시각과 물질에 대한 근본적인 전환을 가져왔고, 미래 역시 그러한 전환과 변

27) Ted Sargent(차민철, 심용희 옮김). 2008.「나노기술의 세계」. 허원미디어. 10쪽.

28) "The other way of understanding the significance of our penetration of the nano world is to view these developments from the point of view of consciousness. This could lead to what could be called technoetic ontology, because nano is the plane on which technology and consciousness can meet. This presents a challenge to the artist that is as much metaphysical as material." Ascott, Roy. 2006. "Technoetic Pathway toward the Spiritual in Art: A Transdisciplanary Perspective on Connectedness, Coherence and Consciousness". Leonardo, Vol. 39, No. 1. 65쪽.

화는 계속될 것이다.

3. 결론: 새로운 디자인 상상력을 위하여

오늘날 문화예술 분야의 최대 화두가 되고 예술과 과학의 융합은 원론적인 수준의 논의가 되고 있을 뿐 그 구체적인 실체를 파악하는 데에 있어서는 연구가 미흡한 실정이다. 그것은 예술과 과학 또는 기술의 결합을 주로 예술과 미디어의 관계 속에서 파악하고 있기 때문이다. 예술 생산에 있어서 테크놀로지가 필요불가결하다는 인식은 어느덧 진부한 것이 되고 말았다. 그리고 그러한 인식이 문화콘텐츠 창조에 있어서 상상력보다 테크놀로지를 우위에 놓게 됨으로써 문제를 파생시키고 있다. 본 글은 이러한 문제점에서 출발하면서 예술과 과학의 상호작용 속에서 시각이미지가 어떻게 각 시대의 매개체로서 특징지어지는지를 살펴보았다. 20세기 전반 추상화로의 경향이 과학적 발견과 시각기계의 발달과 긴밀한 관련성을 가졌다는 사실을 살펴보면서 서로 상반된 담론이라고 인식되어왔던 과학과 예술이 하나로 연결되고 있음을 알게 되었다. 칸딘스키와 유겐트슈틸에서 나타난 생물형태적 이미지에서 예술이 의외로 과학으로부터 상상력의 수혈을 받았다는 사실을 확인하였다. 더구나 시각성의 획기적인 패러다임 전환을 주도하고 있는 나노기술이 함의하고 있는 것이 바로 물질과 정신, 의식과 테크노로지의 만남이라는 사실은 시각성에 대한 우리의 고정관념을 깨뜨리고 있다. 본고는 시각디자인이 그 이미지상상력의 원천을 문학, 역사, 예술에서 가져와야 한다는 사실을 넘어 과학적 이미지에서도 디자인 상상력을 자극받을 수 있어야 한다는 인식을 연구의 결과로 삼고자 한다. 융합의 시대에 시각예술 또는 시각디자인 역시 이러한 시대적 정신에서 벗어날 수 없다. 과학적 이미지를 어떻게 창의적으로 디자인에 응용하고 적용할 수 있는가의 과제를 미래의 시각디자인은 부여받고 있는 것이다.

|참고문헌|

Ted Sargent(차민철, 심용희 옮김). 2008.「나노기술의 세계」. 허원미디어.

포스터 핼(최연희 옮김). 2004.「시각과 시각성」. 경성대학교 출판부.

크래리 조나단(임동근, 오성훈 외 옮김). 1998.「관찰자의 기술」, 문화과학사.

밀러, 아서(김희봉 옮김). 2001.「천재성의 비밀」. 사이언스북스.

Root–Bernstein, Robert and Michele(박종성 옮김). 2007.「생각의 탄생」. 에코의 서재.

Wassily Kandinsky(차봉희 옮김). 1979.「점, 선, 면: 칸딘스키의 예술론 II」, 열화당

Gimzewski, James K. "Nanotechnology. 2008. The Endgame of Materialism". Leonardo, Vol. 41.

Gimzewski, James, Vesna Victoria. 2003. "The Nanoneme Syndrome: Blurring of fact and fiction in the construction of a new science". Technoetic Arts, Vol. 1, Intellect.

Ascott, Roy. 2006. "Technoetic Pathway toward the Spiritual in Art: A Transdisciplanary Perspective on Connectedness, Coherence and Consciousness". Leonardo, Vol. 39, No.1.

Rockwell, Tom. 2008. "Visualizing the Invisible: At the Frontier of Art and Nanoscience". Dimensions.

Kemp, Martin. 2003. "The Mona Lisa of Modern Science". Nature, Vol. 421.

Guardiola, Elena, Banos, Josep. E. 2003. "Dali and the double helix". Nature, Vol. 423.

Ascott, Roy "Seeing Double. 1999. Art and Technology of Transcendence". 「Reframing Consciousness」. Intellect.

Vesna, Victoria. 2000. "Towards a Third Culture / Being in between". 「Art, Technology, Consciousness」. Intellect.

Gamwell, Lynn. 2002. 「Exploring the Invisible」. Princeton University Press.

Vesna, Victoria. 2000. "Towards a Third Culture / Being in between". 「Art,

Technology, Consciousness」. Intellect.

Schummer, Joachim, Baird, Davis Ed.. 2006. 「Nanotechnology Challenges」. World Scintific Publishing Co. Pte. Ltd.

Baird, Davis, Nordmann, Alfred, Schummer, Joachim Ed.. 2004. 「Discovering the Nanoscale」. IOS Press.

Hayles, Katherine. 2004. 「Nanoculture」. Intellect.

Johns, Caroline A., Galison, Peter Ed.. 1998. 「Picturing Science Producing Art」. Routledge.

Jay, Martin. 1994. 「Downcast Eyes: 」. University of California Press.

Wilson, Stephen. 2002. 「Information Arts: Intersections of Art, Science and Technology」. The MIT Press.

Michel Serres with Bruno Latour(Translated by Roxanne Lapidus). 1995. 「Conversations on Science, Culture, and Time」. The University of Michigan Press.

http://images.wellcome.ac.uk

상상의 과학 나노와 시각패러다임의 전환

|허정아|

1. 서론

21세기 인류는 문명의 큰 전환점을 맞이하고 있다. 그러한 전환을 주도하는 핵심 분야 중의 하나가 나노과학이다. 나노과학은 원자에서부터 살아있는 모든 시스템에 이르기까지 물질을 제어할 수 있다는 새로운 가능성을 인류에게 던져주고 있다. 나노에 대한 인식과 중요성이 부각되면서, 기업과 국가는 물론 세계의 유수 대학들에서도 앞 다투어 나노에 대한 연구와 기술개발을 하고 있다. 그리고 정보기술, 의학, 바이오공학, 건축, 기계공학, 에너지, 환경,

*본 글은 인포디자인이슈, 17호(2009)에 실린 내용이다. 3–16쪽.

약품, 화장품 등 거의 모든 분야에 나노기술이 파고들고 있다. 나노기술은 인류역사 상 가장 작은 극미세계를 다루고 있지만, 그것이 미치는 영향력과 파장은 상상을 뛰어넘을 정도이다. 미시세계가 거시세계를 바꾸고 있는 것이다.

본 글은 이처럼 모든 분야에 적용되고 미래의 핵심 분야로 부상하고 있는 나노기술의 본질적 특성을 고찰하는 것을 목표로 한다. 이러한 목표는 나노기술의 발달에 획기적 변화를 가져온 핵심적 쟁점이 시각적 재현에 있어서 시각에서 감각으로의 패러다임의 전환이라는 점을 전제로 한다. 즉 나노기술의 획기적 변화는 곧 시각적 재현의 변화에서 비롯되었다는 것을 고찰할 것이다. 이를 위하여 우선 나노란 무엇이며, 나노크기가 의미하는 바는 무엇인가 그리고 나노기술이 시각 패러다임에 어떤 변화를 가져오고 있는가를 살펴볼 것이다. 이러한 고찰과 함께 본 글의 궁극적 목표는 나노기술이 전통적 과학과는 달리 상상력과 창의성을 필요로 한다는 것과 테크놀로지의 발달이 인간의 근본적인 욕망과 밀접한 관계가 있다는 점을 성찰하는 것이다. 나노기술이 어떻게 물질과 비물질, 실재와 상상, 정신과 물질의 이분법적 경계를 성찰하도록 하고 있는지를 살펴볼 것이며 아울러 그것이 파생시키고 있는 하이브리드적 문화에 대한 전망을 제시하고자 한다.

본 글은 나노의 과학기술적 차원에서의 연구가 아니라 나노라는 획기적 기술이 야기하고 있는 인문학적, 예술문화적 변동을 논의하는 것이다. 따라서 본 글은 나노라는 새로운 기술의 원리적 측면에 집중하여 서술한다. 일차적으로 나노라는 극미세계의 의미와 크기 전반에 관한 성찰을 시도하고, 원자를 다루는 과학으로서의 나노를 살펴본다. 나노는 무엇보다도 시각적 패러다임의 전환을 가져오고 있는 과학이라는 관점에서 시각기계를 중심으로 나노기술에 대한 원리들을 다룰 것이다. 특히 나노의 핵심이라고 할 수 있는 주사형터널링 현미경(STM)에 대한 상세한 고찰을 시도할 것이다. 나아가 나노가 예술에 적용되고 있는 구체적인 미디어아트 작품들을 통하여 나노기술이 보여주고 있는 하이브리드문화에 대해서도 살펴볼 것이다.

2. 본론

상상의 과학 나노

나노는 길이의 측정단위이다. 1나노미터는 10억분의 1미터에 해당하는 크기인데, 흔히 머리카락에 비유되어, 머리카락 한 오라기의 10만분의 1정도의 크기라고 설명된다. 그런데 나노는 오늘날 새로운 용어가 아니다. 이미 고대로부터 크기를 측정하는 단위가 세밀하게 구분되어 왔으며, 그리스 어원에서는 난쟁이나 아주 작은 것을 지칭하는 용어로 사용되어왔다. 특히 물리학, 화학, 생물학과 같은 기초과학에서는 이미 미세한 크기의 단위가 있었다. 동양에서

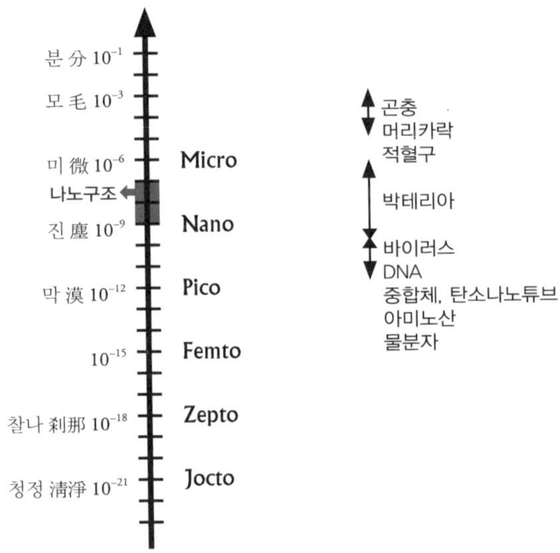

|그림 1| 서양과 동양의 크기 분류표

는 크기의 단위를 더욱 세밀하게 분류하여, 10–1에서 10–21의 범위까지 나타내고 있다. 아래의 도표는 동양과 서양의 크기의 단위에 대한 비교이다.[1)]

나노기술[2)]은 나노미터 크기의 원자나 분자를 대상으로 하여

---

1) 이영희. 2006.『나노』. 살림. 8쪽.

2) 지금 쓰고 있는 나노테크놀로지라는 용어가 처음 사용된 것은 1970년대 일본의 엔지니어 노리오 타니구치가 물질을 제어하는 아주 작은 단위의 새로운 테크놀로지를 지칭하기 위해서였다. 나노분야에는 나노과학의 성과가 있기 전, 새로운 테크놀로지에 대한 꿈이 먼저 제시되었기 때문에 나노과학과 나노테크놀로지의 용어가 흔히 혼용적으로 사용되고 있다. Gimzewski, James, Vesna Victoria. 2003. “The Nanoneme Syndrome: Blurring of Fact

이 원자나 분자의 배열을 조작하고 제어하는 기술이다. 나노기술은 나노재료를 조작하는 기술과 이것을 집적하는 기술로 나뉘는데, 일반적으로 크기가 아주 작은 나노수준의 재료를 다루는 기술을 통칭한다. 이처럼 극미 수준의 크기로 줄이는 이유는 반도체와 같은 분야에서 제작경비를 절감하거나 의약품에서 미세분말로 효과를 극대화시키고, 또 의학분야에서 나노봇 nanobot처럼 혈관 속에 들어가 의학의 한계를 극복할 수 있기 때문이다. 요컨대 나노과학과 나노기술에서의 가장 핵심적 쟁점이 되는 것이 바로 크기의 문제이며, 크기는 곧 돈이고, 기술의 핵심이 된다.

요약하자면, 나노기술이란 나노미터 크기의 물질들이 갖는 독특한 성질과 현상을 찾아내고 이러한 성질을 활용하여 새로운 소재, 새로운 기능을 갖춘 기술, 새로운 시스템, 물질을 만들어내는 과학과 기술을 통칭한다. 그런데 나노분야의 과학자, 기술자들이 내리는 나노기술에 대한 정의에는 몇 가지 공통점이 있다. 그것은 나노기술이 인류의 미래가 달린 미래지향적 기술이라는 점과 나노기술이 객관적 사실만을 다루는 이제까지의 과학이나 기술과는 달리 새로운 개념의 창조성과 상상력을 필요로 하는 기술이라는 점이다. 노벨 화학상을 수상한 코넬대학의 로알드 호프만Roald Hoffmann은 나노기술에 대하여 "매우 섬세한 성질을 지닌 매우 작은 축조물

---

and Fiction in The Construction of A New Science". Technoetic Arts, Vol. 1, Intellect. 8쪽.

들을 천재적인 능력으로 매우 정밀하면서도 우아하게, 그리고 친화적으로 축조하는 방법이며 이 방법을 통해서만 인류의 미래가 있다"[3] 고 정의한다. 또 콜럼비아 대학의 노벨 물리학상 수상자 호스트 스트로머Horst Stromer 교수 역시 "나노기술은 원자와 분자로 구성된 자연이라 불리는 멋진 장난감을 다루는 핵심기술이며, 인류는 이것을 통해서 무한히 새로운 것들을 창조할 수 있다"[4]라고 정의한다. 이러한 정의들은 나노기술의 핵심이 물질에 대한 조작과 제어, 재배열능력이라는 것을 강조하고 있으며, 새로운 의미에서의 창조라는 개념을 함축하고 있다. 신이 이 세상을 창조하였다면, 나노기술은 미래에 신이 창조한 자연을 재창조하는 인간의 창조시대를 열 수 있는 가능성을 제시하고 있는 것이다.

엄밀한 의미에서 나노크기에 대한 문제는 과학의 문제가 아니다. 과학적으로 훈련을 받아 나노세계를 상상할 수는 있어도, 이것이 곧 1 나노미터를 상상할 수 있다는 것은 아니다. 문제는 나노미터를 상상할 수 있는 측정기준이 없다는 것이다. 알프레드 노먼은 나노크기가 이해를 위한 임의적인 크기라는 점에서 다른 측정단위와 다를 것이 없으며, 무한의 크기와 무한의 작은 크기는 모두 임의적이고, 우리의 상상을 요한다는 점에서는 동일한 문제라는 것을

3) 일본 문부성 후원 제14회 <대학과 과학> 공개 심포지엄 조직위원회 편집. (이승우, 이치한 공역). 2002. 『분자가 만드는 나노의 불가사의』. 전파과학사 7쪽.

4) 위의 책, 같은 쪽.

말한다. 즉 나노크기는 비유적 설명을 통해 상상할 수밖에 없다는 것이다.[5] 요컨대 나노와 같은 미시세계는 눈으로 볼 수도 없고, 경험해보지도 못한 것이기 때문에, 거시세계의 경험으로 비유하여 설명하고 상상할 수밖에 없다. 이것은 역으로 상상력과 창의성이 없이는 나노기술의 개발이 힘들다는 것을 의미한다. 과학이 이루어놓은 모델이 없기 때문이다. 나노기술은 처녀지와 같다. 어떤 밑그림으로 어떤 콘텐츠와 모양으로 건축하는가는 인류의 상상력에 달려있다. 이런 맥락에서 나노분야의 과학자들은 나노과학이 전통적 과학과는 달리 새로운 차원의 창의성과 상상력을 중시할 수 밖에 없다는 사실을 강조한다. 톰 락웰은 원자와 분자의 극미세계는 이제까지 인류가 경험한 그 어떤 세계보다 더 많은 상상력을 요하는 것으로서, 우주를 상상하는 것이 극미세계의 DNA나 원자의 구조를 상상하는 일보다 쉬울 수 있다고 한다.[6] 나노분야에서 픽션과 사실

---

5) 나노기술에서 우리에게 익숙한 일상적인 것 즉 머리카락이나 뉴욕의 케네디 공항에서 골프공의 크기와 같은 비유를 통해 극단적인 것을 이해하는 방식은 마치 사람들이 한 번도 가보지 않은 외국이나 이국문화에 대해 이해하는 것과 같다고 한다. 즉 과학지식으로도 절대적 크기에 대한 척도를 준다는 것이 불가능하다는 것이다. 그리고 모든 비유가 말하고자 하는 것은 결국 우리가 나노 세계를 상상하는 것이 불가능하다는 것을 말할 수 있을 뿐이라는 것이다. Nordmann, Alfred. 2006. Noumenal Technology. Nanotechnology Challenges Edited by Joachim Schummer & Davis Baired. World Scientific Publishing Co. Pte. Ltd..59–64쪽.

6) Rockwell, Tom. 2008. Visualizing the Invisible: At the Frontier of Art and Nanoscience. Dimensions, January/ February. 10쪽.

을 뚜렷하게 구분한다는 것은 거의 불가능한 것이다.[7] 짐쥬스키 역시 대부분의 경우 나노기술은 미래에 대한 상상과 관련되어 있다는 점을 강조한다.[8] '미스터 나노테크놀로지'로 불리는 드렉슬러 Drexler는[9] 공상과학 소설과 같은 상상적 나노기술을 이미 몇십 년 전부터 설파하고 있다. 이처럼 나노과학에서 이루어지고 있는 일들을 이해하기 위해서는 상상력이 요구되는데, 그것은 나노스케일이 인간의 경험과 감각의 범주를 넘어서 너무 추상적이기 때문이다. 1972년 엔더스 Anders는 핵기술에 관한 설명에서 테크놀로지는 상상력을 요구하게 만드는 것임을 강조하면서, 우리는 더 이상 우리가 생산하고 행하는 것을 알지 못하는 단계에 이르렀다고 한다.[10]

그렇다면 나노기술이 구체적으로 어떤 점에서 창의성과 상상

---

7) 밀번은 나노과학에서 픽션과 실재 사이의 관계에 대해 고찰하면서 나노에서는 픽션과 실재 사이의 경계가 모호하며, 둘 사이의 경계의 상호작용을 강조한다.

8) Gimzewski, James, Vesna Victoria. 2003. "The Nanoneme Syndrome: Blurring of Fact and Fiction in The Construction of A New Science". Technoetic Arts, Vol. 1, Intellect.

9) 나노기술의 전도사로 불리는 드렉슬러는 나노기술을 일반인들에게 알리는 데 많은 기여를 한 인물이다. 그러나 과학계에서 그에 대한 평가는 엇갈리기도 하여, 정확한 과학이론이라기보다 근거 없는 이단적인 이론을 내세운다는 비판을 받기도 한다.

10) Nordmann, Alfred. 2006. Noumenal Technology, Nanotechnology Challenges Edited by Joachim Schummer & Davis Baired, World Scientific Publishing Co. Pte. Ltd.. 65쪽.

력을 요하는 것인가에 대해서 원자를 다룬다는 것의 의미와 원자를 다룰 수 있게 된 배경을 중심으로 고찰해보기로 하겠다.

원자의 조작과 제어

나노의 핵심은 원자를 다루는 데 있다. 원자를 다룬다는 것은 인류 기술의 역사에 있어서 엄청난 사건이다. 모든 물질은 원자끼리의 상호작용으로 뭉쳐져서 큰 덩어리가 된 것이다.[11] 따라서 물질의 가장 기본적인 원자를 다루고 조작한다는 것은 곧 물질을 제어한다는 것을 의미한다. 다시 말해 모든 물질의 기능은 나노스케일에서 발현한다는 것이다. 아무리 복잡한 물체라도 원자의 차원에서는 분해가 가능하기 때문에, 물질을 제어할 수 있다는 것이다. 물질의 기능이 나타나기 시작하는 나노영역을 제어하면 그것보다 상위의 세계를 결정할 수 있는 것이다. 나무나 오일을 재분해하여 탄소원자로 전환하면, 다이아몬드나 크리스탈로 변환시킬 수도 있다. 또는 나노기술을 이용하여 카펫이나 의복에 나노머신을 넣어두면 저절로 세탁이 되기도 한다. 과학자들은 오랜 동안 원자들을 결합하여 원자 하나하나에서는 가질 수 없는 특성을 가진 물질을 만드는 일에 고심해왔다. 원자를 조작하여 새로운 물질을 만들고자 한 것은 인류의 오랜 염원이자 욕망이었다. 연금술은 그 좋은 예이다.

11) 이영희. 2006.『나노』. 살림. 8–9쪽.

연금술사들은 원자들의 성질을 규정하고 그 원자들을 재조합하여 금을 제조하고자 하였던 것이다. 나노기술의 발전에 결정적 역할을 한 파인만은 1959년의 기념비적 강연 '초미세 세계의 무한한 가능성'에서 "바닥에는 많은 여지가 있다"라는 말을 했는데, 이는 곧 물질의 기본인 원자들을 조작할 수 있다는 가능성 즉 나노기술과 나노과학을 열어준 것이었다. 한편 드렉슬러 역시 나노기술이 정착하기 전 1986년『창조의 엔진』에서 오늘날 나노가 구현하는 기술들에 대한 상상의 시나리오를 내놓아 세간의 주목을 끌었다. 그의 주된 아이디어는 원자들을 개별적으로 조작하여 새로운 물질을 만들거나 물질을 제어할 수 있다는 것이었다. 그는 '창조하는 기계'에서'어셈블러assembler' 또는 '나노봇nanobot'라고 불리는 나노기계로 원자들을 한 개씩 쌓아올려 빵에서부터 로켓엔진에 이르기까지 모든 물건을 만들 수 있다고 주장했다. 그리고 이제 나노기술은 화학적 원자들을 결합하거나 또는 분리시켜 특수한 목적의 물질을 만들기도 하고, 자가증식을 하는 '어셈블러'를 만들어 분자를 만드는 속도를 높여 새로운 물질을 만들 수도 있게 되었다. 이런 식으로라면 같은 원소로 구성되어 있는 다이아몬드와 흑연의 원자구조를 바꾸어 다이아몬드를 인공적으로 생산할 수 있는 날도 미래에는 가능할 것으로 예측된다.

나노세계가 우리에게 재고하도록 하는 것은 가시성에 기반하고 있는 물질의 개념이다. 나노수준에서 보면, 원자의 집합으로 이루어진 물질은 대부분이 빈 공간이다. 원자의 원자핵과 주위를 도는 전자를 분리해 내면 남는 것은 아무것도 없는 빈 공간에 불과한 것이다. 그리고 원자를 이루는 기본물질들은 양자상태에서 입자로 둥둥 떠돌기 때문에 정확하게 그 위치를 짚어내는 것이 힘들다. 이러한 수 십 개조의 원자를 함께 합성하여 결국 우리는 육안으로 감지할 수 있는 사물 형태의 물질을 갖게 되는데, 이것은 그저 단지 우리 손에 잡히는 고체덩어리에 불과한 것이다. 이것은 눈에 보이는 물리세계가 기반하고 있는 것이 과연 무엇인가라는 문제를 성찰하도록 한다. 나노세계는 가시적인 물리적 현실, 또는 테크놀로지에 의한 가상현실 이외에 또 다른 차원의 현실을 재고하도록 한다. 나노기술은 볼 수 없고 인간의 경험으로 상상하기 힘들지만 엄연한 또 다른 현실의 모습을 보여주고 있다.

나노기술은 단순한 도구로서의 기술의 차원을 넘어서고 있다. 나노기술의 대상은 경험의 범위를 넘어선 자연의 본질 자체이다. 이러한 기술은 마치 몸 속의 피나 경제 속의 돈처럼 인간 행위의 구조를 만드는 매개체로서의 테크놀로지이다.[12] 이러한 의미에서 알프레드 노먼은 나노기술을 "본질적 테크놀로지noumenal technology"로 분류한다. 그는 이러한 '본질적 테크놀로지'에서는 과학과 테크놀로지, 지식과 행위 사이의 구분이 없어진다는 점을

12) Schummer, J., Baird, D.. 2006. Nanotechnology Challenges, World Scientific Publishing Co. Pte. Ltd.. 55–59쪽.

강조한다. 요컨대 나노기술은 인류에게 새로운 차원의 사고를 요하고 있다. 모더니즘의 관점에서는 자연이란 인간의 지식과 기술에 의해 통제되고 개발되는 대상이었다. 반면 나노테크놀로지와 나노과학은 테크놀로지에 맞추어 자연을 개발하는 대신 자연에 맞춘 테크놀로지이다. 즉 나노가 대상으로 하는 것은 타자로서의 자연이 아니라, 자연의 본질 자체에 관계되는 것이다. 나노는 자연을 문명화하는 것이 아니라, 자연으로부터 문명을 새롭게 재건축하는 시도라 할 수 있다.[13)]

주사형 터널링 현미경(STM)과 시각성의 변화

원자는 고대 그리스로부터 거론되어 왔다. 하지만 원자는 볼 수가 없기 때문에 오랫동안 원자에 대한 실재론과 반실재론이 엇갈렸다. 반원자론자들의 주장은 감각적으로 인지할 수 있는 것만을 믿어야한다는 것이었다. 1902년 푸엥카레는 원자는 단지 화학적 이론에나 적용될 수 있는 '메타포'일뿐이라고 하였다.[14)] 과학자들이 원자론을 믿게 된 것은 아인슈타인의 브라운운동에 관한 논문을 통해서였다. 원자론에 있어서 가장 큰 관건은 원자의 존재에 대한 시각화의 문제였다. 원자의 시각화에 결정적인 역할을 한 것은 19세

13) 위의 책, 59쪽.

14) 아서 밀러. (김희봉 옮김). 2001.『창조성의 비밀』. 사이언스북스. 172쪽.

기 초 돌턴이 제시한 화학원소들의 주기율표였다. <그림 2>은 돌턴이 <화학철학의 새로운 체계>에서 화합물을 구성하는 원소기호를 시각화한 이미지를 나타낸다.[15] 이러한 시각화 덕분에 원소에 대한 연구와 기호화[16]가 이루어질 수 있었던 것이다.

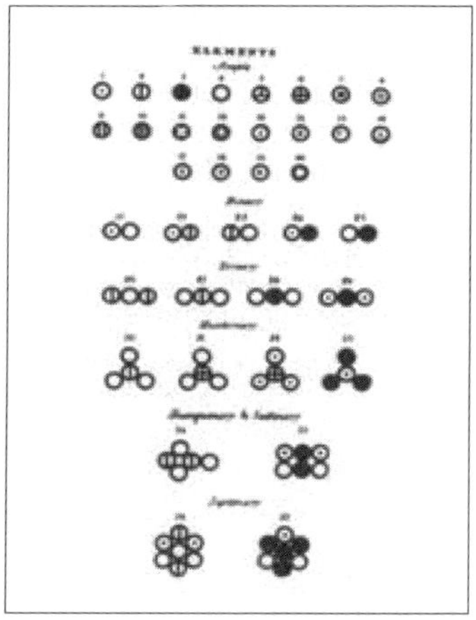
|그림 2|

원자에 대한 모형이 나온 것은 1920년대였다. 1922년 노벨 물리학상을 수상한 덴마크의 물리학자 보어는 원자의 모형 즉 원자핵의 둘레를 전자들이 특정한 원 궤도를 그리며 빙글빙글 돌고 있다는 이른바 보어반경을 밝혀냈다. 하지만 너무 작은 원자를 개별적으로 다룰 수 있는 방법이 없었기 때문에 원자들을 조작한다는 것은 상상 밖의 일이었다.

현미경이나 망원경과 같은 시각기계는 인류문명에 획기적 전환점을 가져온 발명 중의 하나이다. 인간의 육안으로는 볼 수 없는 비가시적 세계를 볼 수 있음으로써 과학, 예술, 문화, 테크놀로지의

15) 위의 책, 178쪽.

16) 오늘날 우리가 쓰고 있는 원소에 대한 알파벳 대문자의 기호체계는 1813년 스웨덴의 화학자 자콥 베르질리우스에 의해서였다. 돌턴의 기호가 채택되지 못한 이유는 인쇄비용이 많이 든다는 이유에서였다. 위의 책, 179쪽.

발전에 엄청난 변화들을 초래하였다. 특히 광학현미경은 다윈의 진화론 이후 생물학의 발전에 큰 기여를 하였다. 살아있는 유기체의 세포의 미시세계에 대한 발견은 과학의 발전은 물론 인간의 인식론 및 미적 감각에도 획기적인 전환점을 가져다 주었다. 1600년대 이후 인류가 생물학적인 지식을 얻는 데 결정적인 역할을 해온 전통적인 광학현미경은 나노미터 크기로 내려가면 아무 쓸모가 없다. 수백 나노미터보다 작은 물체는 빛의 파장보다 작기 때문에 광학현미경으로는 그 모양을 구별할 수 없기 때문이다. 이 한계는 물체의 평면 이미지들을 추적하는 데 사용되는 광선이 가지는 파동의 성질에 의해 결정된다.

우리의 육안으로 볼 수 있는 크기는 0.1 밀리미터 정도이다. 이보다 작은 물체는 광학현미경을 이용해야 한다. 하지만 이 광학현미경에도 한계가 있다. 대상물체가 빛의 파장보다 작으면 정확한 형태가 보이지 않는다. 따라서 빛의 파장보다 작은 원자나 분자는 전자빔을 이용하는 전자현미경을 사용해야 한다. 즉 가시광선보다 파장이 짧은 전자로 대상을 보아야 한다.[17]

나노기술의 관건은 나노스케일의 원자를 어떻게 가시화시키

17) 광학현미경의 한계점을 보완할 수 있는 전자 현미경을 발명한 것은 에른스트 러스카 Ernst Ruska였다. 러스카는 빛을 이용하는 대신에 전자를 이용하는 현미경을 발명했는데, 이것은 물체에 전자빔을 쪼이고 거기서 나오는 영상을 형광막이나 감광판에 기록하는 방법을 고안해냈다. 현원복. 2005. 『나노기술과 인간』. 까치. 18–19쪽.

느냐는 것이다. 20세기 초 원자의 존재가 밝혀진 이후에도 원자를 시각화하는 기술이 없었기 때문에 원자에 대한 연구가 활발하지 않았다. 과학적 발견이 실재에 적용되고 발전하는 데 있어 시각화 즉 이미지 디자인은 핵심적 요소이다. 앞서 말한 돌턴의 원소 이미지와 베르질리우스의 원소 기호체계는 비록 실재 원자에 대한 이미지는 아니었지만, 원소의 발견과 그 이론적 발전에 큰 기여를 하였던 것이다. 나노과학과 나노기술의 발전은 원자를 어떻게 재현하는가의 문제와 직접적인 관련성을 가지고 있다. 원자의 상태를 파악하고 원자를 다루기 위해서는 무엇보다 원자에 대한 시각적 재현이 가장 큰 관건이었다.

원자의 구조를 파악하고 이를 개별적으로 조작할 수 있는 가능성을 가져다준 것은 새로운 현미경의 발명이었다. 주사형 터널링 현미경 STM(Scanning Tunneling Microscope)[18] 이 그것이다. 이 현

18) STM이 나오기 전 투과형 전자현미경 TEM(Transmission Electron Midroscope)과 주사형 전자현미경 SEM(Scanning Electron Microscope)이 있었다. TEM은 1932년 독일의 크놀과 루스카가 개발한 현미경으로서, 전자빔에 자기마당이나 전기마당을 작용시켜 전자빔을 좁게 죄거나 넓힐 수 있다. 하지만 이 TEM은 이전의 광학현미경에 비해 빛의 파장이 아닌 전자로 보는 방식이었지만, 진공 상태를 유지해야 하기 때문에 살아있는 표본을 보기에는 한계가 있었다. SEM은 1938년 아르덴네가 개발한 것으로서, 샘플 위에 좁게 죈 전자빔을 대고 주사하면서 샘플이 방출하는 전자를 잡는 방식이다. STM의 발명 이후 원자간 힘 현미경 Atomic Force Microscope이 발명되었는데, 이것은 원자들 간의 힘을 이용한 현미경이다. 주사형 터널링 현미경이 금속의 도전성 샘플에만 사용될 수 있는 반면, 이 원자간 힘

미경은 1981년 스위스의 취리히 IBM 연구소의 비니히 Gerd Binnig와 로러 Heinrich Rohrer가 발명하였다. STM 이전에도 전자를 이용한 현미경들은 있었지만, 원자를 개별적으로 다루지는 못했다. STM이 나오기 전 1980년대 중반까지만 해도 과학자들은 원자와 분자를 덩어리로 밖에 경험할 수 없었고, 주로 원자들의 성질을 '전체 평균 ensemble–average' 방식으로 파악하였다.[19] 비니히와 로러는 IBM사에서 지속적으로 비주얼팀과 협업을 하여 STM을 적용하여 처음으로 원자를 볼 수 있게 해주었고, 이로써 노벨상을 수상하였다.

STM은 전자 터널효과를 응용한 것인데, 텅스텐이나 백금 등 단단하고 안정된 금속으로 된 탐침(probe)을 사용하여 샘플 가까이 이동시키면서 주사하는 방식이다. <그림 3>에서 볼 수 있는 것과 같이 손가락처럼 생긴 탐침과 샘플 간의 거리를 몇 나노미터까지 가까이 댈 수 있어서, 탐침과 샘플 사이가 일정 거리가 되면 매우 작은 전류가 흐르게 되어 원자를 느낄 수 있다.[20] <그림 5>는 탐침과

현미경은 플라스틱과 같은 샘플에 가능하다. 이 AFM은 탐침을 샘플에 나노미터 수준으로 접근시키면 원자 사이에 끌어당기는 힘을 이용하여 원자를 관찰하고 원자를 조작할 수도 있다. 위의 책, 18–21쪽.

19) Gimzewski, James. 2008. Nanotechnology: The Endgame of Materialsm. Leonardo, Vol. 41, No. 3. 260쪽.

20) 전자빔으로 원자를 들여다보는 방법 중의 하나는 전자빔을 결정 속에 수직으로 들여보내 그 투영상을 관찰할 수 있는 투과형 전자현미경을 이용하는 것이다. 전자는 원자가 있는 곳에서는 휘어지지만 원자가 없는 곳에

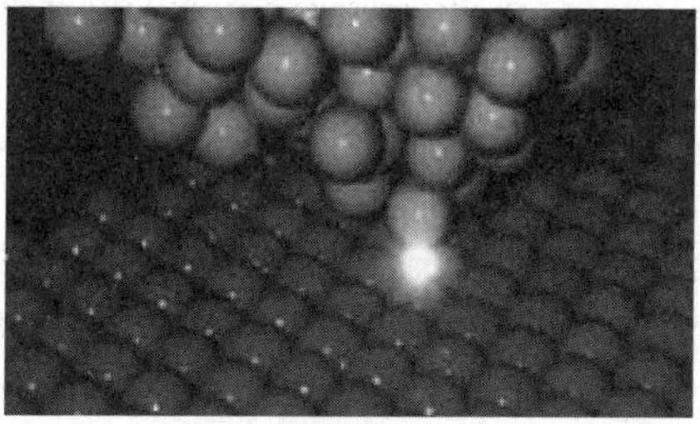

|그림 3|

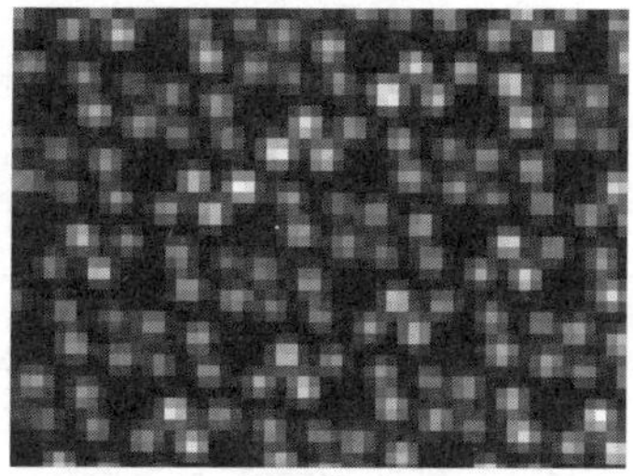

|그림 4|

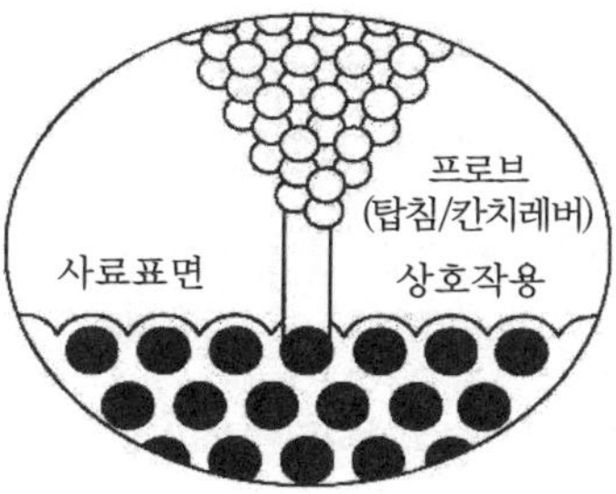

|그림 5|

상호작용 : 터널전류 $I \propto V\exp(-kz)$
원자간력. 마찰력. 자기력 등

표면 사이의 전류를 이해하기 쉽게 시각화한 것이다. 이것이 이른바 터널효과에서 생기는 전류이다. 이 전류는 원자와의 거리에 따라 크기가 다른 전류가 흐르기 때문에 그 변화를 측정하여 샘플들

서는 곧장 직진한다. 이런 차이를 렌즈를 사용하여 수백만 배로 확대하면 흑백의 밝거나 어두운 부분이 나타난다. 까만 부분은 원자가 있는 곳 그리고 흰 곳은 원자가 없는 곳과 맞먹는 것이다. <그림 3>, <그림 4>의 이미지의 출처: Gimzewski, James, Vesna Victoria. 2003. "The Nanoneme Syndrome: Blurring of Fact and Fiction in The Construction of A New Science". Technoetic Arts, Vol. 1, Intellect. 11쪽.

이미지의 요철을 검출할 수가 있다.[21]

<그림 4>의 이미지는 STM이 표면과 분자의 이미지를 2차원적 높이에 대한 데이터로 기록한 것이다. 이것은 헥사부틸 데카실린(hexabutyl decacyclene)이라는 분자의 정렬된 배열을 나타내고 있는데, 이때 각 분자는 1 나노미터이다. 분자들을 나타내는 이 이미지는 회색의 명암으로 구분되며, 육각형의 패턴을 보인다. 그런데 여기서 주목해야 할 사실은 분자들의 높이지도가 분자의 실제 높이를 나타내는 것이 아니라, 분자가 '나노손가락(nanofinger)'의 끝부분에 보내는 양자터널링(quantum tunnelling)의 확률을 나타낸다는 점이다.[22]

STM이 나노기술에 전환점을 가져온 것은 이처럼 탐침 끝을 이용하여 원자와 분자의 존재를 촉각으로 잡아냄으로써 원자 한 개의 모습을 포착해내고 원자를 개별적으로 움직이는 것을 가능하게 해주기 때문이다. STM의 특징은 이처럼 손가락과 같은 촉각을 통한 조작 즉 감각의 과정을 통해 원자세계를 볼 수 있게 해준다는 것이다. 이것은 마치 맹인이 점자를 손끝의 감각으로 읽는 것과 같은 방식이다. 이렇게 하여 STM이 바로 원자 하나를 다룰 수 있게 해주는 것이다. 이런 맥락에서 베어드 Baird와 슈 Shew는 STM의 특성

21) 현원복. 2005.『나노기술과 인간』. 까치. 22–23쪽.

22) Gimzewski, James, Vesna Victoria. 2003. "The Nanoneme Syndrome: Blurring of Fact and Fiction in The Construction of A New Science". Technoetic Arts, Vol. 1, Intellect. 11쪽.

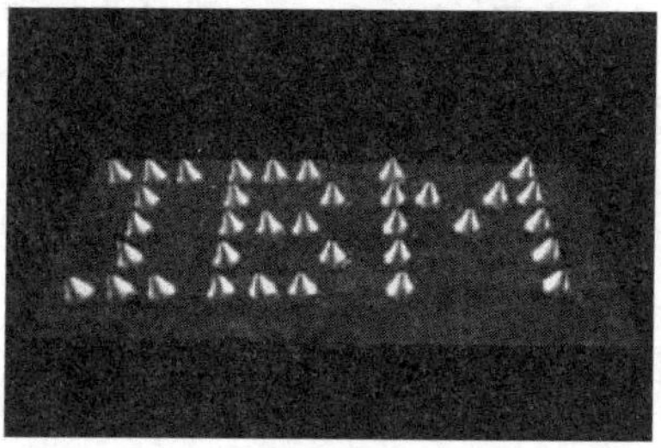

|그림 6|

에 대해 " '나노테크놀로지'는 개별 원자들을 조작하고 '보게' 해주는 손과 눈의 연습이자 연구이다"[23] 라고 말한다. 1990년 <*Nature*>지에 실린 IBM의 이니셜을 나타내는 원자로 쓴 글씨는 STM을 이용한 원자의 조작에 대한 좋은 예이다. <그림 6>은 STM으로 35개의 크세논 원자 Xenon atoms를 배열하여 최초로 인공 원자다발로 묶어 만든 글자이다. STM은 현미경을 통해 보는 것뿐만 아니라 조작할 수 있는 가능성을 열어주었다. STM은 기존의 광학현미경과는 달리 보기 위하여 시각적 확대수단을 사용하는 대신, 터치를 통하여 조작하는 단계에까지 이른 것이다. 최근에는 탄소 나노튜브 두 가닥을 이용하여 '나노집게'를 만들어 전자현미경 속에 장착하여 나노입자를 보면서 조작하기도 한다. STM은 보고 관찰하는 것에 그치지 않고 탐침과 같은 감각을 동원하여 조작한다는 것인데, 이것은 나노 스케일의 물질을 직접 보는 것이 아니라, 간접적으로 감지한다는 것을 의미한다. 현미경을 통해 감각으로 느끼며 원자를 조작한다는 것은 시각적 패러다임의 전환을 의미하는 것으로서, 우리가 보는 나노스케일의 이미지는 있는 그대로의

23) Davis Baird & Ashley Shew. 2004. "Probing the History of Scanning Tunneling Microscope" in Discovering the Nanoscale, IOS Press. 146쪽.

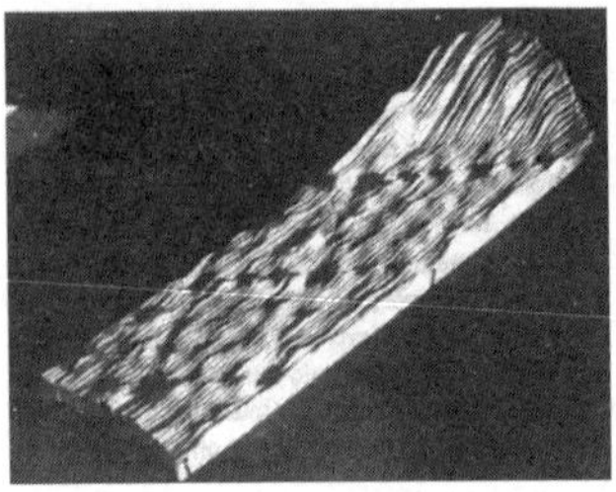

|그림 7|

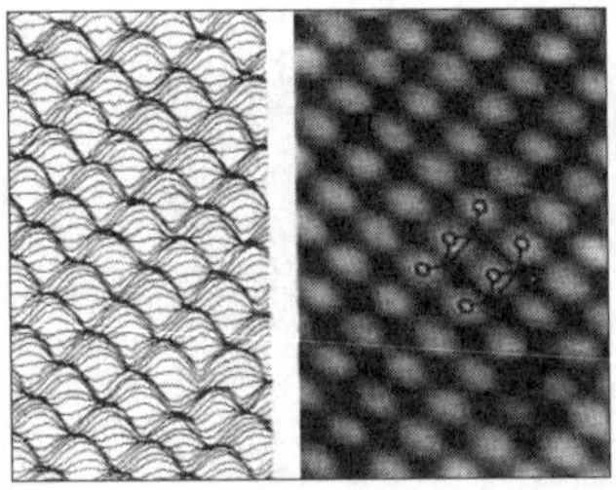

|그림 8|

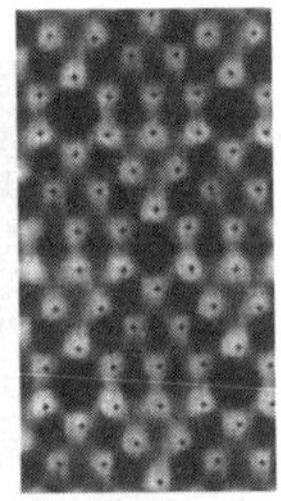

|그림 9|

재현적 이미지가 아니라, 선택적으로 조작된 이미지라는 것을 말해준다.

테크놀로지를 통하여 조작되고 시각적으로 디자인이 된 이미지라는 것이 바로 나노스케일 이미지의 가장 핵심적 특징이다. 이러한 점이 바로 나노스케일에서 일어나고 있는 것을 본다는 것이 무엇을 의미하는가의 문제에 대해 성찰하도록 하는 부분이다. STM, AFM을 비롯한 나노기술에 적용되는 전자현미경들은 시각 대신 터치(탐침)를 통하여 샘플의 표면에 대한 지형학적인 정보를 주고 이것을 컴퓨터로 해석한다. 나노기술의 이미지는 전자빔 또는 탐침과 샘플 사이의 인터렉션 작용을 포착하여 만들어지는 이미지, 즉 원자 표면의 확률적 정보를 전달하는 이미지이다. STM의 이미지는 샘플의 표면을 재현한 것이 아니라, 전기적 성질을 측정한 결과로서 얻어지는 정보이다. 따라서 이 이미지는 해석을 필요로 하며, 이해를 하기 쉽게 디자인되어야 하는 이미지이다. STM을 발명한 비니히와 로러는 STM이미지가 '지형학적 이미지 topographical image'라는 점을 강조한다. 요컨대 나노 분야의 이미지의 위상은 실제 있는 그대로의 재현적 이미지가 아니라, 감각을 통한 감지를 정보화하고 디자인한 이미지라는 것이다. <그림 7>, <그림 8>, <그림 9>는 STM 이미지들이 각기 다른 방법으로 디자인된 시각 이미지들이다. <그림 7>은 비니히가 1982년 '부조 relief'라고 이름 붙인 원자 이미지로서, 현미경을 통해 포착된 원자 표면을 밝은 부분과 그림자부분으로 나타낸 일종의 '부조' 모양으로 디자인된 이미지이다. <그림 8>은 이른바 <그레이 스케일 이미지 the grey-sacle>로서, 현미경에 포착된 정보들을 원자 표면과 반응하는 탐침 사이의 전류의 강도 정도를 회색 톤의 색의 정도를 통해 시각화한 이미지이다. <그림 9>는 1980년대 중반 IBM사에서 같은 샘플에 대해 두 가지 방식 즉 선으로 나타내는 방식('a line represenattion')과 회색 톤으로 높낮이를 나타내는 방식('a grey-sacle representation') 을 나타내고 있다. 1988년 이 두 가지 방식의 디자인에서 'a grey-sacle representation'방식이 채택되어 지금까지 사용되고 있다.

STM을 통한 나노스케일 이미지는 이제까지 우리가 과학 분야에서 통용되어 왔던 이미지의 개념을 전환시키는 것이다. 일반적으로 이미지란 무엇인가 실제 있는 것을 재현하는 것이었던 반면, 나노기술에서는 이미지가 반드시 무엇인가의 재현적 이미지일 필요가 없다는 것, 그리고 이미지가 재현적이어야 한다는 명제는 임의적이라는 점을 확인시킨다.[24] 이런 맥락에서 조제프 피트는

24) Joseph Pitt. 2006. "When is an Image not an Image?". in Nanotechnology Challenges, World Scientific Publishing Co. Pte. Ltd.. 131–135쪽.

나노분야에서의 전자현미경을 통한 '봄'은 일반적 의미에서의 '봄'의 개념에 대한 '은유적 확장'이라는 점을 강조한다.[25] STM과 같은 나노분야의 이미지는 시각 패러다임의 전환, 즉 '봄'의 개념에 대한 변환을 가져오고 있는 것이다. '봄'으로부터 '감각'으로의 패러다임의 전환을 가져옴으로써[26] 이제까지 볼 수 없었던 원자의 지형도(topograhphy)를 처음으로 볼 수 있게 되었고, 원자들의 배열을 조작할 수 있음으로써 새로운 물질을 만들어낼 수 있는 가능성이 생긴 것이다. 바로 이점에서 짐쥬스키는 나노기술에 획기적 전환점을 가져온 것이 바로 STM이라는 점을 강조한다.[27]

STM의 조작과정에서는 원자들의 소리를 들을 수도 있다.[28] 단순히 현미경이라는 기계를 통하여 보는 차원에 그치는 것이 아니라 원자를 개별적으로 만지고 소리를 들을 수도 있게 되었다는 것은 과학분야의 시각적 재현에 있어서 획기적인 변화를 의미하는 것이다. 바로 이런 점 때문에 STM이 처음 나왔을 때 많은 호응을 얻지 못한 채 개발이 늦어졌었다. 이 방식은 전통적 과학의 입장을 고

25) 위의 책, 135쪽.

26) Davis Baird & Ashley Shew. 2004. "Probing the History of Scanning Tunneling Microscope" in Discovering the Nanoscale. IOS Press. 10쪽.

27) Gimzewski, James. 2008. Nanotechnology: The Endgame of Materialsm, Leonardo. Vol. 41, No. 3. 260–281쪽.

28) Gimzewski, James, Vesna Victoria. 2003. "The Nanoneme Syndrome: Blurring of Fact and Fiction in The Construction of A New Science". Technoetic Arts, Vol. 1, Intellect. 11쪽.

수하는 과학자들에게는 객관성이 결여된 방식으로 받아들여졌던 것이다. STM 방식이 중요한 이유는 전자현미경의 한계를 넘어섰다는 것도 있지만 더욱 더 중요한 것은 원자와 분자를 개별적으로 다루고 조작하는 경험에서 전통적인 과학에서는 배제되었던 창의성과 상상력이 이 조작의 주요한 쟁점이 된다는 것을 새롭게 인식시켰다는 것이다.[29)] 짐쥬스키는 나노기술이 단순히 비가시적인 것을 가시화시키는 것이 아니라, 물질의 감각적 구조를 체험하게 하는 것임을 강조한다. 원자들을 터치하여 조작하는 과정에서 양자들이 내는 소리까지도 들을 수 있음으로써, 우리는 물질을 이루는 양자의 텅 빈 공간과의 교감을 할 수 있고, 나아가 끊임없이 움직이는 신비를 느끼게 된다는 것이다. 이것이 바로 나노기술이 가져온 시각적 혁명성이며, 인간의 시각의 한계를 뛰어넘는 생명의 세계에 대한 재발견이다. 이런 의미에서 짐쥬스키와 베스너는 나노기술은 현실인식에 있어서 순수하게 시각적인 문화로부터 감각을 바탕으로 한 문화로의 전환을 가져오고 있다는 점을 강조한다.[30)]

요컨대 나노분야가 획기적으로 발전하게 된 계기는 '보는' 방식의 변화에서 비롯된 것이다. 나노기술의 혁신은 바로 재현적

29) Gimzewski, James. 2008. Nanotechnology: The Endgame of Materialism, Leonardo, Vol. 41, No. 3. 263쪽.

30) Gimzewski, James, Vesna Victoria. 2003. "The Nanoneme Syndrome: Blurring of Fact and Fiction in The Construction of A New Science". Technoetic Arts, Vol. 1, Intellect, 7쪽.

인 혁신인 것이다.[31] 나노기술에서는 "보는 것이 곧 아는 것이다. Seeing is believing"라는 서구의 시각중심주의가 적용되지 않는다. 나노기술은 보는 것이 곧 아는 것이라는 전통적 시각중심주의로부터 만지고 느끼는 것이 곧 아는 것, 창조하는 것, 물질을 상상하는 것이라는 패러다임의 대전환을 가져온 것이다. 원자와 분자의 세계에 대한 데이터는 탐침으로 탐지하여 추상적인 방법으로 감지된다. 따라서 이 데이터는 정확하게 보여지는 이미지라기보다 근사치에 해당한다. 그리고 이 근사치의 시각 이미지는 그에 대한 해석이 없이는 의미가 없다. 이것은 다시 말해 나노기술이 탐지하는 시각이미지는 네러티브적 창작의 개입이 불가피하다는 것이다. 나노 이미지는 본 것이 아니라 감지한 것을 묘사해야 하기 때문이다. 테드 사전트는 나노기술은 원자라는 알파벳으로 의미를 가진 글자나 단어 혹은 문장을 만드는 일이라고 한다.[32] 원자의 성질을 구분하고, 원자들이 어떻게 다른 원자들과 결합하고, 어떤 새로운 성질을 가지게 되는가에 대한 네러티브가 필요하다는 것이다. 나노기술은 과학을 상상력과 네러티브와 결부시킴으로써 과학의 새로운 지평을 열고 있으며 바로 이점이 나노를 하이브리드적 문화를 활성화시키는 요인으로 만들고 있다.

---

31) Hayles, N. Katherine Ed. Nanoculture. 2004. Implications of the New Technoscience. Bristol, UK: Intellect. 13쪽.

32) 테드 사전트. (차민철, 심용희 옮김). 나노기술의 세계. 2008. 허원미디어. 32–33쪽.

나노아트: 〈나노만다라〉와 〈The Crystal Method〉

과학분야 중에서도 나노는 다른 영역과의 협업이 가장 필요한 분야이며, 현재 가장 활발한 협업이 이루어지고 있는 분야이기도 하다. 나노는 바이오물리, 바이오정보, 바이오메카닉스 등 정보학과 컴퓨터 분야와의 네트워크가 필수적이다.[33] 나노는 전통적 학문의 영역을 벗어나 이질적 학문들이 융합점을 찾아나가는 분야이다. 나노분야는 아마도 과학의 역사상 가장 짧은 기간에 과학, 테크놀로지, 예술 사이의 융합이 진행되고 있는 분야일 것이다. 이런 의미에서 나노는 모든 분야를 아우르는 '문화'라고 할 수 있다. 베스너는 나노가 '제3의 하이브리드 문화'를 선도하고 있음을 강조한다.[34] 나노아트는 이러한 하이브리드문화의 예로서, 과학과 예술의 컨버전스가 낳은 새로운 문화의 한 형태이다.

이런 맥락에서 나노기술이 선도하고 있는 이러한 하이브리드적 문화를 직접 실천하고 있는 사례를 소개하기로 한다. 짐쥬스키는 미래 나노기술이 의식과 기계, 과학과 예술의 완전한 하이브리드 그리고 새로운 형태의 소통을 가져올 것으로 전망한다. 그는 과학자, 티벳 승려들, 예술가, 인문학자 등 다양한 분야의 사람들

33) 테드 사전트. (차민철, 심용희 옮김). 『나노기술의 세계』. 2008. 허원미디어. 위의 책, 32–33쪽.

34) Vesna, Victoria. 2000. "Towards a Third Culture / Being in between". 'Art, Technology, Consciousness」' 7–11. Intellect

|그림 10|

|그림 11|

과 함께 2007년 UCLA의 <Art|Sci Center>에서 "원자를 생각하며 thinking atoms"라는 만남을 주선하였는데, 원자의 세계를 생각함으로써 물질과 의식, 과학과 예술의 관계에 대한 성찰을 하기 위한 것이었다. 이와 함께 <나노만다라 NanoMandara> 전시회를 기획하였다.

<나노만다라>는 UCLA의 미디어 아티스트 베스너 Victoria Vesna와 나노 과학자 짐쥬스키 James Gimzewski가 공동 기획하고 제작한 작품이다. 이들은 예술과 과학, 테크놀로지의 결합이 인류의 오랜 전통으로부터 기인한 것이라는 점을 상기하며, 나노과학과 나노기술이 문화적인 융합을 근간으로 이루어져야함을 강조한다. 이 작품은 모래 한 알의 분자구조 이것은 투사형 전자현미경 SEM으로 얻은 것이다)로부터 만다라 전체그림을 포괄적으로 보여준다. 이 만다라 작품은 로스엔젤레스의 민속박물관 County Museum of Art에서 "행복의 원 Circle of Bliss"라는 네팔과 티벳 불교예술 전

|그림 12|

시회의 일환으로 기획되었다. 이들의 작업은 여러 분야의 전문가들과의 협업으로 기획, 진행되었다. <그림 10>은 티벳의 승려들이 <Art|Sci Center>에서 만다라 작업을 하는 모습이다. 이 작업이 진행되는 과정을 비디오로 녹화하고, 이 과정에서 발생하는 소리도 함께 녹음하여 전시회 공간에 사운드트랙으로 설치하였다. <그림 11>는 모래 위에 비디오 이미지를 프로젝션한 것으로서, 방문객들이 모래 알갱이 하나의 분자 구조 이미지들이 전체 만다라로 발전되는 과정을 지켜보는 모습이다.[35] <나노만다라>는 나노과학과 오랜 전통의 만다라 작품의 작업과정이 일맥상통한다는 점을 상기시킨다. 모래 한알 한알로 우주의 신비를 디자인하는 승려들의 작업은 나노과학자가 원자 하나하나를 바텀업 방식으로 물질을 만들어내는 것과 같다는 것을 보여주고 있다.

스티븐 슈콘(steven Sehkoln)의 <The Crystal Method>(2003)(<그림12>는 나노기술의 핵심쟁점인 감각을 통한 시각적 재현을 잘 보여주고 있는 작품인데, 작품 컨셉을 “Feeling is Seeing”으로 내걸

35) <그림 10>, <그림 11>, <그림 12>은 http://nano.arts.ucla.edu/i_mandala.php 참조.

|그림 13|

고 있다. <The Crystal Method>는 나노기술에서 감각의 개념이 어떤 것인지를 보여주기 위해 원자간 힘 현미경 AFM 을 사용하여 분자를 터치로 조작하는 것을 체험하도록 하고 있다. 이것은 나노스케일에서 발견된 크리스탈 구조를 바탕으로 한 인터랙티브 설치작품으로서, 관람객들이 조작을 통하여 보는 것뿐만 아니라 터치 감각으로 원자와 분자를 조작하는 체험을 하게 된다. 관람객들은 3-D 안경과 특수 디자인이 된 도구로 크리스탈 분자를 보고, 잡고, 돌리고, 흔들 수 있다. 원자들이 반응하고 떨리는 정도를 직접 느낌으로써 나노세계를 단순히 기구를 통하여 보는 것이 아니라 느낀다는 것이다. 여기에서 우리는 나노의 원리가 미디어와 결합하여 직접 예술작품이 되는 경우를 보게 된다. <그림 13>은 나노분자를 이용한 인터렉티브 미디어아트의 예를 보여준다. 나노스케일의 분자 이미지가 관객과 반응하도록 한 작품이다. 오늘날 화두가 되고 있는 과학과 예술의 결합은 아마도 나노분야에서 가장 분명하게 구체화되고 있다고 할 수 있다.

3. 결론

본 글은 오늘날 문명의 대전환을 주도하고 있는 나노에 관한 인문학적 성찰을 시도했다. 원자들을 개별적으로 조작하여 새로운 물질을 만들거나 물질을 제어할 수 있는 기술로 이해되고 있는 나노는 자연을 객관적으로 탐구하는 과학의 개념을 넘어 상상력과 창의성을 기반으로 하는 새로운 과학임을 살펴보았다. 또한 본 글은 주사형터널링현미경 STM(Scanning Tunneling Microscope)이 원자를 다루는 방식을 통해서 나노가 주도하고 있는 시각적 패러다임의 전환을 고찰해 보았다. 그것은 곧 '봄'으로부터 '감각'으로의 전환으로 나타났으며 이로써 나노는 보는 것과 아는 것을 동일시했던 서구의 전통적 시각중심주의를 해체하고 만지고 느끼는 것이 곧 아는 것이라는 새로운 감각중심주의로 패러다임 전환을 주도하고 있음을 밝혔다. 본 글이 규명코자 한 나노기술의 본질적 특성은 현미경을 통해서 보는 이미지가 더 이상 실제 있는 것에 대한 재현이 아니라는 사실 그리고 나노 세계에서 일어나고 있는 현상에 대한 데이터를 디자인하고 가시화시키는 것이 핵심적 요소라는 사실에서 구체화되고 있다.

결론에서 본글은 나노에 관해서 두 가지 관점을 제시하고자 한다. 첫째 나노는 인간의 오래된 욕망과 상상력에서 파생한 테크놀로지라는 사실이다. MIT에서 발간하는 <Technology Review Magazine>이 '세계에서 가장 젊은 혁신가'라는 타이틀을 붙여주고 있는 테드 사전트는 자신이 나노과학자가 되겠다고 결심한 계기를, 청소년시절 그레타 가르보의 매력에 홀딱 빠져서 후에 그녀를 다시 환생시키는 기술을 꿈꾼 것이라고 설명한다. 그레타 가르보는 절대로 가버린 것이 아니며, 그녀를 이루었던 원자들이 다른 장소로 흩어진 것 일뿐, 공기 중에 떠돌아다니는 원자들을 잘 정돈하면 그녀에게 다시 생명을 불어넣을 수 있다는 꿈으로부터 출발한 것이다.[36] 테드 사전트는 "나노수준의 형태로부터 거시적인 실재로 나아가는 길은 참으로 미스터리로 가득하다"[37] 고 서술하고 있다. 그리고 나노기술이란 원하는 효과를 얻기 위하여 "원자와 분자들의 춤을 안무하는 것"[38] 이라고 한다. 나노기술은 단순히 기술의 문제에 그치는 것이 아니라, 그 기술이 무엇을 만들어내야 하는가는 인류의 욕망과 상상력, 창의력이 토대가 되어야 한다는 말이다. 나노는 가히 디지털시대의 연금술이라고 할 수 있다. 총알을 뚫지 못하는 방탄효과, 암세포만 죽이는 기능, 위험한 돌연변이를 일으킨 잘못된 세포를 끊임없이 찾아내어 걸러내는 일, 도시의 공기 속의 공해물질을 제거하는 것, 파란 눈을 가진 사람만 죽이는 바이러스, 먼지 크기의 마이크와 카메라를 이용하여 그것을 들이마시게 되면 작동하는 무선추적장치로 감시하는 전자스토킹 등 나노는 꿈의 물질

36) 테드 사전트. (차민철, 심용희 옮김)『나노기술의 세계』. 2008. 허원미디어, 14–18쪽.

37) 위의 책, 19쪽.

38) 위의 책, 같은 쪽.

을 만들어내는 상상과 시나리오를 구현하는 테크놀로지이다.

둘째 나노는 물질과 비물질, 실재와 상상의 이분법적 경계를 해체시킴으로써 하이브리드적 문화를 열고 있다는 것이다. 로이 에스콧은 나노기술에 의하여 보이지 않은 세계에 대한 증명이 우리의 인식론에 많은 변화를 가져오고 있다는 점을 성찰한다. 그는 STM으로 원자를 감각적으로 느낄 수 있게 해줌으로써 우리에게 현실과 의식 사이를 매개시켜준다는 사실에 주목한다. 양자의 세계에서는 불가능해 보이는 것들을 경험할 수 있다. 양자의 세계에서는 양자효과에 의해 사물이 두 곳에 동시에 존재할 수 있고, 전자가 움직이지 않아도 동떨어진 장소의 정보가 전달되는 양자 텔레포테이션현상에 의하여 물질적인 컨넥션이 없이도 소통할 수 있다. 모든 생물체에서 방출하는 바이오포톤(biophtons)의 발견으로 자연계 안에서의 바이오포톤에 의한 커뮤니케이션과 나노기술을 통하여 바이오포톤을 방출하는 것이 차이가 없게 된다.[39] 그리고 나노수준의 분자세계에서는 새로운 전자회로를 통하여 뇌에 전위의 펄스로 정보가 전달될 수도 있다. 의식과 물질의 만남을 통해서 물질주의의 종말을 가져오고 있는 나노는 모든 이질적인 것을 결합시키는 하이브리드 문화를 열고 있다. 나노과학과 나노기술은 상상력과 과학이, 물질과 비물질이 교차하는 지

39) Ascott, Roy. 2006. Technoetic Pathways toword the Spirituel in Art. A Transdisciplinary Perspective on Connectedness, Coherence and Conscousness, Leonardo, Vol. 39, No. 1. 65–66쪽.

점에서 그리고 상상과 현실, 현재와 미래, 사실과 픽션 사이에서 컨버전스 문화의 상징이 되고 있다.

|참고문헌|

이영희. 2006. 나노, 살림.

일본 문부성 후원 제 14회 <대학과 과학> 공개 심포지엄 조직위원회 편집, 2002, 분자가 만드는 나노의 불가사의, 이승우, 이치한 공역, 전파과학사.

아서 밀러, 천재성의 비밀, 김희봉 옮김, 2001, 사이언스북스.

가와이 도모지, 나노테크놀로지는 무엇인가?, 2005, 노승정, 현준원 옮김, 북스힐.

테드 사전트, 나노기술의 세계, 차민철, 심용희 옮김, 2008, 허원미디어.

현원복, 2005, 나노기술과 인간, 까치.

Ascott, Roy, 2006, "Technoetic Path

Ascott, Roy. "Seeing Double: Art and Technology of Transcendence". Reframing Consciousness. Intellec.

Baird, Davis, Nordmann, Alfred, Schummer, Joachim Ed.. 2004. Discovering the Nanoscale. IOS Press.

Hayles, Katherine, Nanoculture, Intellec.

Joachim Schummer & Davis Baired Edited, Nanotechnology Challenges, World Scientific Publishing Co. Pte. Ltd.

Vesna, Victoria, "Towards a Third Culture / Being in between", Art, Technology, Consciousness, Intellect.

Wilson, Stephen, Information Arts: Intersections of Art, Science and Technology, The MIT Press.

Vesna, Victoria "Towards a Third Culture / Being in between", Art, Technology, Consciousness, Intellect.

way toward the Spiritual in Art: A Transdisciplanary Perspective on Connectedness, Coherence and Consciousness", Leonardo, Vol. 39, No. 1.

Gamwell, Lynn, 2002, 「Exploring the Invisible」, Princeton University Press.

Gimzewski, James K. "Nanotechnology, 2008, The Endgame of Materialism",

Leonardo, Vol. 41.

Gimzewski, James, Vesna Victoria, 2003 "The Nanoneme Syndrome: Blurring of Fact and Fiction in The Construction of A New Science", Technoetic Arts, Vol. 1, Intellect.

Rockwell, Tom, 2008, "Visualizing the Invisible: At the Frontier of Art and Nanoscience", Dimensions.

Milburn, Colin Nazhone, 2002, Nanotechnology in the Age of Posthuman Engineering: Science Fiction as Science, Configuration/.

http://nano.arts.ucla.edu/i_mandala.php

|저자소개|

■ 임정택

연세대학교 독문학과 및 동 대학원 졸업. 독일 콘스탄츠 대학에서 독문학과 매체사회학을 전공. 독일 계몽주의와 낭만주의에 대한 연구로 철학박사 학위 취득. 현재 연세대 독문과 교수 및 미디어아트 연구소장, 인문한국 사업단장.

■ 김은중

연세대학교 철학과 및 동 대학원 졸업. 연세대학교 철학과에서 플라톤 이데아의 실재성 비판으로 박사학위 취득. 언론홍보대학원 졸업. 현재 연세대 미디어아트연구소 HK연구교수.

■ 유봉근

연세대학교 독문학과 졸업. 독일 보훔대학 독문학 석사. 베를린 훔볼트 대학 문화학과에서 매체사와 매체미학 연구로 박사학위 취득. 현재 연세대 미디어아트연구소 HK교수.

■ 김혜련

연세대학교 철학과 졸업. 미국 뉴욕주립대(SUNY–Buffalo) 연극과 석사과정(MA). 철학과 박사과정 졸업. 미적 수반과 예술 존재론으로 박사학위 취득. 백석대 겸임교수 역임. 현재 연세대 미디어아트연구소 HK 연구교수.

■ 이정희

인하대학교 생물학과 졸업. 프랑스 파리 7대학에서 과학사 및 과학철학 전공으로 석사(DEA) 학위 취득. 프랑스 파리 8대학 철학과에서 생물학적 기계론과 진화론을 연구하여 박사학위 취득. 현재 연세대 미디어아트연구소 HK 연구교수.

■ 김경희

연세대학교 독문학과 및 동 대학원 졸업. 독일 만하임대학에서 문학이론과 미디어.커뮤니케이션학을 전공한 후 미디어와 현실개념에 대한 연구로 박사학위 취득. 현재 연세대 미디어아트연구소 HK 연구교수.

■ 오은경

연세대학교 독문학과 및 동 대학원 졸업. 독일 베를린 자유대학에서 알렉산더 클루게 연구로 박사학위 취득. 연세대 미디어아트연구소 HK 연구교수.

■ 강철

연세대학교 노문학과 및 동 대학원 졸업. 러시아 모스크바대학에서 낭만주의 시인 레르몬토프에 대한 연구로 문학박사 학위 취득. 현재 연세대 미디어아트연구소 HK 연구교수.

■ 박영욱

고려대학교 철학과 및 동 대학원 졸업. 고려대학교 철학과에서 칸트 연구로 박사학위 취득. 연세대 미디어아트연구소 HK 교수.

■ 허정아

연세대학교 불문학과 졸업. 프랑스 엑상 프로방스 대학에서 현대 불문학 석사. 프랑스 파리 8대학에서 프랑스 현대시(프랑시스 퐁주 연구)로 문학박사 학위 취득. 프랑스 파리 3대학 영상미학과 강사. 프랑스 고등사회과학원(EHESS) 객원 교수 역임. 현재 연세대 미디어아트연구소 HK 교수.